古代歷史文化研究輯刊

十六編

王明蓀 主編

第 20 冊

清代童試研究

王立剛 著

國家圖書館出版品預行編目資料

清代童試研究／王立剛 著 — 初版 — 新北市：花木蘭文化出
版社，2016〔民 105〕
目 4+234 面；19×26 公分
（古代歷史文化研究輯刊 十六編；第 20 冊）
ISBN 978-986-404-765-9（精裝）
1. 科舉 2. 清代
618   105014272

ISBN-978-986-404-765-9

古代歷史文化研究輯刊
十六編 第二十冊   ISBN：978-986-404-765-9

清代童試研究

作　　者　王立剛
主　　編　王明蓀
總 編 輯　杜潔祥
副總編輯　楊嘉樂
編　　輯　許郁翎、王筑　美術編輯　陳逸婷
出　　版　花木蘭文化出版社
社　　長　高小娟
聯絡地址　235 新北市中和區中安街七二號十三樓
　　　　　電話：02-2923-1455 ／傳眞：02-2923-1452
網　　址　http://www.huamulan.tw 信箱 hml 810518@gmail.com
印　　刷　普羅文化出版廣告事業
初　　版　2016 年 9 月
全書字數　199081 字
定　　價　十六編 35 冊（精裝）台幣 68,000 元

清代童試研究

王立剛　著

作者簡介

王立剛，男，河北省邢臺縣人，北京師範大學教育學博士，文化創新與傳播研究院博士後研究人員，中華炎黃文化研究會童蒙文化專業委員會理事，主要從事教育哲學、教育史、傳統文化教育研究。近年來發表論文近三十篇，出版著作《讀書傳家繼世長——何浦與何氏家風》，擔任北京師範大學出版社中小學《中華傳統文化》（全 24 冊）教材副主編，與徐梓教授合撰的《秀才》、《舉人》兩部傳統文化著作由北京中華書局出版。

提　　要

　　清代童試是地方官學的入學考試，也是廣義上科舉考試體系的最低一級。縣、府、院三級考試制度自明代後期逐漸形成。與更高級別的考試相比，童試一直缺少足夠的物質資源和人力資源，這使考試的組織無法更加完善，夾帶等作弊手段在清代童試中非常普遍，其它的作弊形式也始終不能得到根除。

　　由於負責組織童試的學政和地方政府的力量十分有限，清代民間力量參與部分童試組織的活動，主導了試院的修建和維護，也主導了針對參加童試的考生的資助體系。不過，由於清代童試的考題設計以寫作為主，夾帶等作弊方式很少能夠改變童試的錄取結果；又由於清代童試分為縣、府、院三級，前後共有十幾場，考試過程漫長而複雜，這提高了童試作弊的成本，也減少了能夠改變錄取結果的作弊方式。

　　清代童試的考題設計在總體上能夠體現中央政府的意志，但具體內容由學政所掌握，不少考題體現了地方特色。此外，在信息傳播不便的條件下，清代童試的考題類型長期保持基本不變，這減少了大量生活在偏遠地區考生的時間成本和物質成本。

　　作為整個科舉考試中最為開放的一級，清代參加童試的考生群體規模龐大，但是由於錄取名額十分有限，所以錄取率一直很低。清代中期大部分地區的文科童試的錄取率僅有 1% 左右。這在客觀上使童試所錄取的生員，在地方社會上成為稀缺的人才。

目

次

圖　次

緒　論

第一節　問題提出

　　清代童試〔註1〕曾廣泛存在於各地，對地方社會產生過重要的影響。在清代，童試也稱童生試、小考，是各地府、縣〔註2〕官學的入學考試，是清代地方教育的重要組成部分。參加童試的考生稱爲童生，參加並且通過童試的考生即爲生員，俗稱秀才。在一些通俗文獻中，生員也被稱爲相公。考中生員，即獲得了進入府、縣官學進行學習的資格，而生員就是各地府、縣官學的學生。所以，考中生員也稱爲「進學」、「入學」、「補弟子員」，俗稱「入泮」、「采芹」。(《詩經》中有「思樂泮水，薄采其芹」的話，後代的官學中也往往建有「泮池」，所以人們往往使用「遊泮之喜」、「采芹之喜」的說法，表示考中生員。)因此，生員也稱爲「弟子員」、「博士弟子員」、「庠生」、「諸生」，具體又分爲「縣／邑學生」、「府學生」，「廩膳生員」(廩生)、「增廣生員」(增生)、「附學生員」(附生)等。生員以及參加童試但未考中生員的考生，是地方社會中最受重視的一部分受教育者。

　　清代童試也是以國家名義，在地方社會上組織的考試，是廣義上清代科

〔註1〕本研究所使用的文獻絕大多數都是清代童試中的文科(除了文科之外還有武科)部分，所以本研究的對象主要是指清代的文科童試。

〔註2〕清代省以下地方行政區劃以府、縣爲主，省以下設府，也設直隸州、直隸廳，府等以下設縣，也設州、廳等，下文在多數情況下以府、縣代指省以下的各類地方行政單位。

舉考試體系中最低一級的考試〔註3〕。與更高層次的鄉會試相比，童試的級別較低。在一個具有等級劃分的社會組織中，越向社會底層，物質資源、人力資源等社會資源越缺乏。與當代中國社會相比，清代社會的等級性更加明顯，整體生產力更加落後，物質條件更加不足，交通、通訊手段更加不便，社會活動的組織效率也更低，而清代政府的國家財政總額很低，中央對地方的控制力也更低。

從考試的組織過程來看，清代的鄉會試都是一次性考完，而童試本身份為縣試、府試、院試三級考試，分三次才能考完，組織過程更複雜，持續的時間更長，考試的次數更加頻繁。而童試廣泛存在於中國各省的府、縣內。在全國範圍內，童試整體規模遠比鄉會試大的多，其組織過程耗費的社會資源數量也遠遠超過鄉會試，在地方社會上具有更為廣泛的影響。

從地方社會的角度來說，童試的組織存在著不少難題。這主要表現在：一方面，因為考試流程複雜，組織童試需要一定的物質資源。為了保證考試組織過程的嚴密，政府要投入不少的公共資源，使考試過程更加規範，以減少作弊，達到人才選拔制度對公正性的最基本要求。另一方面，在物質條件落後的時代，地方社會組織這樣大規模的與物質生產無直接關係的活動，較容易增加百姓的負擔，進而造成社會的不穩定。於是，在社會資源總體不足，基層社會資源尤其缺乏的情況下，童試的組織需要兼顧兩方面，既減少使用公共資源，以降低百姓的負擔；又提高組織的嚴密性，以保證人才選拔的效率兩方面的需要。這意味著，一面要保證考試的公正性，一面又要使用盡量少的稅收，使用盡量少的正式國家人員，保證童試組織以最低的經濟和人力成本進行。

地方性是童試所面臨難題的來源，也是童試的基本特徵。在清代的二百多年時間裏，童試雖然在名義上是由國家統一組織的考試，卻也兼有了地方性和民間性的特徵。所謂的地方性，是指與更高級別的考試相比，童試缺少足夠的物質資源和人力資源的支持；所謂的民間性，是指包括士紳、家族等在內的群體和組織，為考生以及童試的組織過程提供了一定的物質資源和人力資源的支持，使童試地方性所導致的資源不足的問題在一定程度上得到了

〔註3〕童試並非是直接的選官制度，所以童試是否屬於科舉考試在學術界仍有不同看法。本研究使用「廣義上的科舉考試」，表示包含了當時自童試開始的所有公共考試體系，下文為避免冗贅，有時候省了去「廣義上的」一詞。

緩解。當然，與鄉會試相比，童試獲得的來自政府和來自民間的資源都仍是相對不足的。

因爲童試處在廣義的科舉考試的最低一級，是面向社會基層的普通讀書人舉行的考試，所以開放程度較高，一般讀書人都能報名參加，這極大的滿足了地方社會讀書人對參加科舉考試的願望，也使童試成爲清代地方社會中，普通讀書人中的一種最重要的集體活動。正因爲童試處在地方社會，在範圍上與地方社會的讀書人有著緊密的關係，所以地方民間社會對童試表現出了極大的熱情，解決了一大部分童試組織過程中物質資源缺乏的困難，在一定程度上保證了童試的公正和效率。

對於清代的普通百姓來說，童試是所有由國家統一組織的考試中最常見的考試。由於每一次童試都分爲縣試、府試、院試，三級考試在時間上分開舉行，所以一次童試意味著數次考試，舉行的次數十分頻繁。數量龐大的考生加上頻繁舉行的童試，使童試在地方社會形成了圍繞著童試舉行的「童試經濟」，這提高了地方社會的活躍性，使地方經濟具有了文化特徵，也使童試本身成爲地方社會經濟的重要組成部分。

對於參加童試的考生來說，清代考生在複習應考和參加童試的過程中，可能得到來自家族、書院、社會等方面的資助，對於考中的考生來說，尤其如此。由於參加童試的考生大都僅僅是生活在社會基層的普通讀書人，所以這部分來自民間的資助具有更大的非功利性和習俗性，顯示了基層社會的制度文明。

對於地方社會來說，童試所選拔出的人才（即生員）不能做官，而只能留在地方社會，成爲屬於地方社會的民間人才。生員構成了清代士紳階層的主要部分，對地方社會的穩定起到了重要作用。

從童試本身來說，因爲處在社會基層，社會資源相對較少，參加童試的考生大都是普通的讀書人，考生平日的複習應試也表現出鬆散、非專業化的特點，考生在考試時的答題水平也沒有鄉會試高；從考試組織的角度來說，因爲缺少足夠的人力資源來執行中央政府的對童試制度的規定，所以各地的童試往往表現出散漫、鬆散、組織性不強、可供個人活動的自由空間大、制度化弱、評價機制不完善等特點。這樣的特徵也往往是民間活動的特徵，所以清代童試本身的地位和特點決定了其地方性〔註4〕、民間性是一而二，二而一的。

〔註 4〕下文有時爲了顯示童試的特徵也是用基層、基層社會等概念，在本文中等同於地方社會。

在上述這些意義上，童試處在地方社會，受到地方社會、民間力量的扶持，也服務於地方社會，是屬於地方社會，具有明顯的民間性特徵的考試。

第二節　已有的研究

有關童試的文獻分佈零散、重複性較高，所以當代有關童試的研究一直很少。目前尚未出現以童試為主題的學術專著，以童試為主題的學術論文也不多，學術界甚至對童試的名字、舉行的頻次都缺乏統一看法。

以童試的名字為例，比如有研究者認為：「（清代）童生可在三年內參加一次科試和一次歲試。經科試和歲試，他們依次參加縣試、府試、院試。」〔註5〕嚴格來說，這種說法是有問題的，童生是指參加童試的考生，童試與歲、科試是不同的。在《清史稿》中，歲科試則稱為「考試生員」，而童試稱為「儒童入學考試」，也就是說，童生參加童試並通過之後，成為生員，生員還要再繼續參加的考試稱為歲試和科試，所以不能「經科試和歲試」之後，「依次參加縣、府、院試。」但在另外的意義上，這種說法也是成立的，在一些正式的清代文獻中，所謂的歲、科試，即是指包含童試和歲、科試在內的由學政主持的一系列考試，比如《大清會典則例》即是如此：「雍正六年（1728年）議准：至歲科考試童生，飭令該地方官核明實係土著之人，取具廩生的保，五童連名互結，方准收考。」〔註6〕此處「歲科考試童生」中的「歲科」便包含了童試和歲科試在內的一系列考試。

不管怎樣，童試與歲科試是兩種考試，一者考生為童生，一者考生為生員。至今仍有不少研究一直混淆這兩種考試。單從考試名字尚處在「名不正」的狀況下，便可以知道相關研究有多麼缺乏了。

在與童試相關的研究中，只有少數是直接以童試為主題的，大部分屬於不直接以童試為主題，而只是兼及童試的研究。這些研究主要包括以下幾個方面。

第一，關於考生及應試情況的研究。比如沈俊平的《清代坊刻四書應舉用書探析》一文探討了清代科舉考試中，考生們常用的應試書籍，其中有內

〔註5〕張秀允：《由〈實庵自傳〉看清朝童試》，《文史雜誌》，2006年，第4期，第79～80頁。

〔註6〕允祹等：《大清會典則例》卷七十，禮部，清文淵閣四庫全書本。

容涉及到童試。〔註7〕在關於清代地方社會組織的研究中，有涉及到以應考爲目的的文會組織研究的，比如呂子遠的《論清代廣東文會活動的意義與影響》一文提到：「由於教育資源的有限，其（文會）規模很小，規制簡單，乃是鄉村開展教育活動的權宜手段。」而且，地方社會中的文會所需的費用主要由民間力量擔負，「許多文會經費都有不動產作爲活動基金。」〔註8〕

　　近年來，不少學者對參加童試，並獲得生員資格時考生的年齡進行了比較深入的研究。李世愉所著的《清代科舉制度考辯（續）》一書中收錄了十多篇該著者的研究論文，其中《科場中的謊報年齡現象》提到，清代科舉中謊報年齡的現象主要存在於童試、八旗科舉和針對老年士子的特殊恩科等幾種類型的考試中。該文也提出，考生瞞報年齡這一問題，在清代始終都沒有得到有效的解決。〔註9〕左松濤《清代生員的進學年齡》一文，通過對以《北京圖書館藏珍本年譜叢刊》爲名影印出版的，自周公、孔子到生活在民國時期的人物年譜資料中的清代部分爲依據，對清代考生考中生員時的年齡，做了比較系統的研究分析。〔註10〕此外，學者們注意到了童試中經常存在的隱瞞年齡的現象，除了左松濤該文之外，王昌宜《清代科場隱瞞年齡風習——以王仁堪爲例》一文專門通過考證得出了「王仁堪在科考試卷上蓄意瞞報了年齡」的結論。〔註11〕

　　此外，也有學者注意到清代政府與社會對生員的救助，比如熊賢君的《科舉考試中對寒士的經濟救助》、張建民的《饑荒與斯文：清代荒政中的生員賑濟》等，這些研究提到的資助對象是參加童試並且考中了生員的那一部分考生，而考生參加童試的當時，都是還沒有獲得生員身份的。實際上，清代也存在著用於支持參加童試的考生的資助體系，目前的研究尚沒有直接涉及到。還有不少研究從整個科舉的角度研究清代的賓興禮，或者研究家族對考生的資助，但是大多以鄉會試爲主，很少涉及到童試部分。

〔註7〕沈俊平：《清代坊刻四書應舉用書探析》，《武漢大學學報（人文科學版）》，2012年第5期，第84～88頁。

〔註8〕呂子遠：《論清代廣東文會活動的意義與影響》，《廣東第二師範學院學報》，2011年第1期，第47～53頁。

〔註9〕《科場中的謊報年齡現象》，引自李世愉：《清代科舉制度考辨（續）》，萬卷出版公司，2012年9月，第194～207頁。

〔註10〕左松濤：《清代生員的進學年齡》，《史學月刊》，2010年第1期，第42～50頁。

〔註11〕王昌宜：《清代科場隱瞞年齡風習——以王仁堪爲例》，《中國典籍與文化》，2009年第1期，第94～96頁。

第二，關於清代童試學額的研究。清代各府、縣每屆童試可以錄取的生員數額，稱為學額。學額在一定時期內是固定的，在整個清代歷史上則有多次調整。近年來不少學者關注到了相關內容，李世愉所著的《清代科舉制度考辯》一書中收錄了《兩次大規模增廣學額之比較研究》，該文以很大的篇幅分別研究了雍正到乾隆年間和太平天國時期中央政府增加童試學額的事。〔註12〕

此外，還有學者就清代地方學額與地方社會關係展開了研究。劉希偉的《清代人口流動背景下的教育機會衝突問題——關於土客學額之爭的考察》一文則研究了新遷入某地的居民與該地原有居民對學額所屬權的爭論。〔註13〕梁志平、張偉然的《清代府州縣學學額及專設學額的運作期——基於長三角地區的研究》一文以清代長三角地區為例，研究了文風高下、稅收額高低等決定府縣學額數量的因素。〔註14〕從同樣的視角展開研究的還有楊歌的《學額紛爭、移民族群和法律實踐：以嘉慶朝廣東新安縣和江西萬載縣為例》一文，該文以所涉及的兩個縣為例，研究了原著居民與新遷入的居民之間就學額問題展開的爭論。〔註15〕這些研究顯示了清代童試與地方社會百姓的利益關係密切，在地方社會具有重要的地位。

第三，關於清代童試組織過程中的問題，作弊與防弊的研究。不少學者在研究清代科舉作弊問題時也提到了童試部分。王日根、張學立的《清代科場冒籍與土客衝突》一文將清代科舉中的冒籍類型分為兩類，第一類是因客觀的人口流動帶來的異地報考，這主要包括商人因遊走各地而形成的冒籍、出外做官的人居住在異地形成的冒籍、其它正常的人口遷徙帶來的冒籍；第二類是主觀故意形成的冒籍，這主要包括沒有報考資格的考生報考、考生到錄取率相對較高的地區報名參加考試等。〔註16〕李世愉所著的《清代科舉制

〔註12〕《兩次大規模增廣學額之比較研究》，引自李世愉：《清代科舉制度考辨》，瀋陽出版社，2005 年 6 月，第 178～208 頁。

〔註13〕劉希偉：《清代人口流動背景下的教育機會衝突問題——關於土客學額之爭的考察》，《社會科學戰線》，2013 年第 3 期，第 238～242 頁。

〔註14〕梁志平、張偉然：《清代府州縣學學額及專設學額的運作期——基於長三角地區的研究》，《中國歷史地理論叢》，2011 年第 1 期，第 102～111 頁。

〔註15〕楊歌：《學額紛爭、移民族群和法律實踐：以嘉慶朝廣東新安縣和江西萬載縣為例》，《杭州師範大學學報（社會科學版）》，2013 年第 2 期，第 72～78 頁。

〔註16〕王日根、張學立：《清代科場冒籍與土客衝突》，《西北師大學報（社會科學版）》，2005 年第 1 期，第 69～73 頁。

度考辯》一書中收錄了《童生試中的審音制度》一文，該文認爲清代政府爲了防止童試中的冒籍而設立「審音」制度，也就是在考生報名和進場的時候對考生的口音（也就是方言）進行辨別，防止考生離開本地參加童試。但是這項制度因爲成本過高，除了在京畿地區之外，大都沒有得到認眞執行。〔註17〕可見清代童試組織過程中受到物質成本的限制，不可能做到像鄉會試那樣嚴密。

李世愉所著的《清代科舉制度考辯》一書中還收錄了《封邱生童罷考事件剖析》，該文分析了封邱縣的生童因稅收和修建黃河工程等事務過程中出現的問題，對組織的童試和科試罷考，以及各級政府和本地士紳的反應。〔註18〕此外，賀曉燕《清代生童罷考、鬧考、阻考之風述評》〔註19〕一文，也是圍繞童試中的鬧考而進行的研究。

從上述的研究中可以看到，童試是地方社會穩定的重要因素，也是地方官紳衝突、百姓矛盾的重要關節點。

第四，關於清代學政的研究。學政是清代童試的主考官。在所有參與童試組織與服務的官員中，學政的級別是最高的。關於學政的研究一直是學術界研究的重要內容，近年來有關研究越來越深入細緻。其中董建中的《清代學政的養廉》提到了清代學政養廉銀制度一步步建立的過程，並分析了學政養廉銀在清代各時期、各地的不同。〔註20〕李自華的《試論雍正對學政制度的發展》研究了雍正時期學政地位和工作的變化。〔註21〕王慶成的《清代學政官制之變化》一文則研究了整個清代學政官制的變化。〔註22〕安東強的《「剔除學政十弊」：清初學政積弊與考核制度》一文則研究了清代學政的考核制度。〔註23〕

〔註17〕《童生試中的審音制度》，引自李世愉：《清代科舉制度考辨》，瀋陽出版社，2005 年 6 月，第 12～28 頁。

〔註18〕《封邱生童罷考事件剖析》，引自李世愉：《清代科舉制度考辨》，瀋陽出版社，2005 年 6 月，第 29～47 頁。

〔註19〕賀曉燕：《清代生童罷考、鬧考、阻考之風述評》，《探索與爭鳴》，2009 年第 08 期，第 73～76 頁。

〔註20〕董建中：《清代學政的養廉》，《北京檔案史料》2000 年第 3 期，第 202～215 頁。

〔註21〕李自華：《試論雍正對學政制度的發展》，《史學集刊》，2006 年第 5 期，第 22～28 頁。

〔註22〕王慶成：《清代學政官制之變化》，《清史研究》，2008 年第 1 期，第 73～80 頁。

〔註23〕安東強：《「剔除學政十弊」期，第清初學政積弊與考核制度》，《清史研究》，2010 年第 1 期，第 73～78 頁。

　　第五，關於清代「童試經濟」的研究。童試本身也是地方社會經濟的一部分。楊東方的《明末清初秀才資格考試的物質支出——以話本小說資料爲例》一文利用話本小說中的資料，對明末清初童試費用進行了初步研究。〔註24〕但是清代考生參加童試時具體的經濟成本，目前學術界尚未有更系統的研究。

　　此外，也有學者研究了清代因定期舉行科舉考試，而帶來人口聚集，形成市場，以及由此而形成的經濟效應。蔡禹龍的《清末杭州考市簡論——以〈申報〉的記載爲中心》即研究了清代杭州因舉辦鄉試而形成的圖書市場，該文主要研究對象爲杭州的鄉試，沒有涉及到童試。〔註25〕孫文傑的《清代圖書流通傳播渠道論略》一文提到了清代多樣化的圖書流通渠道，其中提到書商通過在童試舉行地設立分號，開設臨時攤點賣書等內容。〔註26〕

　　第六，關於清代童試（或生員）與地方社會治理的研究。士紳研究在中國與西方漢學界由來已久，但童試和生員的位置以及作用則很少有人專門提到。張仲禮在《中國紳士——關於其在19世紀中國社會中作用的研究》一書中將士紳階層分爲上層士紳和下層士紳，其中下層士紳的標誌即是獲得成員的名分。〔註27〕余英時在《試說科舉在中國史上的功能與意義》一文中專門提到：「明、清科舉制中增加了『生員』這一新範疇，由童試決定去取，等於在『士』與其它三『民』（農、工、商）之間正式劃下了一道法律上的界線。」該文還提到「近幾十年來西方研究科舉制與社會流動（『socialmobility』）的關係，主要注目於『進士』、『舉人』中的商人背景。這是爲史料所限，不得不如此……這裡我只想提出一個意見：從科舉制看『商』上升至『士』的社會流動，最重要的關口便是生員。童生通過了童試，成爲生員，才能參加府、州、縣學的歲考和科考；科考列名第一、第二等則正式取得鄉試的資格。因此童生與生員中有多少人來自商人家庭，顯然應該是研究社會流動所必須首先追尋的問題。可惜由於大量生員（童

〔註24〕楊東方：《明末清初秀才資格考試的物質支出——以話本小説資料爲例》，《尋根》，2006年第5期，第57～61頁。

〔註25〕蔡禹龍：《清末杭州考市簡論——以〈申報〉的記載爲中心》，《歷史教學（下半月刊）》，2011年第8期，第9～14頁。

〔註26〕孫文傑：《清代圖書流通傳播渠道論略》，《圖書與情報》，2012年第6期，第130～136頁。

〔註27〕張仲禮：《中國士紳——關於其在19世紀中國社會中作用的研究》，李榮昌譯，上海科學院出版社，1991年5月。

生更不必說）的家世背景在資料上完全是一片空白，這一領域中的量化研
究根本不可能開始。」〔註28〕

　　此外，圍繞在中山大學圖書館發現的清代知縣杜鳳治的日記，形成了數
篇論文，這些研究涉及到了清代地方社會治理中的知縣與士紳關係的問題。
比如邱捷的《同治、光緒年間廣州的官、紳、民——從知縣杜鳳治的日記所
見》一文提到，在徵收賦稅中，知縣與本地士紳之間看法不一，於是雙方將
童試作爲了權力鬥爭的工具。該文也提到，在知縣與地方士紳的鬥爭中，本
地生員在地方社會上有著巨大影響。〔註29〕此外，王曉勇的《清代武科舉童
試探析》〔註30〕則探討了清代武舉考試的一些內容。

　　以上研究從不同側面爲童試的專門研究提供了不少成果。從以上研究中
可以看到，童試是清代地方社會中的重要事務，有關清代童試的研究仍舊處
於起步階段，大部分方面都仍待更深入、系統的探討。從上述研究中也可以
初步看到，因爲缺少物質資源，因爲參加童試的考生來自基層社會，在童試
的組織過程中，在考生參加童試的過程中，無不顯示著清代童試的民間屬性、
地方屬性、基層屬性，從這樣的角度對童試展開研究可以更清楚的反應清代
童試的特點和地方社會的基本狀況。

第三節　記錄童試的文獻分析

　　關於童試的記載保存在各類文獻中，但是相對比較零散，主要有以下幾
類。

（一）政書類

　　記錄清代童試制度的最基礎、且最系統的文獻是《學政全書》，今天常見
的版本皆爲乾隆三十九年（1774 年）武英殿刻本，此版本在近代以來形成了
上海古籍出版社《續修四庫全書》第 828 冊和臺灣文海出版社《近代中國史
料從編》第三十輯第 293 種兩種影印本，之後則有武漢大學出版社出版的《欽

〔註28〕余英時：《試說科舉在中國史上的功能與意義》，香港《二十一世紀》第 43 期，
　　　　2005 年 10 月。
〔註29〕邱捷：《同治、光緒年間廣州的官、紳、民——從知縣杜鳳治的日記所見》，《學
　　　　術研究》，2010 年，第 1 期，第 97～106 頁。
〔註30〕王曉勇：《清代武科舉童試探析》，《蘭臺世界》，2012 年，第 30 期，第 49～
　　　　50 頁。

定學政全書校注》，是簡體標點本。其實乾隆三十九年（1774年）武英殿本已是當時的重新修訂本，第一次編訂的《學政全書》涉及的文件截止時間為乾隆五年（1740年）。該書雖署名素爾納，卻是由中央政府組織力量編寫的，參與《學政全書》編寫的人員多來自禮部等部門，素爾納是當時的禮部尚書。

《學政全書》在內容上以中央政府文件的形式，保存了與童試有關的最系統的記錄。《學政全書》本身屬於政書，所使用的原始資料大多來自當時的《實錄》、《會典》等文獻，只是《學政全書》獨立的，圍繞清代學政工作的文獻，其中有一大部分都是關於童試的記載。

《大清實錄》（《大清歷朝實錄》）、《清文獻通考》、《大清會典》（《欽定大清會典》、《欽定大清會典則例》、《例欽定大清會典事例》）等幾種政書類文獻也保存了的與童試有關的各項具體制度的變化過程。比如《大清會典則例》提到：「乾隆元年（1736年）覆准：滇省廣南、麗江、普洱三府，及昭通府屬之思安、永善二縣，鎮沅府屬之恩樂縣，東川府屬之會澤縣，見在夷多漢少，人文寥落，難以敷額。除見任本處官員子弟，不准入籍考試外，如有異省及本省異府之人，情願移家入籍者，准照廣西太平等府之例，同土著之人一同考試……其從前寄籍各學之生，若改歸原籍，則土著無多，未免學校空虛，應免其改歸原籍。」〔註31〕這是當時政府鼓勵考生到邊遠地區參加考試的記載。

相比之下，《學政全書》對童試的記載更為系統，而其它的政書則較為零散，但其中有一些內容是《學政全書》沒有提到的。而且，乾隆中期以後童試制度的變化需要以《實錄》、《會典》等文獻為依據。

上述這些文獻記載的與童試有關的內容主要主要包括：童試考試的過程、考題類型的變化與命題標準的要求、各類考試組織者的權限、詳細到各府縣的學額及其變化情況等。這些內容是清代童試研究得以展開的基礎性文獻。比如《學政全書》提到：「乾隆十二年（1747年）議准：學政關防考試，如有暗通關節，弊生於內者，責之學政；招搖傳遞，弊生於外者，責之提調官。一經發覺，各照例處分。」〔註32〕這即是對童試主要組織者分工的明確記載。再如《學政全書》對童試考題的記載：「康熙三十六年議准：考試童生出四書題一，令作時文；《小學》題一，令作論。通行直省一體遵行。康熙三十九年議准：《孝經》論題甚少，嗣後考試將《性理中》、《太極圖說》、《通書》、

〔註31〕《大清會典則例》卷七十，禮部，清文淵閣四庫全書本。
〔註32〕素爾納：《學政全書》卷十，清乾隆三十九年武英殿刻本。

《西銘》、《正蒙》等書一併命題。康熙四十五年議准：儒童正考時，仍作四書文二篇，覆試四書文一、《小學》論一。」〔註33〕此處記載可以與其它相關文獻中的說法相互印證，顯示了《學政全書》等文獻的官方性、可靠性。

　　對於童試研究來說，這些文獻的局限性在於，僅從中央政府的角度，記錄了童試的制度變化，缺少從地方視角出發的記載。但童試在本質上是一種屬於地方社會的考試，缺少了從地方社會、基層考試組織者、考生視角的記載，童試研究是無法深入展開的。而且，《學政全書》並非專門敘述童試，而且涉及與學政有關的各項工作，許多內容只有粗線條，沒有細節性記載，所以僅憑《學政全書》及有關政書，有關童試的具體內容仍無法獲知。

　　更重要的是，因為童試處在整個科舉考試體系的最低端（也可以說是處在科舉考試體系之外），《學政全書》中的許多規定在童試組織過程中並沒有得到執行，或者在執行的過程中出現了變化，這會給研究帶來不小的麻煩。比如《學政全書》規定了童試入場要對考生進行搜檢，但是在其它更加具體的記載中可以看到，很多情況下，限於客觀條件（比如沒有正式的考場等原因），搜檢制度並沒有執行。再比如，《學政全書》雖然對童試的考題做了規定，但是在實際命題過程中，學政和府、縣官員往往會根據個人喜好加以改變。所以關於童試的研究，既要依靠從中央視角的文獻，也要依靠從地方視角的文獻。

（二）地方志、族譜類

　　各地、各類地方志保存了較多關於童試的記載，其中最重要且詳細程度超過他類別文獻的記載有幾類：

　　第一類，地方志中保存了不少各地童試考生數量的記載。比如《（道光）大荔縣志》記載，該縣清代中期「人文蒸蔚，童子試獲二千有奇，（試院）新築且不敷坐。」〔註34〕這類記載非常有意義，因為在《學政全書》等文獻中完整保存了各府縣學額的具體數量及不同時期的變化情況，如果有了該地考生數量，則根據學額即可以大致計算出該地童試的錄取率，比如《大清一統志》和《學政全書》記載：「大荔縣學額進二十二名。」〔註35〕如此就可以知道大荔縣童試錄取率大致狀況。

〔註33〕《學政全書》，卷十四，清乾隆三十九年武英殿刻本。
〔註34〕熊兆麟：《（道光）大荔縣志》足徵錄，卷二，清道光三十年刻本。
〔註35〕穆彰阿：《（嘉慶）大清一統志》卷二百四十三，四部叢刊續編景舊鈔本；《學政全書》卷五十六。

在各地修建試院〔註 36〕的相關記載中也有不少關於考生數量的記錄，比如「經始於道光辛卯（道光十一年，1831 年）十一月，至癸巳（道光十三年，1833 年）正月落成，建大堂一座，夾廳二間，左右長廊共二十八間，計設坐號壹千五百，即應試人多，亦綽有餘地。」〔註 37〕由此處文獻便可以知道，該縣道光年間童試考生人數最多不超過 1500 人，但最少也會在 1000 人以上。在各地地方志中，提及考生人數的記載至少有幾十處，包含了我國十餘個省份。這樣便可以知道清代我國各地童試錄取率的大致情況了。

但是地方志中的對考生數量記錄，在可信度上多少會有一些問題。各地方志在提到本地的考生數量時，總是趨向於多說；而提到其它地區的考生數量時，則趨向於少說。因為在當時，報名參加童試人數的多寡，被視為一地文風發達與否的重要標誌，地方志的撰寫者往往趨向於用文風發達的口吻來描述本地。在此背景下，童試考生數量較少的地區在地方志中往往缺少記錄。這些問題自然會影響到文獻內容的可靠性。此外，地方志對考生數量的記載大多無法判斷具體的時間，所以計算出的童試錄取率也一樣無法判斷時間，這是一個遺憾。

第二類，地方志中保存了關於各地試院修建和維護的文獻。試院是清代為舉行童試而專門修建的考試場所。各地方志中保存了本地試院修建的過程、試院的規模等內容。其中不少以諸如《重修濟南考棚記》等形式存在的文章，更是詳細透露了各地試院籌措資金、組織人員修建的過程，也有不少地方志介紹了本地試院的建制和結構。從試院的修建中可以看到，地方社會中的民間力量熱心參與了童試的組織。

此外，在各地地方志中還保存了大約六十多幅試院的圖片。這些文獻對試院研究來說都非常重要。

第三類，地方志中記載了不少考不中生員的人的情況。比如「王以南，新城人好學負奇氣，應童試不售，援例湖北巡檢，歷署蘄水、巴河暨荊門州吏。」〔註 38〕再比如「談維城，家貧，幼應童試未售，以筆劄應役公門，藉供親膳，鄉鄰以孝稱。」〔註 39〕綜合多處記載，便可以知道這類人員連生員

〔註 36〕清代專門為童試修建的考場在文獻中一般稱為試院、考棚、考院等，本研究以試院代指不同的名稱。
〔註 37〕徐作梅：《（光緒）北流縣志》卷之二十二，清光緒六年刊本。
〔註 38〕邵子彝：《（同治）建昌府志》人物志卷八，清同治十一年刻本。
〔註 39〕丁符九：《（光緒）寧河縣志》卷之九，清光緒六年刻本。

身份都沒有、在全國讀書人中位處最下層人的基本狀況。通過對比生員與未考中生員者的生活，以及在地方社會上的影響，也可以進一步知道童試對讀書人造成的篩選和分化。

在地方志之外，圍繞家族的歷史而形成的一些族譜，則詳細的記載了本家族歷代成員獲得科舉功名的詳細情況。其中有的族譜提到本家族對參加童試考生的資助方式，以應考爲目標的家族文會的組織方式等內容。不過，不少族譜類文獻在提到本家族的事蹟時，往往帶有誇大的成分。在有關研究中，應盡量在與其它文獻實現相互印證的基礎上使用族譜類文獻。

（三）檔案、日記類

檔案具有較高的可信度。中國第一歷史檔案館保存的清代檔案中有不少涉及到童試的文獻，其中大部分尙未公開出版。《歷史檔案》雜誌 2002 年刊出上、中、下三輯《乾隆中晚期科舉考試史料》，其內容主要以當時的學政向中央政府彙報各地童試組織狀況的奏摺爲主，大部分奏摺將作弊與防弊作爲基本內容。從奏摺中可以看到學政在當時國家政治權力結構中的位置，也可以看到當時童試組織過程的存在的一些作弊問題。

臺灣故宮也保存了大量「宮中檔」。因爲檢索困難，且所需費用較大，這部分文獻目前尙未得到較爲完備的使用。本研究在力所能及的範圍內盡量高效的使用所獲得的相關文獻。

日記也是可信度較高的文獻。目前學界引用較多的《朱峙三日記》、《退想齋日記》等日記保存了清代末年科舉考試的一些重要的細節，一直爲學界看重。其中《朱峙三日記》保存的關於童試的內容相對較多，比如對當時武漢地區考生的記載，光緒三十年（1904 年）二月初二日的日記提到：「今年縣試人數較去年少，聞總數三千二百人」，更重要的是，該日記還保留了一些縣、府、院各級、各場考試之後，錄取人數的記載。在上述二月初二關於考生人數的記載之後，縣試首場過後，二月初六日日記提到：「發出者僅八百人」。縣試第二場過後，八月初九日日記提到：「發出者僅四百餘人」。〔註 40〕因爲童試涉及三級考試，每級考試有四、五場，此日記中關於每一級、每一場考生的淘汰情況的記載非常稀缺，這對於研究童試錄取規則、淘汰率細節等具有關鍵性的作用。

〔註40〕朱峙三：《朱峙三日記》，嚴洪昌編，華中師範大學出版社，2011 年 7 月，第43 頁。

（四）文集、筆記類

文集、筆記是很重要的文獻，這類文獻中保存了不少官方文獻所沒有的關鍵內容，對於解開某些關鍵性的難題有不小的作用。

一些清代文集中收錄的奏議等文獻也保存了與童試有關的記載，比如李星沅的《李文恭公遺集》中有奏摺提到其主持童試時，「考場內外，各知畏法，向來陋規既經實力裁革積，亦漸就掃除。惟南雄州屬始與縣童試正場，臣於巡號時，查獲童生謝甘棠、劉用臧換卷作文，當即拏交提調，嚴行審辦。」〔註41〕這類的記載可以爲相關內容起到輔助性的作用。

一些筆記中涉及到與童試有關的內容，比如陳康祺的《壬癸藏札記》提到：「阮文達公爲學政時，搜出生童夾帶，必自加細閱，如係親手所抄，略有條理者，即予入學，如倩人所抄概錄陳文者，照例罪斥。」〔註42〕這處記載充分顯示了當時考生作弊的流行程度，以及部分考官對夾帶這種作弊方式的處理態度。

再如學界引用較多的文獻《閱世編》提到：「小試之提調，向以府、縣印官爲之。自順治十一年甲午，總制馬公國柱建議，以時方多故，正印官不應輕離地方，每逢學臣考校，始以府佐提調，以後遂爲定制。」〔註43〕此處對擔任提調官的人員的身份的記載，可以補充《學政全書》的缺失，可以爲童試中提調的責任、提調與學政相互制約等內容的研究提供更紮實的文獻基礎。

另外，晚清時期的一些報紙，尤其是像《申報》這樣持續時間較長的報紙上有不少與童試有關的記載，比如《申報》經常刊登各府、縣童試開考日期的預告，以及考生複習資料的廣告等內容，從中可以看到關於童試的一些細節。

（五）回憶類

商衍鎏的《清代科舉考試述錄及有關著作》，齊如山的《中國的科名》、《齊如山回憶錄》，鍾毓龍的《科場回憶錄》等回憶性質的作品在國內科舉研究界具有很大的影響力，其中關於童試的部分尤其爲相關研究者廣泛引用。

這些作品的最大特點在於，作者從親歷者的視角對清代的科舉考試做了回憶或者敘述，相關內容大大超越了官方文件中一本正經的姿態，將童

〔註41〕李星沅：《李文恭公遺集》奏議卷一，學政，清同治五年李概等刻本。
〔註42〕陳康祺：《壬癸藏札記》卷十一，清光緒刻本。
〔註43〕葉夢珠：《閱世編》卷二，學校五，上海掌故叢書本。

試考試過程中的諸多細節問題活靈活現、娓娓道來。以童試考試過程中考生上廁所這件事爲例。《學政全書》的記載是：「巳時（大概上午十來點鐘），供給官稟明二門上擊鼓三聲，方許飲茶、出恭，……出恭者趨出恭桌，自擊木梆一聲，亦各東西放卷，執出恭牌，於甬路中行，司恭吏印『出恭』二字。恭畢領卷，自擊木梆二聲，復位。」而《中國的科名》中對上廁所的記載全然沒有這麼嚴肅，大小便的解決方式是「每人足下有一瓦質尿盆，小便時就立著便於其中。」「全棚數百人，每人每日小便兩次，便是一千多回，其臊氣難聞，已可想而知，且有許多人誤把尿盆踏翻者，氣味尤使人難過。第一場還較好一些，以後愈來愈難聞。且不許大便，倘非大便不可，亦可上廁所，但須把卷子交到堂上，回來再領回來接做，不過該卷子後面，便印上一黑色圖章，這個名詞叫作屎戳子（此即上文所述之『出恭』戳），這本卷子便不予閱看，絕無進生員之希望了。考生中有腹瀉者，往往自己脫下襪子，作爲大便之用，便完捆好口放在腳下。但臨座之人往往干涉，有時因此吵起來，那大便之人便算犯規，就被勒令出場了。爲一小小科名受如此大罪，眞不可思議。」〔註44〕

　　但是另一方面，這些回憶性的著作也存在不少問題，有些說法相互矛盾。比如對縣、府、院三級考試的錄取規則的說法，《中國的科名》提到：「前兩級之考試（縣試、府試），沒什麼大關係。比如縣考，第一場便未取，則第二場便不許再考了，可是俟府試時，仍是一樣的考；府試第一場便未取，則院考也仍是一樣的考，而且只考過縣考一場，也就算是童生了。」〔註45〕但是《清代科舉考試述錄及有關著作》的說法則是「（縣試由）縣官考畢，造具名冊送交本縣儒學署，並申送直轄知府或者直隸州廳。」「府、州、廳考畢，造具清冊，申送學政。」〔註46〕

　　除了上述商衍鎏、齊如山、鍾毓龍之外，還有一些親自參加過或者經歷過童試的人，在後來也寫過一些回憶錄性質的文章或者著作，這些記錄被提到的還不太多，且在不少地方與上述商衍鎏、齊如山等著作的回憶有相互矛盾，或者相互補充的內容。

〔註44〕齊如山：《中國的科名》，遼寧教育出版社，2006 年 1 月，第 32 頁。

〔註45〕齊如山：《中國的科名》，遼寧教育出版社，2006 年，第 5 頁。

〔註46〕商衍鎏：《清代科舉考試述錄及有關著作》，百花文藝出版社，2004 年 7 月，第 6～7 頁。

比如曾多次參加過清末童試的易力原寫過《清末科舉童子試的形形色色》，這篇文章拉拉雜雜的談到了童試的諸多方面，比如其中提到，在童試舉行的過程中，城內各類商店頓時興旺起來，「以書店、文具店最多，均繫由外埠來趕集的，估衣店、鞋帽店、廣貨店（專售婦女用品，供考生送情之用）和餐館，亦所在皆是。還有江湖賣藝的，木偶戲、西洋鏡等。」「尤其是卜卦、算命、看相的最多，九流三教無所不備。」〔註47〕此外，還有一些與童試有關的基本內容可以與其它文獻相互印證，比如這篇文章提到童試的考試頻次爲「童（子）試三年兩考，隔年一次，以府爲整體，縣爲單位。」

（六）雜史、小說類

雜史、小說中提到童試的地方也有很多。比如《清稗類鈔》提到：「光緒中葉，有某郡守於終覆時以『黿（yuán）、鼉（tuó）、蛟、龍、魚、鱉』命題，六縣各作一字。首縣童生某問鄰號生日：『鱉字出在何縣』某應之曰：『在別縣。因某縣文風甚劣又係下縣當作鱉字。』自後人遂呼某縣爲鱉縣矣。」〔註48〕（考題出自《中庸》：「今夫水，一勺之多，及其不測，黿鼉、鮫龍、魚鱉生焉，貨財殖焉。」）

在清代屬於安徽的婺源考生詹鳴鐸在民國時寫下的《我之小史》（原書正式出版後名爲《新發現的徽商小說——我之小史》，下文簡稱《我之小史》），是一本具有回憶錄性質的、以章回體形式存在的自傳小說。不過，其所描述的內容卻並非憑空結撰，有研究者「從同時收集到的六冊《振先雜稿》、四冊《詹鳴鐸日記》以及光緒《婺源縣志》、《詹氏宗譜》來看，《我之小史》所述的確皆爲眞實情節。」〔註49〕

因爲該文獻的作者詹鳴鐸只是生員身份，所以其多次參加童試的具體內容都有詳細的記載。其中包括考生爲童試準備、參加考試過程、考試期間的生活、考題內容、考試作弊情況、考生感受等各方面的內容。尤其難得的是，作者詳細記錄了多次參加童試時心情變化，比如對最後一次考試成績發布前後心情變化的記載尤其詳細，詹鳴鐸回憶：「是日也，自朝至於日中昃，坐臥

〔註47〕《清末科舉童子試的形形色色》，引自文安：《晚清述聞》，中國文史出版社，2001年，第280～293頁。
〔註48〕徐珂：《清稗類鈔》卷三十四，譏諷類，中華書局，1984年。
〔註49〕詹明鐸：《我之小史——新發現的徽商小說》，王振忠整理，2008年8月，第21頁。

不安，心如刀割。記得那寓門首，我徘徊往來，眞不知走了多少步。後散步到餘輝祖寓，告以愁甚。余謂請與君弈，弈可解愁，遂對弈，一局不終，無聊之甚，見案頭有《聊齋》，執起閱之，都看不成句，此刻心緒，確不知是何樣子。」〔註50〕總的來看，《我之小史》對此類情景的描述是迄今爲止所能見到的清代童試文獻中最詳細的。

在以《儒林外傳》爲代表的清代小說中保留了不少與童試有關的內容。收入中小學課本的《范進中舉》即描述了考生范進參加童試並考中生員的相關內容。除此之外，《儒林外史》還有多處內容與童試直接相關，該書第十九回講到，金躍託人用五百兩白銀雇匡超人替考，提前買通考場上的下層服務人員，匡超人在開考之前便冒充考場服務人員，進入考場，開考後與考生交換身份達到作弊目的的辦法，「潘三打聽得宗師掛牌考會稽了，三更時分，帶了匡超人悄悄同到班房門口，拿出一頂高黑帽，一件青布衣服，一條紅搭包來，叫他除了方巾，脫了衣裳，就將這一套行頭穿上。附耳低言，如此如此，不可有誤！把他送在班房，潘三拿著衣帽去了。交過五鼓，學道三炮升堂。超人手執水火棍，跟了一班軍牢夜役，吆喝了進去，排班站在二門口。學道出來點名，點到童生金躍，匡超人遞個眼色與他。那童生是照會定了的，便不歸號，悄悄站在黑影裏。匡超人就退下幾步，到那童生跟前，躲在人背後，把帽子除下來，與童生戴著，衣服也彼此換過來。那童生執了水火棍站在那裡。匡超人捧卷歸號，做了文章，放到三四牌，才交卷出去。」〔註51〕

上述與童試有關的記載，都將童試描述的活靈活現，但可信度並不高，在文獻使用上只能起到輔助作用。此類文獻的重要性在於可以與其它可信度更高、但是敘述枯燥、內容簡略的文獻相作證，提高相關研究的豐富性。

在進行文獻內容分析之時，必然會遇到不少的問題。對童試這樣的處在地方社會的研究尤其是如此。在這種情況下，應堅持以下原則：1.可信原則，在兩種說法有不同的時候，以可信度更高的文獻爲依據；2.佐證原則，如果出現不同的記載，一種可以得到其它文獻的作證，另一種是孤證，則以有佐證的說法爲準；2.邏輯原則，在可信程度相同或者無從辨別的時候，以更有邏輯的說法爲準；4.分析原則，在上述各之間有矛盾、或各原則都失效的情況下，相關問題仍十分重要且必須要做出說明時，則從符合邏輯的角度做出分析和推論。

〔註50〕《我之小史——新發現的徽商小說》，第159頁。
〔註51〕吳敬梓：《儒林外史》第十九回，臥閑草堂本，清嘉慶八年。

（七）文物類

目前我國已有多處以科舉為主題的博物館，其中收藏有與童試有關文獻和文物的博物館有北京科舉區額博物館（建在租借北京市朝陽區的地址上）、上海嘉定科舉博物館（建在上海市嘉定區的孔廟中），江蘇泰州中國科舉院試博物館（建在江蘇省泰州試院舊址中）、山西平遙科舉博物館（建在山西省平遙縣文廟舊址中），以及即將建成的南京市中國科舉博物館等。其中，江蘇泰州中國科舉院試博物館專門以童試為主題。在這些博物館之外，全國還有不少地方保存了或者部分保存了清代試院的遺址，比如河北定州、福建汀州博物館即是在原試院內建成的，這些遺址本身即是童試研究的重要文物。另外還有一些地區保留了不少與童試有關的碑刻、文物資料。

從上述博物館及民間文物中可見到的，對本研究有幫助的文物主要有幾類：第一類是童試考試卷，比如在童試試卷中可以看到，有一位叫做李振聲的清代童試府試第三場試卷，在考生名字的旁邊可以看到分別寫著「歲考」和「府考」這樣的字眼。這可以證明在當時，童試有時被籠統的按照歲考、科考來記錄。稍有遺憾的是，目前仍舊找不到針對同一考題的兩個不同考生是試卷，因此也無法就答題和閱卷所涉及的效率和公正問題展開更為詳細的論證。第二類是與童試組織有關的文書，比如在福建汀州發現的系列童試文書對於童試研究有重要價值。此外，在全國各地還發現了不少考生報名參加童試過程中留下的卷票、保結單等文物。從這些文物中能看到童試組織過程中的擔保制度、報名製度等具體的內容。第三類是童試考試過程中考生和試院中使用的物品，考生使用過的習作、練習題等各類複習資料，試院中的卷箱、考籃，考生考中之後的報條、匾額等內容，也可能會對本研究的深入進行起到作用。此外，泰州的泰州中國科舉院試博物館保存的文獻中有泰州本地歷屆考中生員的考生的名單，這對於研究泰州本地童試與地方社會的關係有重要作用。

當然，更多與童試直接相關且十分有價值的文物可能正流傳在民間，這需要研究者進一步來發現。

儘管上述文獻中都保存了與清代童試相關的諸多記載，但與鄉會試相比，與童試的有關的文獻記載仍是十分稀缺的。就目前可以看到的文獻而言，關於清代童試的諸多關鍵環節都因缺少記載，而無從知道其具體的情況，比如童試的命題和保密設計，童試三級考試過程組織人員的差別和具體分工，

閱卷的流程和衡文標準，童試在地方社會上具體的影響等，都是如此。而童試在各地的情況，在清代二百多年時間的不同階段中可能也有所不同。在這些方面，有關研究的開展仍舊面臨著在文獻資料上的諸多困難，這也制約了本研究的深入進行。

第一章　三級考試及錄取規則

　　清代的童試分爲三個級別，簡稱爲三級，每三年舉行兩次，一般情況下，分爲縣試、府試、院試，分別由知縣、知府（或同知）、負責各省教育事務的學政主持，分別於不同的時間，在縣城和府城舉行。考生若想考中生員，需要逐級參加縣、府、院試，這三級每級考試各分爲數場，各場考試考完之後發布成績，並淘汰一定數量的考生，剩下的考生繼續參加考試。考生在某一級考試被淘汰，再次參加都需要從縣試第一場考起。這種複雜而漫長的考試流程，最大限度的滿足了地方社會讀書人參加考試的需要，也通過逐級淘汰減少了考試組織成本，並且提高了考生通過作弊來考中生員的成本。

第一節　童試的地點與時間

　　清代學政到各地主持院試的過程中，也會主持面向生員的歲試、科試等一系列的考試。童試在級別上不僅低於鄉試，而且低於歲科試。考生只有通過童試、考中生員之後，才有資格參加歲科試。最初，童試與歲科試是沒有分開的，童試產生並且成爲獨立考試的過程，經歷了較長時間的探索和制度積累的過程。

一、三級考試的形成

　　在明代中期以前，科舉考試中還沒有童試這一級。從明代中期開始，中央政府要求參加鄉試的考生在報名之前，先要參加各地提學官主持的考試，《明會典》記載，「正統九年（1444 年）奏准：各處應試生儒人等，從提學官

考送。」〔註1〕明代的提學官又稱爲提學或督學，是負責各省教育事務的官員。此處提到的提學試是童試的源頭，但是嚴格說來，明代的提學試大約只相當於清代的科試，也就是鄉試的報名資格考試，或者相當於清代童試與科試兩者的結合，與清代的童試並不完全相同。

在明代後期，由於報名參加提學試的考生人數大量增加，用以容納考生的考場和考試組織人員都十分缺乏，所以在提學試之前又增加了縣、府試。也就是說，考生若想參加鄉試，要先參加提學試以獲得報名資格；若想參加提學試，則需要逐級參加縣試和府試。在此之前，所有考生都可以直接參加提學試，在縣試和府試出現之後，一部分考生被縣試和府試淘汰了，這減少了參加提學試的考生數量，減少了提學官的工作量，有助於提高考試的效率。

生活在明末的文學家艾南英，在刊刻的自己參加科舉的答卷中，寫下了《前歷試卷自敘》一文，其中提到當時地方社會的考試：「各季考，及所部御史入境，取其士什之一而校之，名爲觀風，二者既非諸生黜陟之所繫，而予又以懶慢成癖，輒不與試。獨督學試者，於諸生爲職掌：其歲考，則諸生之黜陟繫焉。非患病，及內外艱，無不與試者。其科考則三歲大比，縣升其秀以達於郡，郡升其秀以達於督學，督學又升其秀，以達於鄉闈。」〔註2〕從這裡可以看到，地方官學的觀風試，是一種日常考試，已經形同虛設，而提學使主持的歲試、科試則仍十分嚴格的執行。歲試面向生員，與當時生員本身的等級身份息息相關（生員分爲廩生、增生、附生等不同的級別，廩生可以領取國家補貼）。此外，科試也是地方上嚴格執行的考試，因爲科試是決定考生能否考中生員，以及能否有資格參加鄉試報名的考試。科試分爲三級，考生在參加科試的過程中要接受層層淘汰。

也就是說，在明代末年，歲、科試已經分開，歲試是面向生員的考試，考核生員水平高低。而縣試、府試、提學試都是科試的一部分，參加並且通過了這三級考試，就成爲了生員，同時就獲得了參加鄉試的資格。而清代則在科試中又分出了童試，縣試、府試、院試（明代的提學試）是童試的一部分，院試之後，考生如果考中了生員，並且想參加鄉試，則仍要繼續參加科試，參加科試之後才能報名參加鄉試。也就是說，清代的科試與童試是分開舉行的，而明代末年是合併在一起的。

〔註1〕申時行等：《(萬曆)明會典》，卷七七，中華書局，1989年，第450頁上。
〔註2〕賀復徵：《文章辨體彙選》，卷三二六，序四十六，文淵閣四庫全書本。

　　所以，童試在清代才成爲獨立的考試，在明代則只有歲試與科試。清代的縣試、府試、院試合在一起稱爲童試或童生試，這是指參加這些考試的考生身份爲童生，考完這三級考試之後，考生的身份變成了生員，再繼續參加的歲試、科試，嚴格來說就不再是童試的一部分了。當然，無論在明代還是清代，如果想要參加鄉試，也不是所有人都必須要參加童試和科試。比如在清代，通過捐納，也就是花錢購買獲得的監生身份也可以參加鄉試。

　　需要指出的是，童試考試流程的複雜性本身，即是造成其民間性的重要原因。明代的提學試從單獨一次考試變成三級考試，實際上意味著提學官將一部分自己無力承擔的考試任務，交給了府縣地方政府來幫助完成。在這背後起決定因素的是，隨著人口增加以及受教育人口的增加，地方教育管理成本和地方社會治理成本也在增加。但是中央政府又沒有足夠的力量，只有將包括童試這樣的基層考試在內的教育管理的任務分散轉移給地方政府，而地方政府的力量也有限，於是部分組織考試的事物任務才又逐漸轉移到民間。

　　雖然童試分爲三級考試，組織過程變得更加複雜，組織成本上升，但是這也是童試制度設計適應民間社會的重要內容。隨著受教育人口的增加，有參加童試願望的考生也在增加，通過在各縣城設立縣試，可以滿足更多的考生參加考試的願望，減少一大批考生參加考試的交通等成本，同時淘汰一部分不適合參加考試的考生。此外，漫長而複雜的考試流程，也大大提高了考試作弊的成本，增加了考試作弊的難度，可以在一定意義上保障考試的公正性。

二、童試的考試地點和次序

　　清代童試三級考試的地點和次序一般是固定的。縣試一般在縣城，所以一般也稱爲邑試、縣考，府試和院試一般在府城，所以府試有時候也成爲郡試、府考等，院試有時也稱爲院考，一般也在府城舉行。不過，童試的考試地點，細說起來也有一些複雜之處。一般文獻中大都將童試的三級考試分別稱爲縣試、府試、院試，但是清代地方的行政區劃在各地有些不同。在十八個行省的之下，各地以府級行政區爲主，除了府之外，還有直屬於省的直隸州或者直隸廳；在府級行政區之下，以縣級行政區爲主，除了縣之外，還有與縣同級的沒有帶「直隸」二字的廳、州等。

　　童試的學額一般按照縣級單位劃分，比如《學政全書》提到：「順治十五

年（1658 年）題准：直省取進童生，大府二十名，大州、縣十五名，小學四五名；康熙九年（1670 年）題准：各直省取進童生，大府、州、縣仍舊，中學十二名，小學或八名或七名。」〔註3〕不同地區的學額在不同時期略有一些調整，大致上來說，所有府縣均按照文風高下、人口多寡、納稅額高低等因素分爲三個等級，分別擁有錄取名額 15 或 20 人、12 人、7～8 人。

不過實際上，學額並不是直接按照地區來劃分的，而是按照各地的官學來劃分的，《學政全書》的提到的「中學」是指「中等規模的地方官學」，「小學」也是如此。這意味著，一個府可能下設幾個縣，各縣都有縣級官學，即縣學；而府本身也有府級官學，即府學，縣學和府學都有各自的學額。大部分縣都有自己專屬的學額，府或者直隸州、直隸廳則有單獨的不屬於任何一縣的學額。有的考生來自府城，有的考生來自各縣，這好比當代的考生有的生活在市區，有的生活在各縣一樣。在有專門學額的府，考生可能不必再參加縣試，而只需要在府城參加一次用於替代縣試的考試即可。《清代科舉考試述錄及有關著作》提到：「專設學額之府，府試之先，初以府屬教授錄考送府，乾隆二十六年（1760 年）爲委同知、通判或他縣縣官，考試一場以代縣試，亦有免去此場，直接於府學報名以應府試者。此類童生本身無縣籍，遂無縣案首與縣堂號之名。」〔註4〕

當然，對於大多數地區的考生來說，參加童試即意味著要首先到縣城參加縣試，其次到府城參加府試，而後在學政來到該府城後，在府城參加院試。對於少數屬於直隸州、廳的考生來說，考生在本縣參加完縣試，而後到直隸州、廳參加府試，而院試則有可能再換地方，需要到鄰近的府城。因爲各直隸州、廳所屬的縣較少，所以院試常常與臨近的府城一併舉行。《學政全書》中沒有提到這類的記載，在《齊如山回憶錄》則提到：「因爲皇帝派出考試的欽差（即學政），都是每府一考，各直隸州，因管縣較少，不值得欽差前去，則亦歸併在就近之一府城內考試，比方易州直隸州，連他所管的淶水、廣昌二縣，就都在保定府考試。」《中國的科名》則提到，此種情況也是因爲有些地區缺少專門的考試場所，「其直隸州也帶管兩三縣不等。因無考棚，也就臨近之府合考。」〔註5〕

〔註3〕素爾訥：《學政全書》卷四十三，八旗學額，清乾隆三十九年武英殿刻本。
〔註4〕商衍鎏：《清代科舉考試述錄及有關著作》，百花文藝出版社，2004 年，第 6 頁。
〔註5〕齊如山：《中國的科名》，遼寧教育出版社，2006 年，第 30 頁。

除此之外，由於清代童試制度還爲八旗、滿洲、蒙古、商籍、軍籍等各類特殊身份的考生設置了專門的名額。這些考試舉行的地點也稍有特殊之處。比如「順治八年（1651 年）題准：滿洲、蒙古、漢軍子弟，歸順天府考試，取進童生：滿洲百二十名，蒙古六十名、漢軍百二十名。」〔註6〕也就是，這些考生皆在京城參加考試。再比如：「商學童生，先由該地方鹽運分司及運使考核錄取，造冊申送院試。」〔註7〕也就是，各地鹽場官員和工作人員子弟首先參加由本地的鹽務官員主持的考試，之後再到參加鹽場所在地的府城中參加院試即可。

參加縣試的考生大都來自本縣，所以一縣之內談不上先後順序，但是參加府試和院試的考生則是來自該府所屬的各個縣。一府之內，先考哪幾個縣，一省之內先考哪幾個府，一般是固定的。《中國的科名》提到：「每科先考哪一府，有一定的程序。未到本府之前，便有差官來報，說某日準到，這個名詞叫做『下馬』。有了『下馬』的日期，則由府通知各縣，布告各村，凡應考者才起身赴府應考。在府中先考哪幾縣，也有一定的規矩，就是按『縣綱』之次序。『縣綱』這個名詞，已有多年提不到了，各府都有『縣綱』之歌，以誌其次序，例如順天府的縣綱，是『通三武寶薊香寧，霸保文大固永東，大宛二縣涿良房，昌順密懷平』。因北京順天府沒有考棚，考棚設在通州，故以通州爲第一縣。保定府則是：『清滿安定新（清苑、滿城、安肅、定興、新城五縣），唐博望容完（即唐縣、博野、望都、容城、完縣），蠡雄祁束安（即蠡縣、雄縣、祁州、束鹿、安州），新高易淶廣（即新安、高陽、易州、淶水、廣昌）』。全國各府皆有之，不必多寫，考時除有特別情形外，不會隨便改動的。〔註8〕在信息傳播途徑落後的情況下，「縣綱」的形成當然是爲了方便考生，不至於臨時倉促、錯過考期。

當院試已經開始，並且正在某府城舉行之時，其它尚未舉行院試地區的考生會非常關心，比如《朱峙三日記》光緒二十九年（1903 年）閏五月初十記載：「聞學憲已到黃州院考。」六月初一又記載：「縣中有信，院試學憲黃州快考畢。」〔註9〕學憲即是學政，其實朱峙三需要參加的院試到六月中旬才

〔註6〕 允祹等：《大清會典則例》卷七十，禮部，清文淵閣四庫全書本。

〔註7〕 丁寶楨：《四川鹽法志》卷二十五，征榷六，清光緒刻本。

〔註8〕 齊如山：《中國的科名》，遼寧教育出版社，2006 年，第 30 頁。

〔註9〕 朱峙三：《朱峙三日記》，嚴洪昌編，華中師範大學出版社，2011 年，第 39頁。

開始舉行。有了上述的「縣綱」，考生便能夠大致知道自己所在府縣的考試日期了。有的地區採取措施，以保證考期信息的準確無誤，「往者府、院試相距數月，士再赴郡，苦奔陟，以山高路險，往返維艱。請學使得批按臨日，始行府試，今循爲故事，人皆便之。」〔註10〕

清代童試各縣的次序在考題上也有一些需注意之處。《中國的科名》提到：「縣考是一縣之人同一題目，府考因每次考三、四縣，不便同一題目，所以各縣之題。多是不同，但亦不能大兩樣，免人說有難有易，其中或有弊病，所以多是大致相同之題。」至於院試，「每府總要管十幾縣或二十幾縣，考時所屬各縣之應考者，都得來應考，因爲院考都是在各府城中考試，所以每府中都有考棚，亦名曰科場，地方相當寬大，都是斟酌各縣之人數，合併考試，每次總是三縣或四縣。因爲幾縣合考，所以出的題目，多數與縣考情形不同。」〔註11〕

這是說，舉行縣試時，考生都來自同一個縣，而府試、院試的考生則來自該府所轄各縣。各縣縣試的考題自然都不相同，到了府試，可能一個府下轄20個縣，每一場三、四個縣一同考試，那麼這三、四個縣的府試考題是相同的，但是與其它各縣的考題則是不同的。一些地區舉行院試時，因爲考生眾多、考場太小，無法容納所有各縣的考生一起考試，往往採取讓不同的縣分別先後考試的方法。這樣，不同縣的考生雖然參加的是一次府試或者院試，但是考題則有可能是不同的。前一次的三、四個縣與後一次的三、四個縣之間的考題如果沒有差別，考試題目便被前一次已經參加完的考生洩露了。

當然，不同縣的考生題目不同，這並不會對考生之間的競爭帶來影響，因爲每個縣有自己固定的名額，每個考生的競爭對手只是本縣的考生，與其它的縣沒有關係。

童試的考試地點有時會發生變化，這往往是爲了方便考生。在交通不便的地區，對於距離縣、府城較遠的考生來說，從所在地趕到考試地很不容易。對此，許多地區想出辦法，對府、院試的考試地點作出調整，以減少考生趕考途中的艱辛。有的地區臨時借用考試地點，比如吉林省伯都訥廳，「城垣偏在一隅，所有民戶皆附近孤榆樹屯居住，屯中設有書院，每歲廳官即在此徵收錢糧。由榆赴城，往返千餘里，童試不免跋涉之苦。查《學政全書·衛學

〔註10〕隆慶：《（道光）永州府志》卷十五下，清道光八年刊本。
〔註11〕齊如山：《中國的科名》，遼寧教育出版社，2006年，第28～27頁。

事例》內載有『童生考試，准用收糧公所』等語。訥屬情形相符，懇請即在書院內添設考棚。」〔註12〕

再比如安徽鳳臺縣考官帶上大印，出外主持考試。「皖北幅員遼闊，壽之西南，鳳之西北，距郡城四百里，各士子每因力絀，不能遠道赴試，情形極爲可憫。是以每屆府試之時，皆由歷任撫臣學臣隨時察看飭令，該府帶印赴壽專考，極爲稱便。」〔註13〕

有的甚至設立專門的考點，比如「安徽鳳陽府屬壽州、鳳臺兩州縣，府試、院試從前均赴鳳陽就試，途中隔自上窯，河水面極寬，值夏秋汛漲，應試者每有覆溺之患，是以壽州設立專棚。」〔註14〕再比如，「黔江隸西陽州，州士院試向皆遠附重慶，自黔至重，路尤險，（趙）莘捐廉爲倡，得金萬餘，具白之州牧，俾鄰治皆釀金，建考署於州城，乃請學使者按臨州試，勒石紀事，一州便之。」〔註15〕

有時，考生的考試地點也會隨著行政區劃的調整而變化，比如光緒三十年（1904年），「署山東巡撫胡廷幹奏，現膠州改升直隸州，兼轄即墨、高密二縣。……擬援案借棚萊州府附考，即墨、高密，改府考爲州考。膠州童生，由州考竣，逕赴院試。」〔註16〕也就是即墨、高密兩縣的考生在本縣參加完縣試之後，到膠州參加府試，而院試仍在萊州府。

此外，晚清時期設立的新疆省的情況也比較特殊，有研究提到：「如新疆省之邊遠縣份，俱密封試題，遞交新疆巡撫代考，試卷封送陝西學政評閱。」〔註17〕

三、童試的考試頻次

張仲禮在《中國士紳》中分析了一些文獻之後，十分肯定的認爲「19世紀文科院試爲三年兩次」〔註18〕，但是此書並沒有對歲、科試和童試的院試

〔註12〕長順：《（光緒）吉林通志》卷四十九，清光緒十七年刻本。
〔註13〕李師沆：《（光緒）鳳臺縣志》卷六，清光緒十九年刊本。
〔註14〕李師沆：《（光緒）鳳臺縣志》卷六，清光緒十九年刊本。
〔註15〕許應鑅：《（光緒）撫州府志》卷五十五，清光緒二年刊本。
〔註16〕《清德宗實錄》，卷之五百三十八，中華書局，1985年。
〔註17〕劉兆璸：《清代科舉》，臺北東大圖書有限公司，1977年，第10頁。
〔註18〕張仲禮：《中國士紳——關於其在19世紀中國社會中作用的研究》，李榮昌譯，上海科學院出版社，1991年5月，第82頁。

部分進行嚴格的區分，其中用以說明院試舉行的頻率為「三年兩次」的材料，無一例外都是指歲、科試，但是最終結論說的卻是院試。

《中國的科名》則提到，清代後期的童試為三年一考，「明清兩代的科舉制度，雖然有許多種，但要點是分三個階級，第一級為考生員，此名曰小考，是以縣為單位。第二級是考舉人，此名曰鄉試，是以省為單位。第三級是考進士，此名曰會試，是全國合在一起考試的。平常說是三年考一次，若按分階級說，實在是三年考一次；若按全體說是每年都有考試的。學界有兩句諺語，曰：『子午卯酉，辰戌丑未。』各按次序念，應該說，『子卯午酉，丑辰未戌。』前四字為鄉試之年，後四字為會試之年。在一輪十二年之中，已占去八年，其餘四年，便是小考的年頭。足見國家的考試，是每年要舉行的。」〔註19〕該書認為童試（小考）在鄉會試之前舉行，也是三年一次。這種說法應該是有問題的。

在其它的有關童試的回憶中，清代後期童試為三年兩考，比如易力原在《清末科舉童子試的形形色色》中提到「童（子）試三年兩考，隔年一次，以府為整體，縣為單位」。〔註20〕

具體來說，清代初年，童試的頻率被嚴格限制，曾有一段時間為三年一次。《學政全書》提到：「康熙二年（1663年）題准：省各學臣三年之內止應考試童生一次，鄉試後報滿。凡前任學臣已經考過一次者，勿得再考；如有前任學臣考試未完，緣事離任者，許新學臣將未考州縣生童接考，以應鄉試。如有違例重考者，聽該督撫題參。」〔註21〕這一制度應該早在順治年間就開始執行了，《清文獻通考》提到，在順治十五年（1658年）（《大清會典則例》的記載為順治十八年，1661年），中央要求將歲、科兩次考試，合併為一次，到「康熙十二年（1673年），復直省歲科兩考之制。順治十五年（1658年）科臣奏准，合歲科兩考為一考，至是有以儲材不廣，督學不勤為言者，部請仍照舊兩考，例行從之。」〔註22〕《學政全書》對此也有此記載：「康熙十二年（1673年）……應仍照舊例，三年內歲科兩考，每學照現行額數考取。」〔註23〕

〔註19〕齊如山：《中國的科名》，遼寧教育出版社，2006年1月，第26頁。

〔註20〕易力原：《清末科舉童子試的形形色色》，引自：文安：《晚清述聞》中國文史出版社，2001年，第280～293頁。

〔註21〕素爾訥：《學政全書》，卷九，考試事例，清乾隆三十九年武英殿刻本。

〔註22〕張廷玉：《清文獻通考》，卷六十九學校考，清文淵閣四庫全書本。

〔註23〕素爾訥：《學政全書》卷九，考試事例，清乾隆三十九年武英殿刻本。

可見，清代初年，也就是順治十五年（1658 年）之前，清代童試爲三年兩考，之後改爲三年一考，到了康熙十二年（1673 年）則又改回了三年兩次考。不過需要注意的是，此處將三年一考恢復爲三年兩考的記載皆是說歲、科試，並未提到童試。

實際上，自康熙二年（1663 年）之後，中央便再沒有發布直接針對童試考試頻率的文件了。這意味著，在理論上童試應爲三年一次，但實際上在康熙十二年（1673 年）歲、科試調整之後，童試舉行的頻率與歲、科試同時做了調整，都是三年兩次。

當然，由於此處的三年兩次，實際上也不是絕對的三年，而是指每任學政三年任期內舉行兩次童試，各地的情況事實上會變得更爲複雜一些。有的學政可能會因爲工作調動或者父母去世而離職、自己生病請假等原因，沒有擔任夠三年，但是也在不足三年的任期內，舉行了兩次考試。組織童試需要學政本人奔赴各地，往來耗費的時間很多，但由於錄取的考生在名義上會成爲學政的學生，這會擴大學政在地方社會的影響，所以學政往往願意多考。有時一任不滿三年，學政也總是爭取在離任之前爭取考過兩次。有時候，考生們甚至會遇到縣試已經舉行完了，學政卻因奔喪而離職，新學政上任之後，考試要重新從縣試開始的情況。

此外，清代的鄉會試在正常的三年一次之外，還有恩科。在鄉試恩科舉行之前，各省學政要趕赴所屬各地，多舉行一次科試，以選拔報名參加鄉試的考生。在此次科試舉行的過程中，也會同時舉行童試。這樣，童試在三年兩次之外，便會再多出一次。

當然，這還只是院試，縣試、府試與院試有時會不在一年內舉行，所以對於考生來說，包括縣試、府試、院試在內的童試，常常是每年都有考試的。日記和回憶錄中保存了考生視角的記載。《朱峙三日記》提到朱峙三曾在光緒二十九年（1903 年）、光緒三十年（1904 年）兩次參加湖北武漢的童試。在《我之小史》中，婺源縣考生詹鳴鐸逐次回憶了其從 17 歲（光緒二十五年，1899 年）開始，到 23 歲（光緒三十一年，1905 年）參加童試的過程。在七年間，該地的童試每年都在舉行，有時一年之內只舉行了縣試，有時一年之內同時舉行縣、府、院試。其中院試曾分別在 1900 年、1901 年、1903 年、1904 年、1905 年舉行。在這期間，1901 年爲新任學政舉行考試，那麼該任學政接下來舉行考試的年份爲 1903 年，1900 年爲上一任學政組織的考試，符合

一任期內舉行兩次的說法。1904 年為下一任學政上任之年，自然也應該舉行考試，同時由於這一年鄉試也舉行了恩科，在鄉試之前必然要舉行一次科試，童試可能在科試之後跟著舉行。1905 年情況特殊，為科舉廢止之年，也舉行了一次考試。

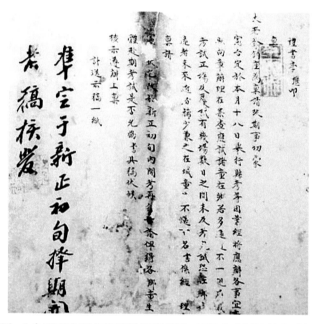

圖1－1：同治六年福建長汀縣推遲縣劄（引自試楊學為等《科舉圖錄》）

《朱峙三日記》和《我之小史》的記載可以證明，《學政全書》對「三年內歲科兩考」的記載在執行過程中也包含了童試在內。由學政親自主持的院試，按常規來說為三年兩次，而實際上則往往比三年兩次要多。

也有比較特殊的情況存在，《大清會典則例》提到：「又覆准：陝甘地方遼闊，非他省可比，歲科連試之處，業已因地制宜，則文武先後之間，亦可通融辦理。嗣後該省歲科連考之棚，發歲試文案後，即接行科試，文場已畢，再出演武場，其武生童內外場先後，仍照見行例辦理。」〔註24〕陝甘省的情況特殊，為了免卻考生往來跋涉的麻煩，中央允許歲、科試連在一起考，但這不是上文所說的合併為一次，而仍是接連舉行的兩次考試，只是不再分在兩年內考試。不過此處文獻也提到，科試結束即舉行童試文場、武場，歲、科試變成了三年一考，因此童試也變成了三年一次。

〔註24〕允祹等：《大清會典則例》卷六十八，禮部，清文淵閣四庫全書本。

像太平天國這樣的戰爭也對各地童試帶來了影響。《清實錄》提到，咸豐九年（1859 年），「福建延平、建寧、邵武、汀州四府，前因被匪滋擾，上屆歲科兩試，均未舉行。此次若按舊章補試，時日過多，必致辦理迫促。且各該郡當蹂躪之餘，若令諸童生候試多時，非所以示體恤。著照所請，准其於本屆歲科童試時，將上屆應取之額，合併取錄。」〔註 25〕可見，在太平天國戰爭期間，一些地區因為兵荒馬亂而取消了童試。

四、童試的考試日期

從童試舉行的日期來看，童試的縣、府、院各級考試都沒有像鄉會試那樣固定的日期。中央也未曾對童試的舉行日期做出明確的要求。商衍鎏的《清代科舉考試述錄及有關著作》提到：「（縣試）官先期一月出示試期，開考日期多在二月；府考在四月。」〔註 26〕

一般情況下，在舉行院試的年份，過完年之後，縣、府試便需要趕在院試之前，逐次舉行完畢，以免耽擱院試的舉行。這意味著，各地舉行縣、府、院三級考試的具體月份必然是不固定的。歐陽昱的《見聞瑣錄》提到：「婁縣初分，真定李雪生老師浣首來為宰，以三月二十五日縣試，二十八日覆案。」〔註 27〕《朱峙三日記》提到，朱峙三在光緒二十九年（1903 年）參加的童試，縣試在正月，府試在五月，院試在六月。光緒三十年（1904 年）參加的童試，縣試在二月，府試在四月，院試在五月。〔註 28〕《我之小史》記載，光緒二十五年（1899 年），過完年後不久，婺源的縣試便已舉行完了，以至於考生詹鳴鐸錯過了考期。此後詹鳴鐸曾多次參加的縣試、府試、院試，而日期並不固定在某個月份。比如光緒二十九年（1904 年），詹鳴鐸參加的縣試在正月，府試在二月，院試在四月，光緒三十一年（1905 年）的院試也也在四月。〔註 29〕

〔註 25〕《清文宗實錄》，卷之二百八十九，中華書局，1985 年。
〔註 26〕商衍鎏：《清代科舉考試述錄及有關著作》，百花文藝出版社，2004 年 7 月，第 5～6 頁。
〔註 27〕歐陽昱：《見聞瑣錄》，民國十四年百隋磚齋刻本。
〔註 28〕朱峙三：《朱峙三日記》，嚴洪昌編，華中師範大學出版社，2011 年 7 月，第 37 頁。
〔註 29〕詹明鐸：《我之小史——新發現的徽商小說》，王振忠整理，安徽教育出版社，2008 年 8 月，第 145～146、158～160 頁。

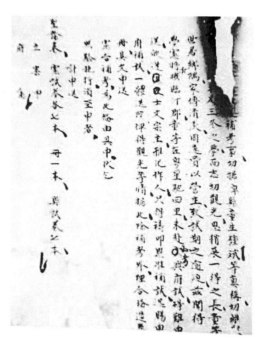

圖 1-2：長汀縣為考生補考上報知府的書劄
（引自楊學為等《科舉圖錄》）

今天能看到的部分文物中也有提到，福建汀州府府發文，希望下屬的各縣統一時間舉行縣試，但是限於種種條件，不少縣無法按照規定時間開始縣試。比如同治五年（1866 年）十二月，長汀縣即以「諸童在鄉……遠者未來，近者稀少」（見圖 1-2）為理由推遲縣試。

所以，《（道光）寶慶府志》在講述本地試院修建的過程時提到：「如諸生之試，於鄉貢士之試，於禮部莫不有定期、有定所，無寒暑墊隘之虞，至童試則自春徂冬，靡有常期，嚴霜烈日、苦雨淒風。」〔註 30〕「靡有常期」的主要原因，在於考生需要逐次參加縣試、府試、院試。各省只有一名學政，學政來往本省各府主持院試，各府舉行院試的日期自然有所不同。

唯一相同的是，各地都需要在院試之前將縣試、府試舉行完畢。在乾隆時期擔任學政的雲南李中簡主持的一次恩科記錄中，可以看到：「臣荷恩命視學滇南，恭遇恩科，刻期辦理。俾士子得沾曠典。自二月二十二日，由滇省起程，考過澄江、臨安、元江、開化、廣西、廣南、曲靖、昭通、東川各府，

〔註30〕黃宅中：《（道光）寶慶府志》卷第五十九，道光二十七年修，民國二十三年重印本。

於六月初四日回省。」〔註31〕上述雲南各府因鄉試恩科而舉行科試的日期，自二月至五、六月有所不同，這同時也是各地院試舉行的日期。雲南各地只要在這些日期之前將本地的縣、府試舉行完畢即可，所以各地的縣、府、院試的具體月份都有所不同了。

第二節　三級考試的聯繫

從考試組織上來看，在童試舉行的過程中，縣、府、院三級考試是「接連」的關係。但在時間上畢竟不是連貫的，所以縣、府、院試之間的關係值得作出專門的探討。

一、名單報送制度

考生參加童試，縣試和府試在形式流程上可能比較接近，而院試因為由學政主考，學政是由皇帝欽命的高級官員，所以更加正式。《清代科舉考試述錄及有關著作》提到：「皆與縣試略同，唯府試認保外，復添派保（派保）。」〔註32〕《齊如山回憶錄》提到：「府考一層，其章程與縣考可以說是一樣，不必再說，以免重複。」〔註33〕

不過，不是所有考生在參加完縣試之後，都能繼續參加府試，有一部分考生在縣試之後便會被淘汰了，府試也是這樣。為了防止作弊，縣、府、院試之間有嚴格的考生名單逐級報送制度。

《學政全書》提到：「順治九年（1652年）題准：提學出巡半月前，行巡視學校牌。三日前，行『起馬牌』……提調官遇『起馬牌』到，將應考生童數目開揭送核，即就近調取生童。」〔註34〕也即是，參加並通過縣試、參加並通過府試的考生，在縣試、府試之後都有名單統計。在考試結束之後，需逐級上報給上一級考試組織者。負責名單報送的人員為童試提調官。

《清代科舉考試述錄及有關著作》提到：「（縣試由）縣官考畢，造具名冊，送交本縣儒學署，並申送直轄知府或者直隸州廳。」「府、州、廳考畢，

〔註31〕李中簡：《嘉樹山房集》，文集卷二，雜文，清嘉慶六年嘉樹山房刻本。

〔註32〕商衍鎏：《清代科舉考試述錄及有關著作》，百花文藝出版社，2004年，第6頁。

〔註33〕齊如山：《齊如山回憶錄》，中國戲劇出版社，1998年1月，第17頁。

〔註34〕素爾訥：《學政全書》卷十一，學政按臨，清乾隆三十九年武英殿刻本。

造具清冊，申送學政。」〔註35〕在這一報送程序程序中，提調官與學政之間是有所分工，但有又相互制約、相互監督的。《學政全書》提到：「乾隆十二年（1747 年）議准：學政關防考試，如有暗通關節、弊生於內者，責之學政；招搖傳遞、弊生於外者，責之提調官。一經發覺，各照例處分。」〔註36〕《學政全書》還提到：「遵旨議定，學政考試，凡關防啓閉，以及拆捲髮案，原經提調官之手，學臣稍有營私，提調官得而察之。」〔註37〕

名單報送制度，最初只是在縣、府試結束之後，逐級報送錄取的考生數量，之後又詳細到逐級報送考生姓名。《清實錄》提到，乾隆三十二年（1767年），「禮部議覆：貴州學政陳筌奏稱，各省府試已畢，每有奸胥猾吏，將未經府取，及緣事誤考童生，暗受賄賂續入冊尾，學政收考，無從稽查。應請於各府試畢榜示後，限一月內，將所取姓名，造具清冊，核對鈐印，申送學政衙門等語。查學政考試時，卷面鈐號，不令姓名顯露，係專指試卷而言。其實學政點名時，原以名冊爲憑。向例，止令提調官申報取錄總數，未議及將所取姓名，一併申送。於稽查之道，尚未周密。但如該學政所奏，一月之內，造冊申送，仍覺遲緩，轉恐滋弊。請嗣後令各府考試事畢，揭案之後，提調即於一二日內，將錄取童生姓名、人數，造冊封固鈐印，申送學政。存貯學政，不得豫先拆看。至試日點名時，將名冊取出公同驗封拆開，同臨期所送點名冊，一併稽查核對。如有竄易名姓，與前冊不符及增添人數者，即立時指交提調官查辦。從之。」〔註38〕

可見，與鄉試一樣，提調官的存在限制了學政部分權力，學政不能在主持童試時一手遮天。當然，在考試的過程中，提調官是學政的下級，自然也受到學政的監督。

除此之外，爲了防止縣、府兩級錄取名單報送中出現問題，到乾隆三十八年（1773 年）考生名單報送時，考生的擔保人也需同時報送，並負連帶責任。《學政全書》：「覆准府州縣考，將已取童生名冊發學，注明某廩認保某童，造冊申送學政查核，久經通行各在案。」〔註39〕

<hr />

〔註35〕商衍鎏：《清代科舉考試述錄及有關著作》，百花文藝出版社，2004 年，第 7 頁。
〔註36〕素爾訥：《學政全書》卷十，學政關防，清乾隆三十九年武英殿刻本。
〔註37〕素爾訥：《學政全書》卷二十一，提調事例，清乾隆三十九年武英殿刻本。
〔註38〕《清高宗實錄》，卷之七百九十三，中華書局，1985 年。
〔註39〕素爾訥：《學政全書》卷二十二，童試事例，清乾隆三十九年武英殿刻本。

二、補考制度及變化

由於信息傳播條件落後，考生們有時會錯過縣試、府試，這些考生可以通過補考的形式獲得參加院試的機會。於是，一些考生利用制度漏洞，借生病等原因不參加縣、府試，再通過補考直接參加院試。為了防止這樣的問題，乾隆年間中央作出了規定，考生如果錯過了縣試、府試，不能再通過補考的形式繼續參加院試。《學政全書》提到：「乾隆二十七年（1762 年）議准：童生考試，例由縣考後始送府，試府考後彙送學政。如不由府州縣正考，直至學政考棚，捏稱患病、游學名色，呈請補考者，概不准收考。」《蟬香館使黔日記》中的《威寧學規》特地規定：「童生須過州考，方准應院試。不准不應州試，在府補考。」〔註40〕

清代小說《九尾龜》中提到一個故事，即是講這種不允許補考的規定：「（考生）康己生要去應考府、縣兩試，倒也不前不後的取在二圈裏頭。府、縣考過了，便去鑽頭覓縫的打聽了一位王大宗師的同年陸太史放過一任福建學臺，現在恰好丁憂在籍，平日間與王侍郎相與得十分稠密。原來王侍郎和陸太史都是現在余大軍機的得意門生，所以他們兩人的交情格外比眾不同。不知怎樣被康己生打聽著了，花了五百兩白銀託人去求了陸太史一封書信。到了江陰，誰知去得遲了兩天，童生正場已經考過後來的人，一概不准補考。康己生急得沒法在寓中咒天罵地的把帶來的一班家人、廚子一個個罵得垂頭喪氣、膽戰心驚。」〔註41〕

但是，不准考生不考的規定，在童試的具體組織中，往往無法十分嚴格執行。因為一些考生所在的地區確實非常偏遠，也確實存在著童試考試日期發布之後，有些考生還沒來得及得到開考的消息，考試便已經結束了的情況。所以，從清代晚期的一些文獻中可以看到，一部分地區仍舊允許那些錯過縣試，甚至縣試、府試都錯過的考生，通過補考獲得參加院試的機會。據《我之小史》記載，光緒二十五年（1899 年），詹鳴鐸忽然接到父親的來信，大罵說，怎麼不去參加縣試。此時縣試已經舉行完了，於是詹鳴鐸的老師余翀（沖）遠先生讓他馬上趕到府城，補考縣試，並且應府試。《清代科舉考試述錄及有

〔註40〕 嚴修：《蟬香館使黔日記》卷三，續修四庫全書第 583 冊，上海古籍出版社，第 520～521 頁。

〔註41〕 張春帆：《九尾龜》，第七十九回，「論摽界新小說收場，結全書九尾龜出現」，點石齋刊本。

關著作》提到：「童生於縣、府試後接考院試，府試時，因故未考者補考一場，與縣、府兩試均未考而雙補者，皆可准應院試。佾生（即樂舞生）免府州縣試，一體院試，列於點名冊之昏。」〔註42〕

　　一些回憶甚至提到，在某些地區，縣、府試形同虛設，考生即使沒有通過縣、府試，也照樣能繼續參加院試。比如《中國的科名》對此的記載：「前兩級之考試（縣試、府試），沒什麼大關係。比如縣考，第一場便未取，則第二場便不許再考了，可是俟府試時，仍是一樣的考；府試第一場便未取，則院考也仍是一樣的考，而且只考過縣考一場，也就算是童生了。」〔註43〕再如易力原的回憶也提到：「府試在府城舉行。除縣試終場者外，凡縣試落第及未參加縣試者，均可報名應試，但路途遠，用費頗多，故較縣試考生略少。」〔註44〕再比如，光緒二十五年（1899年），婺源縣考生詹明鐸參加府試沒有通過，但是通過「賄買書斗」的形式，使得自己的名單仍被報送至上一級考試組織者手中，於是接下來又參加了院試。〔註45〕這些情況也可能只是在清代末年，一些地區動蕩不安，童試制度無法嚴格執行的情況下才存在。

三、縣府試的影響

　　在組織正規的童試考試流程中，縣試、府試的成績對院試有很大的影響。《朱峙三日記》中提到，光緒三十年（1904年）五月，朱峙三本人參加府試，五月十二日（府試的）覆試發榜，朱峙三「名在第九」，這一天的日記寫到「予心甚快，大約文字不劣，終場仍有前十名希望，則院試係堂號，入學易矣。」〔註46〕這意味著，如果府試能夠進入前十名，那麼在院試中就能進入「堂號」，這部分考生在院試中會得到特別的注意，這對考中生員有重要的影響。

　　但中央政府並不認可這種情況，《清實錄》提到，考生即使考得縣府試第一名，也不應該在院試中受到特別的注意：「（嘉慶二十四年，1819年）至府

〔註42〕商衍鎏：《清代科舉考試述錄及有關著作》，百花文藝出版社，2004年，第10頁。

〔註43〕齊如山：《中國的科名》，遼寧教育出版社，2006年，第5頁。

〔註44〕易力原：《清末科舉童子試的形形色色》，引自：文安：《晚清述聞》中國文史出版社，2001年，第280～293頁。

〔註45〕詹明鐸：《我之小史——新發現的徽商小說》，王振忠整理，安徽教育出版社，2008年，第112頁。

〔註46〕朱峙三：《朱峙三日記》，嚴洪昌編，華中師範大學出版社，2011年，第46頁。

縣試考取案首，原不應一概取進。其捐貲辦公之士子，尤不應以考試爲獎勵之途。著通諭各省學政，考試文武童生，惟當憑文藝之優劣，以定去取。其府州縣所錄案首，一例公平較閱，不得瞻徇情面，濫行拔取。」〔註 47〕「案首」即第一名的意思，此處的規定也從側面反映了當時實際的情景，案首往往會受到照顧。

　　《清代科舉考試述錄及有關著作》提到，考生只要在縣試或者府試中考得第一名，則童試錄取可以十拿九穩了。「（縣試）取列第一名者爲縣案首，院試相沿入學」「（府試）取列第一名者爲府案首，院試相沿入學。」〔註48〕《齊如山回憶錄》說只有最後一場的第一名才被稱爲「案首」，「各場第一名，都名曰草案，沒什麼大關係，末一場第一名，名曰首卷，此則必進生員。總之縣首卷、府首卷二人，都是必進的，倘無特別大錯，雖院考文章不好，也是必要取中的，否則於知府知縣面子太難堪也。」〔註 49〕儘管由這兩處回憶，無從判斷其中的「末場第一」是指到了最後整體排名第一，還是單單末場的第一。但是至少看到，縣、府試與院試的關係十分緊密，學政十分尊重縣、府兩級考試的錄取結果，畢竟主持這兩級考試的人都是府縣地方最高行政長官，而且縣、府試的錄取結果，也可以爲院試閱卷減少一些工作量。

　　參加童試的考生逐次參加縣、府、院試，是一個逐級接受淘汰的過程。因爲考生需逐次通過三級考試，所以有許多考生在前兩級考試中便被淘汰了，也有一些考生則是在前兩級考試考的很好，但是在院試卻出現失誤。比如山西省靈丘縣一位叫做顧道全的考生，「應童子試，天資過人，且好讀書，年十七，父母欲爲完婚，顧不欲曰：『入泮後未晚。』父母喜其有志，亦遂聽之。縣、府試皆列前名，院試輒不錄。」〔註 50〕再比如山西萬年下坊地區的一位叫做劉乙然的考生，「窮年稽古，老而不倦，七十餘猶應童試，縣府屢拔前矛，惜運厄，僅備取不獲。」〔註51〕

〔註47〕《清文宗實錄》，卷之三百五十四，中華書局，1985 年。

〔註48〕商衍鎏：《清代科舉考試述錄及有關著作》，百花文藝出版社，2004 年，第 6～7 頁。

〔註49〕齊如山：《齊如山回憶錄》，中國戲劇出版社，1998 年，第 4 頁。

〔註50〕解鑒：《益智錄》卷二。

〔註51〕項珂：《（同治）萬年縣志》，人物志總論，清同治十年刊本。

四、縣府試的淘汰率

　　既然童試分爲縣、府、院試三個等級，那麼這三級考試都必然有一定的淘汰率。隨著府試和院試的逐次舉行，考生的數量越來越少，府試、院試能錄取的考生也是有限度的。清代中央政府對於縣、府試淘汰率的規定一直處在搖擺不定之中。

　　《學政全書》提到：「順治九年（1652年）題准：定例名數，縣考取二倍，府考取一倍，府考取錄已定冊報名數榜示，童生照所取次序，五人爲一結，取行優廩生，親筆花押保結。」〔註52〕此處的「縣考取二倍，府考取一倍」是指縣、府兩級考試錄取的名額，分別可以是院試最終錄取的考生名額的二倍和一倍。

　　在各地的實踐中，這一規定可能並沒有得到嚴格的執行。到康熙年間，中央政府規定，不再限定縣、府試錄送的人數，只要考生足夠優秀，即准許參加更高一級考試。《學政全書》提到：「向來州縣考取童生送學政衙門考試，例有定額，後因儒童日益眾多，於康熙三十九年（1700年）定例，不必限定額數，遵行在案。」「康熙三十九年（1700年）議准：州縣府考取童生，不必限數，照常考送。如荒謬不通，故意矇混準學臣，核參其縣府兩試卷，一併解送學政，三連對驗筆跡。」〔註53〕這意味著，府縣地方政府可以直接決定縣府試能錄取多少考生，但地方政府必然趨向於照顧本地的考生，而在縣府試中多錄取考生，參加院試的人數過多必然加大學政的工作量，也會影響院試的可信度。

　　於是，上述制度在執行了一段時間後又做了調整，「乾隆八年（1743年）議准：府試童生錄取之數，向無定額。惟就其文風之高下，酌量錄送。若不論文理優絀，一概申送，不特學臣閱卷多費心力，且恐頂冒代倩，諸弊叢生。嗣後文童入額一名，府取五十名，有濫送者照數截去。至武童入額一名，府取二十名，如逾數，亦照文童例裁去。」〔註54〕次年，乾隆九年（1744年），這一政策便又出現變化，主要是因爲各地情況差別太大，全國無法實現統一，《學政全書》：「今年（乾隆九年，1745年）禮部奏，請照每學入學額數，限定錄送之多寡，以杜冒濫，朕已降旨允行。今思各處赴試童生多寡不等，若

〔註52〕素爾訥：《學政全書》卷二十二，童試事例，清乾隆三十九年武英殿刻本。
〔註53〕素爾訥：《學政全書》卷二十二，童試事例，清乾隆三十九年武英殿刻本。
〔註54〕素爾訥：《學政全書》卷二十二，童試事例，清乾隆三十九年武英殿刻本。

限以錄送數目,恐有浮多於額外,而擯棄不取者;即有不足於額,中而強取充數者,未必俱能允當。況該府州縣錄送學政衙門,其去取全在學政,並無關於入泮之數,應稍寬其途,以鼓舞之,亦廣育人材之道。嗣後仍照舊例,不必限定考送之額,但將文理不通者擯棄不錄,可即傳諭該部。將此旨通行各省知之。」〔註55〕乾隆十四年(1749年),又做了新的規定,但是仍維持不限制縣、府試錄取人數的基本政策。《學政全書》:「乾隆十四年(1749年)議准:府州縣官因錄送童生原無定額,廣收送考以致人數過多。學臣難於稽察,嗣後州縣考試童生,仍不得限以額數,但正考之外,不准一人補考,及頭場文字雷同,顯係重卷,並文理不通者,均宜擯棄。倘任意濫送,該府州考試時,查出雷同及不通卷至百本以上,將該州縣照混行收考例揭參議處,多者從重查議。如該府州校閱不慎,狗隱州縣濫送,學政考試亦照此例查參議處。」〔註56〕這意味著,童試的細節性規定難以在全國範圍內實現統一,中央政府也缺少力量對童試進行絕對的控制,在些些細節問題上,決定權是在地方政府手中的。

在理論上,無論縣府試錄取多少考生都不會影響最後的結果。畢竟在制度上,考生通過縣、府試,僅僅是獲得了院試的報名資格,如果院試沒有通過,下一次還需要從縣試開始從頭考起。不過,對於府縣地方政府和學政來說,增加縣試和府試的錄取人數,會給學政在組織院試時的閱卷帶來負擔。大部分州縣,每屆報名參加童試的考生都有一千到數千人。一府之內,所有的縣加起來,考生可能有上萬人,而學政要負責一省之內所有府縣的考生,如果縣、府試為了照顧本地考生而沒有淘汰或者淘汰過少,勢必造成學政無法有效組織考試的結果。

所以,實際的情況是,儘管中央政府有上述的規定,而府縣地方政府也往往傾向於多錄取考生,但縣、府兩級考試都有不小的淘汰率。《朱峙三日記》光緒三十年(1904年)二月初二日:「今年縣試人數較去年少,聞總數三千二百人」,二月初六日,縣試首場過後,「發出者僅八百人」,八月初九日,縣試二場過後,「發出者僅四百餘人」。〔註57〕這是清代末年湖北武漢地區縣試淘

〔註55〕素爾訥:《學政全書》卷二十二,童試事例,清乾隆三十九年武英殿刻本。

〔註56〕素爾訥:《學政全書》卷二十二,童試事例,清乾隆三十九年武英殿刻本。

〔註57〕朱峙三:《朱峙三日記》,嚴洪昌編,華中師範大學出版社,2011年,第43頁。

汰的基本情況。3200 人參加縣試，僅有 400 人通過，通過率 12.5％。這當然只是個案，上文也提到縣試從 100 人減少到 30 人的情況。當然可能不同的地區有著較大的差別，比如《中國的科名》回憶：「如與試者共有一百人，則末場所剩不過三幾十人了。」〔註58〕

《朱峙三日記》光緒二十九年（1903 年）提到，五月十二日，府試首場，武昌（縣）發出五百八十餘人；五月十八日，府試第二場，「此次共發二百四十八名」，五月十九日，府試第三場，武昌、大冶、江夏三縣，「人數共六百餘」〔註59〕，這是當時府試的淘汰率。府試之初，一縣 500 餘人參加考試，之後第二場則逐漸淘汰，剩下不足 250 人，再到第三場則三縣一共 600 人，人數逐漸減少。不過從此處的數據可知，縣試的通過率似乎低於府試。還能看到，在府試階段，來自不同縣的考生逐漸合併在一起進行考試，直到最後，所有的考生統一考試。《朱峙三日記》光緒二十九年（1903 年），五月十二日，府試首場，「武昌、大冶同場」，五月十九日，府試第三場，武昌、大冶、江夏三縣合場，五月二十一日，府試第四場，「聞十縣合場矣」。〔註60〕

總的來看，清代早期至清代中期的大部分時間裏，中央政府對於縣、府兩級考試能夠錄取的考生數是沒有限制的，但實際情況則是縣府試本身也有不小的淘汰率。

五、各場次的錄取規則

童試分為縣試、府試、院試三個等級，而每個等級的考試又分為四五場，每場考試持續一天時間。

第一場稱為正場，第二場稱為初覆，第三場稱為再覆，第四場稱為三覆。《清稗類鈔》提到：「童試最繁，縣考府考，除正場外，各覆四試，終之以院試。願考經古算學者，則又各考一場，院試不售，已費數十日之光陰矣，或有仿徐茂宗挽妓蘒林聯之句，調以嘲童生者聯云：『試問數十天磨折卻苦誰來，如蠟自煎如蠶自縛沒奈何。』」〔註61〕《齊如山回憶錄》：「考生員名曰小

〔註58〕 齊如山：《中國的科名》，遼寧教育出版社，2006 年，第 27 頁。

〔註59〕 朱峙三：《朱峙三日記》，嚴洪昌編，華中師範大學出版社，2011 年，第 43 頁。

〔註60〕 朱峙三：《朱峙三日記》，嚴洪昌編，華中師範大學出版社，2011 年，第 37 頁。

〔註61〕 徐珂：《清稗類鈔》34，譏諷類，中華書局，1984 年。

考，在各府考試，主考者名曰學政，各省亦用翰林，如直隸省，則必用侍郎階級之人。小考共分三個階級，一是縣考，由本縣主持，二是府考，由知府主持，三是院考，由前邊所談學政主持。縣考府考，又都各考五次。」〔註62〕《中國的科名》提到：「生員之考試法，分三級，一爲縣考，考五場；二爲府考，亦考五場；三是院考，主考者即皇上派往各省之考官，這種考官曰學差或學政，學政取中，才算生員，所有考不中者，都名曰童生。」〔註63〕

當然，各級考試也有不是五場的時候，《（光緒）宜陽縣志》提到：「考試文武各童，先日示期，齊集進場，文童初試，暨次第覆試，共四場、五場六場皆可，貴求眞材，不憚煩瑣，至少亦必過四場。」〔註64〕《清代科舉考試述錄及有關著作》提到：「共試五場，亦有試四場或六七場者。」〔註65〕

具體來說，雖然每級考試都有四五場，但是在這四五場中，各場的重要程度也有所不同。童試的縣、府、院試每一級分爲數場考試的制度與鄉試有所不同。鄉試的三場考試是一次性連續考完，最後統一發布成績，而童試每一級考試的各場每場僅持續一天，一場結束之後一般第二天就會發布成績。各場結束之後都會有淘汰，但是各場的錄取規則有所不同。考生若想考取生員，自然需要逐級通過縣、府、院試，但是卻並不需要逐次通過這三級考試中的每一場考試，但是對於考生需要滿足什麼條件才能參加下一級別的考試這一細節，不同的文獻記載尚有一些模糊不清之處。目前只能根據零星的記載分析當時的大概情景。

《清代科舉考試述錄及有關著作》提到，縣試的「第一場錄取從寬，取中者准考府試，以下各場續考與否，聽憑自願」，「自第二場後，每場人數，皆有去留，逐漸減少，前列者亦不免稍有變動。」〔註66〕此處的「去留」即是「淘汰」的意思。《中國的科名》也提到：「第一場榜上未取者，不得考第二場，以後每場都要刪人。」〔註67〕兩處記載的區別在於，第一場未通過者是否有資格參加接下來的考試，根據其它人的回憶，縣試、府試並非是「逐場

〔註62〕齊如山：《齊如山回憶錄》，中國戲劇出版社，1998年，第13頁。

〔註63〕齊如山：《中國的科名》，遼寧教育出版社，2006年，第5頁。

〔註64〕謝應起：《（光緒）宜陽縣志》，清光緒七年刊本。

〔註65〕商衍鎏：《清代科舉考試述錄及有關著作》，百花文藝出版社，2004年，第5頁。

〔註66〕商衍鎏：《清代科舉考試述錄及有關著作》，百花文藝出版社，2004年，第5頁。

〔註67〕齊如山：《中國的科名》，遼寧教育出版社，2006年，第27頁。

淘汰」式的，也就是第一場未通過的考生在一些情況下，仍有資格參加第二場的考試。

大致而言，童試各級考試每場的錄取規則大致應該是：各場的重要程度和錄取規則有所不同。以縣試為例，第一場是「選拔性質」的考試，只要第一場能考得很好，則意味著縣試通過；第二場以後的各場留給第一場考得不好的考生，逐場淘汰，如果沒有通過第一場，但是仍能逐場通過第二場及之後各場的考生也算是通過了縣試。相比之下，第一場自然最被看重，第一場能考好，縣試即通過；第一場考不好，通過縣試就會變得很難。這也是第一場常常被稱為「正場」的原因。

在院試階段，考生可能是接受逐場淘汰。據研究，院試「自第一場至末場，每場考後數日揭曉一次，文字較差者陸續淘汰。第一場未取，不能考第二場，至末場錄取人數甚少，為應取秀才名額之一倍。」〔註68〕這樣，學政的閱卷數量逐漸減少，可以提高考試閱卷的可信度。

當然，各地的情況可能有所不同，縣、府、院三級也可能稍有差異。《我之小史》提到，光緒二十九年（1903年），婺源縣考生詹明鐸參加府試，第一場題目是「牢曰：子云：吾不試，故藝」（出自《論語·子罕》），第二題「鳳凰來儀」（出自《尚書》），詹鳴鐸考得第一等。第二場題目是「王旦、寇準論」（宋朝時期兩位性格不同的宰相），詹鳴鐸未通過，但是接下來不久，他照樣去參加了院試。這可能即是因為第一場已經考得很好，府試已經通過了，第二場只是上文所說的「續考與否，聽憑自願」，詹明鐸隨意的再繼續參加，以鍛鍊一番、增加考試經驗的緣故。〔註69〕反過來，光緒二十八年（1902年），詹鳴鐸這一年參加縣試，第一場是「致知在格物義」，第二場是「漢劉備就見諸葛亮三顧隆中論」，兩場合併到一場來考。但是詹鳴鐸沒有通過，所以考完便直接先行回家了。〔註70〕這可能是因為兩場合併在一起了，考生沒有通過，接下來也便不再有機會了。

〔註68〕劉兆璸：《清代科舉》，臺北東大圖書有限公司，1977年，第10頁。

〔註69〕詹明鐸：《我之小史——新發現的徽商小說》，王振忠整理，安徽教育出版社，2008年，第147頁。

〔註70〕詹明鐸：《我之小史——新發現的徽商小說》，王振忠整理，安徽教育出版社，2008年，第145頁。

第三節　童試與歲科試的聯繫

　　童試與歲、科試都是清代地方社會中的重要考試，由於研究者常常將童試與歲科試混淆在一起，所以有必要再為此做出專門的分析。

一、童試與歲科試

　　清代學政來到地方，首先要主持歲試或科試，而後才主持童試，此即《儒林外史》中提到的：「次日，行香掛牌。先考了兩場生員，第三場是南海、番禺兩縣童生。」〔註71〕「考了兩場生員」即是主持歲試或科試，之後考試兩縣童生即是童試。在《清史稿》中，歲科試稱為「考試生員」，而童試稱為「儒童入學考試」，童試通過，成為府縣官學的學生，即是生員。如前文所述，歲試是對已經考中的生員的「學業水平」考核，通過歲試甄別出不同生員的等次；而科試則是更高級別的鄉試報名資格考試，通過科試甄別出有資格參加鄉試的生員。學政主持的童試與歲科試是分先後連貫舉行的一系列考試，但是參加考試的考生是不同的。考生只有在逐一通過包含縣、府、院三級考試在內的童試，擁有了生員身份之後，才有資格參加歲科試，所以參加童試的考生是為了考取生員，沒有生員身份。比如《雙桂堂稿》提到「自童子試及補諸生歲科試、省試，公無不偕行，凡道路居停器用服食親為料簡。」〔註72〕《（光緒）廣州府志》提到：「學政歲科兩試、生童正場之前，例有考古一場。」〔註73〕這些文獻都表明了清代的歲科試與童試是不同的。

〔註71〕吳敬梓：《儒林外史》第三回，臥閒草堂本，清嘉慶八年。
〔註72〕紀大奎：《雙桂堂稿》續稿卷十，清嘉慶十三年，刻紀慎齋先生全集本。
〔註73〕史澄：《（光緒）廣州府志》卷五，訓典五，清光緒五年刊本。

圖1-3：清代考生李振聲參加府試的試卷首頁

參加童試的考生，未考中生員者稱爲「文童」、「武童」、「童生」，考中生員者稱爲「文生」、「武生」，生員和童生並舉則稱爲「生童」。《蟫香館使黔日記》提到學政的日程：「首日到棚，次日謁廟，三生童經古並補考，四文生正場，五生童古覆，六文童正場，七文生覆試，八考教，九文童面試，十、十一武童步射並技勇，十二，十三武童騎射並內場，十四武生正場並補考，十五塡親供，十六文童覆試，十七補覆試，十八武童覆試，十九發落，二十空，二十一起馬。」〔註74〕其中提到的「生童」、「文生」、「文童」「文童」等說法有清楚的指代。而學政主持的考試，大致順序即是上述《儒林外史》中的先考歲、科試，而後考童試，當然最後的「武童」也是童試的一部分。最早舉行的「經古」即是《學政全書》中所說的「默寫經書」考試。

具體而言，「學政到任第一年爲歲考，第三年爲科考，凡府、州、縣之附生、增生、廩生，皆須應考。」〔註75〕科考一般要在鄉試舉行之前（或

〔註74〕嚴修：《蟫香館使黔日記》卷三，續修四庫全書第583冊，上海古籍出版社，第516～519頁。

〔註75〕商衍鎏：《清代科舉考試書錄及有關文章》，百花文藝出版社，2004年，第8頁。

前一年）舉行，只有科試取得了一等和二等，才有資格報名參加鄉試。

　　與教育史中流傳較為廣泛的「六等黜陟法」有關的僅是歲考，「清代沿明舊制，順治九年題准：歲考生員有六等黜陟法，並有青衣、發社兩名目，為考劣等者降級之處分，由藍衫改著青衫曰青衣，由縣學降入鄉社學曰發社。文理平通者列為一等，文理亦通者列為二等，文理略通者列為三等，文理有疵者列為四等，文理荒謬者列為五等，文理不通茗列為八等。」〔註76〕廩生、增生、附生等不同類別的考生，考得不同等級，都有明確的處理方法，這在《清史稿》中也有明確的記載。

　　所以，歲試、科試基本都是三年一次，而舉行歲試和科試的年份都要舉行童試，所以童試也是三年兩次。考生參加童試，考中生員，即成為生員中的附生，而要想獲得國家的補貼，只有接下來在歲試中考得好成績，並且廩生有了缺額，才能成為廩生。對於部分生活較為貧困的考生來說，歲試非常重要。

　　各府縣的廩生的總數有嚴格的名額限制，不少研究者將廩生的名額與童試可以錄取的生員的名額混淆為一。比如梁志平在《也談19世紀初期華婁地區的教育產業——與李伯重教授商榷》一文中，就指出李伯重發表在《清史研究》上的《19世紀初期華婁地區的教育產業》一文混淆了廩生的總名額與每屆童試可以錄取的生員的名額。〔註77〕兩者是有區別的，舉《學政全書》山西省潞安府為例，「潞安府學，額進二十名，廩生四十名，增生四十名，一年一貢；長治縣學，額進二十名，廩生二十名，增生二十名，二年一貢。」〔註78〕這表示潞安府每次童試可以錄取的生員（即附生）的名額為20人，而廩生、增生的學額總數皆為40人，長治縣每次童試可以錄取的生員的名額為20人，而廩生、增生的學額總數皆為20人。只有以往的廩生退出，其它的考生才能按順序補充，成為廩生。

　　當然，也有一些例外的時候，一些考生不願意成為廩生，認為只要成為生員就足夠了，任何一種類別的生員皆可，比如《顏氏學記》提到：「先生二

〔註76〕商衍鎏：《清代科舉考試述錄及有關著作》，百花文藝出版社，2004年7月，第28頁。
〔註77〕梁志平：《也談19世紀初期華婁地區的教育產業——與李伯重教授商榷》，《中國社會經濟史研究》，2009年第2期，第89～92頁。
〔註78〕素爾訥：《學政全書》卷五十三，學額，清乾隆三十九年武英殿刻本。

十歲科者一等，當補廩，謀之習齋先生，先生曰，補廩有與書吏陋規，是以賄進也，不可，乃辭不補。」〔註79〕

在一些文集和地方志中，考中生員也被稱爲「補弟子員」，童試通過，表示「初步」成爲生員。清代的《藝舟雙楫》提到：「君初補弟子員，尙未成童，而歲、科試常冠軍，成名後，益力學。」〔註80〕此處的「補弟子員」即是指考中生員，「尙未成童」是指年齡尙小。再如有文獻提到，「先生從學於陸天羽、張東，未幾即有時譽，偶至吳門，值學使者試士，先生聊爾應之，遂補弟子員，明年歲試，寫題脫『子曰』二字。」〔註81〕由此看到，童試之後才能參加歲試。

二、廣義的「歲科試」

在廣義的科舉考試等級體系中，童試與歲科試處在鄉會試之下，一個參加童試的考生與參加更高階段的鄉會試、殿試、朝考的考生相比，有些微不足道。而童試與歲、科試在考試過程上連貫在一起，在考試地點、考試內容、考試組織方法等都非常近似，所以也有研究者直接將每三年兩次的童試分別籠統的稱爲歲試、科試。在教育史研究界具有較高權威的《中國教育通史》也提到清代童試「每三年舉行兩次，丑、未、辰、戌年爲歲考，寅、申、巳、亥年爲科考。」〔註82〕有一些古代文獻記載也是如此，將童試與歲、科試統一稱爲歲科試。這意味著，文獻中說的「歲科試」是包含了歲、科試和童試在內的一系列由學政主持的考試。

比如清代《南村草堂文鈔》中的《湖南靖州訓導毛府君墓誌銘》提到：「國家以經藝取士，設提督學政，歲科兩試，拔其尤入府州縣學，爲府州縣學附生，又拔其尤予以廩餼爲廩膳生，三年大比，中格者隨解牒上之禮部，不中格者絀焉。」〔註83〕此處的「歲科兩試」卻包含了府州縣學的入學考試，當然是包括了童試在內的。

在《大清會典則例》也有這樣的說法，比如「雍正六年（1728年）議准：

〔註79〕戴望：《顏氏學記》卷七，清同治冶城山館刻本。

〔註80〕包世臣：《藝舟雙楫》卷七下，附錄一（下），清道光安吳四種本。

〔註81〕黃宗羲：《南雷文定前後三四集》，南雷文定四集，卷之三，清康熙刊本。

〔註82〕王炳照、李國鈞：《中國教育通史》，第十卷，北京師範大學出版社，2013年8月，第161頁。

〔註83〕鄧顯鶴：《南村草堂文鈔》卷十三，清咸豐元年刻本。

至歲科考試童生，飭令該地方官核明實係土著之人，取具廩生的保，五童連名互結，方准收考。」﹝註84﹞考試的對象如果是童生，即意味著不是生員，即是童試，但是此處卻說是「歲科考試」。

不過，參加歲科試的考生人數要比童試少，只是童試的級別比歲科試低。在這種意義上，「歲科試」可能只是童試的一種「紀年」方法，童試不像鄉會試那樣分爲「子、午、卯、酉」科，而是在學政三年任期內舉行兩次，爲了區分這兩次考試，便將與歲試連在一起的童試，統稱爲歲試；與科試連在一起的童試，統稱爲科試。在今天可以看到的一位叫做李振聲的清代童試府試第三場試卷中，考生名字的旁邊可以看到分別寫著「歲考」和「府考」這樣的字眼，即是如此（如圖1－3）。

清代著名的「學政十弊」主要針對的是廣義上的歲科試，「康熙十八年（1679 年）議准：向來歲科兩考，積弊有十。」此處的「歲科兩考」即是將歲科試與童試一併考慮在內的，畢竟童試與歲科試的考試過程並不分開，學政都是主持考試之人。「十弊」的內容有的是專門針對童試而言的，比如第一條：「童生未經府考，冊內無名，鑽求學政，徑取入學，巧圖捷便，一弊也。」有的只專門針對歲科試的，比如第五條：「每考一處，令書辦承差快手人等，出入過付暗訪生員，稍有家貲者，先開六等考單，嚇詐保等，有銀送入，准放三等，五弊也。」這裡提到，考試對象是生員，自然是歲、科試。也有的是籠統針對學政主持的所有考試的，比如第九條：「曲徇上司同僚情面，並京師鄉宦私書，及親屬朋友，隨往地方，討情抽豐，將孤寒之士棄而不錄。」﹝註85﹞

總之，若籠統而言，「歲科試」作爲名稱在文獻中，有時指的是包含童試和歲、科試在內的一系列考試，但是具體的研究，則需要分開考慮，童試與歲、科試是不同類別的考試。

從上文的分析可以看到，在清代，童試的名字甚至被都遮蓋在歲科試之下，所以有時童試也稱爲「小試」。如鼇峰書院「凡書院考課生童謂之甄別，義在選賢紬惡，異於歲科、小試彌封校閱，徒憑文字爲去取也，其道當先。」﹝註86﹞再比如「世之習武者只求入彀，博取科名，即默寫武經，亦僅如小考

﹝註84﹞允祹等：《大清會典則例》卷七十，禮部，清文淵閣四庫全書本。
﹝註85﹞《大清會典則例》卷二十二吏部，清文淵閣四庫全書本。
﹝註86﹞陳壽祺：《左海文集》卷十，清刻本。

文童，之乛鈔聖諭而已。」〔註87〕清末義和團時期，張之洞電文也稱：「直晉兩省不鬧事州縣，當可准小考，鄉試必須全停，會試只可改在他省。」〔註88〕「小試」的名字也顯示了童試在整個考試體系中的級別和重要性很低，不被看重，然而童試也是存在最廣泛的、對地方社會的影響最大，最受普通百姓關注的考試。

〔註87〕葛士濬：《清經世文續編》卷一百二十，洋務二十，清光緒石印本。
〔註88〕盛宣懷：《愚齋存稿》卷五十五，電報三十二，民國刻本。

第二章　考試組織及作弊防弊

　　童試在清代是級別較低的考試，其所處的地方社會缺少各類資源，各地童試的組織條件大都十分簡陋，組織過程存在諸多漏洞，考生作弊現象十分嚴重。童試不像鄉會試一樣對考生的身份有專門的要求，所以童試的報名人數眾多，但是錄取名額卻十分有限，所以童試的錄取率很低，這使得生員在地方社會中是成為較為稀缺的人。

第一節　考試的基本流程

一、考試人員安排

　　從考試組織的角度來看，參與童試的考場服務人員非常少，這從中央政府對童試考務人員的配置上便可以看出。《學政全書》對考場工作人員進行了比較完備的介紹，其中考試當天的工作人員包括：（1）印卷、受卷、散籤、給牌官，東西各一人，以教官充供給；（2）巡綽官各一人，司儀門啟閉官一人，以州縣佐貳或府衛首領官充；（3）書吏四名，管寫題畢，以二名司茶，二名司恭，司茶者兼管受卷，司恭者兼管封卷、司照；（4）進照、出牌官二人，以巡檢大使充；（5）廚役二名；（6）巡綽瞭望快手八名，分為二班，外用巡捕官二人，以佐貳首領官充；（7）報名門吏二名。〔註1〕考生進場時的搜檢人員不在上述人員行列，需另外聘請。

　　根據上述規定，地方教育管理部門的官員擔任考場試卷管理人員，州縣

〔註1〕參考素爾訥：《學政全書》卷十二，考試場規，清乾隆三十九年武英殿刻本。

衙門副職作考場巡查人員，同時請來兩名專門的巡捕官（類似於今天的專門警察或者保衛人員），因爲場外的巡視人員涉及與考場附近的百姓打交道，所以需要專門人員。《學政全書》還提到：「巡捕官率兵快晝夜巡邏，但有沿牆窺竇，拋磚擲瓦及行走蹤跡可疑者，即拿送究，新到星相醫卜面生之人驅逐，不容留住，如違，巡捕官責治地方歇家鄰右連坐。」〔註2〕在上述人員之上，再設置受卷官、供給官、巡綽官，「其寫題、受卷、封卷，以受卷官督理；司恭、司茶、廚役，以供給官督理；巡綽、瞭望，以巡綽官督理。」〔註3〕而提調官則是總的考務管理者。

考場工作人員除了場外巡邏人員外，都是在考場內參與童試的組織和服務的人員，《學政全書》甚至對童試考場內各類人員的用餐也作了規定，「各員役，日午給飯一餐，候飯熟，供給官稟明二門，內擊鼓三聲，督率內班皂隸，用食盒散給。」〔註4〕

當然，地方政府會各地實際的情景可能有所變通。而學政趕赴各地組織考試，也會根據個人的需要帶領一些有關人員，比如《蟫香館使黔日記》中提到的貴州某地童試的人員安排爲：「己正二刻點卯，當堂派定出棚人後（葉任舊式派傳事二名，茶房二名，承差四名，舍人二名，皂班四名，傘夫一名，外班一名，大轎夫四名。）稿房代求，傳事茶房一二名，俾得沾溉，乃各添一名，餘如葉式之舊。看署承差舍人皂班、外班如隨棚之數，惟傳事茶房仍留兩名。」〔註5〕

另外一次考試的人員安排則爲：

傳事司口文口卷收卷收發詩韻。（曾懷仁、曾連升、張珍）

茶房司鋪設公案，領發封鎖，沿途在棚照料開飯。（鄧洪順、莫洪昇、劉潤新。）

承差司承辦夫馬，站堂巡號。（楊春榮、劉順、口順祥）

舍人司應管扛抬。（湯貴、丁培）

皂班司看守龍門，搜檢夾帶。（莫洪昇、陳升、劉河清、王春）

〔註2〕素爾訥：《學政全書》卷十一，學政按臨，清乾隆三十九年武英殿刻本。
〔註3〕素爾訥：《學政全書》卷十二，考試場規，清乾隆三十九年武英殿刻本。
〔註4〕素爾訥：《學政全書》卷十二，考試場規，清乾隆三十九年武英殿刻本。
〔註5〕嚴修：《蟫香館使黔日記》卷三，續修四庫全書第583冊，上海古籍出版社，第525頁。

外班司一切雜事。（胡焜）〔註6〕

上述一種人員安排來自《學政全書》，是中央政府的視角，另一種人員安排是來自學政的個人記錄，是學政的個人視角。按照規定，《學政全書》中提及的人員應該由地方政府負責提供，而學政只需提供協助個人辦公的人員即可，但實際情況是學政仍需為此費不少心力。從《學政全書》中，中央政府的角度，所有工作人員是圍繞著考生而組織起來的，而在學政的角度，這些人員是為學政服務的後勤人員，而不是為考場上的考生服務的。

此外，從《學政全書》的規定可以看到，即使中央政府的規定得到完整的執行，真正在考場上的考務人員也非常有限。尤其需要注意到的是，監考人員非常少。清代的童試，一次考試考生人數可能達到一千多人，而《學政全書》中規定的考場巡查人員只有區區八人，而且還分為兩班交替工作，再分內外場。如果照此執行，考場內的監考人員可能只有兩人。兩人監督一千多人，這意味著清代童試考場上所謂的監考是形同虛設的。在一些文獻中可以看到，靠近試院院牆的考生甚至可以在考試之前把牆挖開一個洞，在考試過程中作弊，而考試巡查人員竟然無從發現，實際上即是因為考場上的監考人員實在太少的緣故。

清代各級科舉考試都有這樣的特點，考生在進場和出場的行動上都要嚴格的限制，進場甚至需要搜身。但是在進入考場後，在自己的位置上則可以比較隨意，至少考生在考場上構思和答題的時候不會有人眼巴巴的盯著，以致於構思寫作受到外部干擾。在考生的生理需要因物質條件差而被壓縮和控制的同時，思想則是自由的，這有利於考生的自由發揮。

其實，教授、訓導這樣的地方教育官員是最適合參與童試組織的人員。《清稗類鈔》有一處內容提到：「道光朝湯溪訓導諸暨壽春亭名於敏，和藹可親，喜詼諧，年九十二，視聽不衰。同僚中坐無車，公不樂也。府試監場，例留教官二人司稽察，然必選年力強壯者。咸豐紀元太守和齡，忽以命壽，壽大喜揖謝曰：『公知我尚屬有用之材，非為全廢之物。』於是端坐堂上者，竟日不稍跛倚。」〔註7〕從此處的記載看到，童試只有兩人監考，不過監考人員不是巡捕的佐貳官，而是各縣的教育官員。再比如《蟫香館使黔日記》也提到：

〔註6〕　嚴修：《蟫香館使黔日記》卷三，續修四庫全書第583冊，上海古籍出版社，第526頁。

〔註7〕　徐珂：《清稗類鈔》35，詼諧類，中華書局，1984年。

「是日請教官三人監場，因此棚分東西兩院，蓋戳時須分三處。三處者，東大號西大號，又東後號也。東後號隱僻，又鄰市，耳目所不及，乃請三學官設坐於益堂而監察之。」〔註8〕《齊如山回憶錄》中的記載也是如此，在考試的過程中，「每條凳頭上外邊，有各縣教官一人，坐於大凳上監視，如有考生彼此交談，他便禁止，說『好好的作文章』。據說有一次學差極嚴，用一長紙條黏於各生之官帽上，使每行士子都聯貫起來，一人一動紙則必斷，便將該士子提出，不許再考。後有一人說了一個笑話，大家一樂，頭動，全場紙條都斷，學差也沒法子。但這種嚴法，恐怕也出乎考規之外。」〔註9〕

如果是每縣的教官都來監考，一來監考人員不可能很多，因為每個縣只有一個教官，二來不可能很嚴，因為教官本身即往往選派年齒衰邁、迂緩無能、才具平庸的人，有時候甚至讓一些闒茸駑弱的卸職官員充當。這些人基本上都是敷衍塞責的混日子，大部分不可能十分嚴格。當然，在實際執行的過程中，少數資金或者組織資源充裕的地區會特地請較多的人員監考，而且有一些監考人員確實很負責。不過總體上，約定俗成的監考過程是寬鬆乃至形同虛設的。童試的考場內缺少監考，參與童試組織過程的其它服務人員也不多。

二、考生報名

報名的考生來源廣泛和多樣是清代童試最重要的特點之一。清代中期以後，報名參加童試的考生人數越來越多。全國總人口數增加是重要的原因，除此之外，童試制度本身的特點也決定著考生數量龐大、來源多樣的特點，這主要有幾方面。

第一，清代童試對報名條件的限制本身很小，絕大部分讀書人都可以報名。清代童試與鄉會試相比，最大的特點在於對報名的考生幾乎沒有什麼限制。按照規定，考生報名參加童試需要「身家清白」。「身家清白」在當時有幾方面的含義，最重要的是出身清白，不屬於「賤民」行列，也就是「非倡優皂隸子孫」。清代存在「賤民」制度，「倡優」是指從事演員之類行業的人員，「皂隸」是指在各級政府擔任差役、僕從的人，具體來說包

〔註8〕嚴修：《蟫香館使黔日記》卷四，續修四庫全書第583冊，上海古籍出版社，第614頁。
〔註9〕齊如山：《齊如山回憶錄》，中國戲劇出版社，1998年，第18頁。

括馬步快（負責緝拿犯人的人員）、門子（看門的人）、仵作（驗屍人員）、糧差（收稅的人員），以及官員的隨從等人。除此之外，「賤民」還包括乞丐，以及可以買賣的奴婢或奴僕。上述這些人員以及其子孫都不允許報名參加童試。此外，身份清白還意味著道德上的清白，是品行優良之人；身體清白，身體無殘疾、尤其五官無病；財產清白，最好是過著農耕生活的家庭。

隨著童試在地方社會的影響越來越大，參加童試的讀書人的身份也越來越複雜，《清實錄》提到，嘉慶二十二年（1817 年），「冒考者，竟有僧人、屠戶、皂役、腳夫等項雜流之人。」〔註 10〕可見童試制度對考生「身家清白」身份的限制也經常被突破。

此外，童試報名還要求考生「身家無刑、喪、替、冒，各項違礙，方准收試。」〔註 11〕這要求考生沒有犯罪記錄，不能在守喪期間報名參加童試。清代的法律規定，父母去世之後，兒子需要按照禮節守喪。在此期間，守喪之人不能參加娛樂活動，不能擔任正式的官職，考生也不能報名參加科舉考試。當然，清代所有女子都不能參加各級科舉考試。

童試報名雖然有上述身份上的限制，但是對考生的學問水平則沒有任何限制。這些身份上限制，對大部分讀書人都構不成限制。清代的賤民制度隨著社會的發展也一直在一步步弱化。可以說在清代，絕大部分讀書人都可以報名參加童試。

第二，對於報名參加童試的考生來說，有時候即使明知自己不能考上，也照樣會參加童試，因為參加童試本身就能得到好處。有一些好處是名譽上的好處，通過參加童試可以證明自己是讀書人，進而獲得物質性的好處，比如「暫以『子曰學店』糊口的鄉村蒙師屆期應試爭取功名前途，如不幸落第也不失書生本色，不致影響學店收生。以上屬於第一類。有粗通文墨，中途從事醫生、代書（代人寫信，做稟帖等類）謄錄（謄寫鄉試墨卷）、堪輿及其它筆墨生涯者，屆期也濫竽充數，認為應試就可以不失書生本色，從而博取社會同情，此輩屬於第二類。」〔註 12〕可見，在基層社會參加童試的人，如

〔註 10〕《清仁宗實錄》，卷之三百三十三，中華書局，1985 年。

〔註 11〕素爾訥：《學政全書》卷五十三，學額，清乾隆三十九年武英殿刻本。

〔註 12〕易力原：《清末科舉童子試的形形色色》，引自：文安：《晚清述聞》中國文史出版社，2001 年，第 280〜293 頁。

果已經輕車熟路，即使考不上，也能獲得一些個人榮譽方面的好處。基層社會的讀書人或者從事文化教育方面工作的人數量龐大，參加童試是這部分人維持其讀書身份的重要保證。

這是因為童試的報名費（也就是試卷費）本身不高，而且很多地區的民間力量通過捐資的方式幫助考生將報名費減免了。同時，還有一種情況是，一些考生參加童試還可以直接獲得物質回報。比如有的考生參加童試可以獲得來自家族內部的物質補貼，「有的在通過縣、府試藉此得到物資補助或者有其它意圖者，這些人也是才學不夠，目的不在考中生員。」〔註13〕比如婺源考生詹鳴鐸在第一次參加童試的時候，與他同屋住宿的考生就是如此的情景，詹鳴鐸回憶說：「這兩個據云未嘗學問，他們城中祖祠的老例，能應府試，即有租收，故轉到此陪考。」〔註14〕

第三，地方政府官員往往鼓勵本地讀書人參加童試。在清代稍微正式一些的文獻中，參加童試人數的多寡，被認為是一地「文風」發達與否的重要象徵，而「文風」被視為地方政績的一部分，受到官員的重視，像「近來士風，蒸蒸日上，每屆童試非復前數十年可比」〔註15〕這樣的話，經常在會地方志上提到。比如清代的方芬在乾隆年間到赤城縣擔任知縣，「赤城縣，民貧不知書，童試止十數人，芬設書院以示之學，勒碑於書院，凡應考者免徭役，垂為永例，期年而試者數十人。」〔註16〕

參加童試人數增加，即意味著的教育逐漸興盛。本來在童試的各次考試中即離不開地方主要官員的身影，縣試由考生所在縣的知縣主持，府試由考生所在府或者州、廳的知府、知州、同知等主持，院試由考生所在省份主管教育的學政主持。這裡所謂的各級官員「主持」考試，絕不是僅僅掛個名號，而是要親自披掛上陣，在每一場開考的時候都親自逐個點名，親自監考，並且在每一場考完之後也要親自閱卷以錄取考生的。所以，童試與府縣地方主要官員的工作直接相關，人數出現較快的增長即是政績。即使一個很小的縣也很在乎參加童試的人數，比如陝西省的汧陽縣自稱，「夫汧，小邑也，編戶

〔註13〕《清末科舉童子試的形形色色》，引自文安：《晚清述聞》中國文史出版社，2001年，第280～293頁。
〔註14〕詹明鐸：《我之小史》，王振忠整理，安徽教育出版社，2008年8月，第112頁。
〔註15〕顧騄：《（光緒）白河縣志》卷十三，清光緒清十九年刻本。
〔註16〕戴肇辰：《（光緒）廣州府志》廣州府志卷一百三十五，清光緒五年刊本。

僅只四里，納賦不過五千，而童試則四百有，餘入學則十二爲額，文風之較
他屬又何讓焉。」〔註17〕

　　一般來說，如果一個縣，只有幾十個人參加童試確實太少了，如果每次
有一千人以上參加童試，則被認爲文風興盛，這會被作爲地方政治的重要指
標記載下來。這裡的邏輯是參加童試的人多則意味著讀書的人多，則意味著
教育發達，文明程度高，進而有利於社會穩定，也有利於國家政策的推行。
如清代嚴如熤的《三省山內邊防論三》提到：「南方州縣應試童生常二三千人，
西北則著名州縣應試童生或止數十名百名，則讀書之人寥寥可知，讀書明理
之人少，無怪邪教之得以蠱惑愚民也。」〔註18〕

　　在清代，考生參加童試如果能夠考中生員固然好，即使考不中，也可以
回到原來的生活軌道上，很多讀書人參加童試，都是抱著一種僥倖的心理參
加一兩次。只有極個別的人會選擇許多年持續不停的參加。據研究，「1871～
1905 年間無錫、金匱兩學 80 位生員的情況。80 人中，考取生員時的最小年
齡爲 16 歲，最大 39 歲，算得平均年齡 24 歲。」〔註19〕不過也有學者根據更
詳細的數據得出結論：「順治時期，生員進學的平均年齡最小，僅爲 17.07 歲。
其後的康熙朝，生員進學的平均年齡上升了 3.18 歲，達到 20.25 歲。在雍正
朝，生員平均進學年齡顯著下降，回落至 17.62 歲。乾隆、嘉慶、道光、咸豐
四朝，進學平均年齡呈逐步上升趨勢。同治朝，達到 21.43 歲，與順治朝相比，
高出 4.36 歲。光緒朝略有回落，但仍然超過清代 19.72 歲的平均值，爲 20.54
歲。清前期的順治、康熙、雍正及乾隆四朝，士子考得生員的平均年齡爲 18.94
歲，比整個清代的平均值小 0.78 歲。清中期的嘉慶、道光兩朝，年齡是 19.61
歲，略與平均年齡相等。到了咸豐朝以後的晚清，生員的平均進學年齡已達
20.88 歲，超過清代平均年齡 1.16 歲。」另外直隸是生員進學年齡相對較小的
地區，22 人的平均年齡僅爲 16.8 歲，與安徽 16 人的平均年齡 22.1 歲相比，
有著 5.3 歲的較大差距。〔註20〕這意味著從開始備考到考中生員所用的時間並
不是很長，大部分考生在參加兩三次童試之後就能考中生員。

〔註17〕羅璧：《(道光) 重修汧陽縣志》卷十，清道光二十一年刻本。
〔註18〕賀長齡：《清經世文編》卷八十二，兵政十三，清光緒十二年思補樓重校本。
〔註19〕張仲禮：《中國紳士：關於其在十九世紀中國社會中作用的研究》，李榮昌譯，
　　　　上海社會科學院出版社 1991 年，第 104 頁。
〔註20〕左松濤：《清代生員的進學年齡》，《史學月刊》，2010 年第 1 期，第 42～50
　　　　頁。

可見，參加童試在當時是似乎廣大基層社會讀書人的一種習慣性的選擇。據陳獨秀回憶，當時家長們希望自己的孩子能夠報名參加同時，「好歹能寫出百而八十字……能夠跟著先生進城過一次考，胡亂寫幾百字交了卷，那怕第一場就榜上無名，回家去也算得出人頭地。窮兇極惡的地主們，對這一家佃戶，便另眼看待，所以在當時鄉間有這樣兩句流行的諺語：『去到考場放個屁，也替祖宗爭口氣』。農民的兒子如果考取了秀才，便是一步登天，也就是立了將來做土豪劣紳的基礎，一生吃著不盡。」〔註21〕當然，對於大部分考生來說，參加童試並且考中生員，這是出人頭地的重要選擇甚至唯一出路，「有家世寒微無法謀生者，視應試爲畢生惟一出路，一旦謁官報捷，便可出人頭地。即便屢試不第，亦不愧爲四民之首，足以自豪。」〔註22〕

三、考生進場

與考場內監考的形同虛設相比，童試的進場和出場相對比較嚴格。明末文學家艾南英曾在回憶其參加明代童試的情景，「試之日，衙鼓三通，雖冰霜凍結，諸生露立門外，都學衣緋坐堂上，燈燭圍爐，輕暖自如。諸生解衣露立，左手執筆硯，右手持布襪，聽郡、縣有司唱名，以次立甬道，至督學前。每諸生一名，搜檢軍二名，上窮髮際，下至膝踝，保腹赤踝，至漏數箭而後畢，雖壯者無不齒震悚栗，大都寒冷不知爲體膚所在。遇天暑酷烈，督學輕綺蔭涼，飲茗揮篷自如。諸生什佰爲群，擁立塵坌中，法既不敢扇，又衣大布厚衣。比至就席，數百人夾坐，蒸薰腥雜，汗流浹背，勺漿不入口。雖設有供茶吏，然率不敢飲，飲必朱鈐其牘，疑以爲弊。文雖工，降一等。蓋受困於寒暑者如此。」〔註23〕

清代童試考生入場與明代類似，程序十分繁瑣，但也存在不少問題。《學政全書》卷十二有詳細的記載，共分爲以下步驟：

第一步，場外巡視人員打出信號，考生集合，「順治九年題准：試日，漏下五鼓，外巡兵壯舉放號碼，以便諸生齊集，執牌吏將生童照次排齊於大門外。」

〔註21〕陳獨秀：《陳獨秀文章選編》（下冊），三聯書店，1984 年，第 556～557 頁。

〔註22〕易力原：《清末科舉童子試的形形色色》，引自：文安：《晚清述聞》中國文史出版社，2001 年，第 280～293 頁。

〔註23〕李調元：《制義科瑣記》之《艾千子自敘》，商務印書館，1936 年。

　　第二步，提調官到場，考場巡視人員監督其它考場工作人員和擔保人員進入考場，其中考場工作人員進考場，擔保人員只能到第一道門和第二道門之間的空地上，「候門啓，提調官入，至儀門止；吏舁卷箱隨入；巡捕官帶民壯軍牢，立儀門外兩旁，先將執事官、廩保、內搜檢員役進。」許多地區的試院建造的並不規範，可能只有一道門，這種情況下，擔保人員可能只能在門外集合，提調官不進入考場。

　　第三步，點名和搜檢，提調官或者考官點名。「生童各持筆硯水注，隨牌聽州縣官於大門外，照冊唱名，隨牌引至儀門外魚貫序立，搜檢官連唱，仔細搜檢，兩旁齊應，二人對搜。」

　　第四步，試卷管理人員在搜檢結束之後，負責發放試卷（答題冊），「搜畢，印卷（官）散籤，教官在小公座前夾直放長桌東西相向，照冊唱名。本生高聲答應，隨以卷呈東立教官案上，用督學印一顆。西立教官信手掣籤給本生，即令吏，書坐號於卷面，書姓名於坐號，冊東籤者東下，西籤者西下，各認號就坐。如已得籤往來行走，故不進號及已就坐東西觀望者，扶出黜退。」

　　第四步，外場工作人員退回外場，「進畢，內搜檢官役出，提調官、教官繳點名冊，計入考若干名。有不到者，大書『不到』二字於本名卷上，以空箱及鎖匙同繳提調官，領坐號冊，率外搜檢官役出。」大多地區的試院都有內外分割，所有外場人員退回外場。

　　第五步，巡視人員鎖門，「巡捕官稟領大門鎖鑰，檢點大門內，二門外並無一人，方從外封鎖，次司儀門官，將儀門封鎖，鎖畢，堂上擊雲板一聲，堂上下皆肅靜。」〔註24〕

　　第六步，所有考生坐定，出牌官由考官手中領到考題，告知考生，「吏執題目牌，於甬路上下行走，俾其熟視短視者，立稟教官，將題高誦二三遍，不許往就，兵快輪班登案瞭望。」也有通過其它辦法保證考題的保密性的，比如「卷上編定坐號，入場對號而坐，又分號命題，題即密藏卷後，既封門，方示以題之所在。」〔註25〕

　　其中耗時最長的是點名與搜檢。點名的過程需要查驗考生的各種信息，類似於鄉試中的「識認」。《清代科舉考試述錄及有關著作》提到：「學政親自點名，點名簿每人名下注籍貫、年歲、面貌、三代履歷，並由認、派保廩生

〔註24〕素爾訥：《學政全書》卷十二，考試場規，清乾隆三十九年武英殿刻本。
〔註25〕葉夢珠：《閱世編》卷二，上海掌故叢書本。

蓋保戳，或須親筆簽押。」但是最重要的還是擔保人的識認，「點某縣時，即有該縣教官趨前搭躬（即作揖），立於學政身後，即唱名點該縣作保之廩生，點齊也都立在學政身後，點到自己的名字，便應曰『有』，方上臺階，走至學政案前，大聲唱曰「某人保」，作保之廩生亦唱曰某人保，這才領捲進場。」〔註26〕

　　《履園叢話》中提到「面貌冊」，雖然所指的是歲、科試，但是童試也可能與此類似，「凡歲、科試諸生面貌冊，向為循例，虛應故事而已。胡希呂先生視學江蘇，詳細殊甚，恐有頂冒也。常熟生員沈廷輝，年三十餘，冊填『微鬚』，詎先生以『微』訓『無』，凡有鬚而填『微鬚』者，俱不准入場。廷輝聞之曰：『吾必被逐矣。』進場之前一日，擬囑學書改正。適學書他往，尋至三更，不得已往剃頭鋪，將鬚刮去。旋聞鼓吹聲，急赴轅門聽點，及唱沈名，先生熟視廷輝曰：『此人又一頂替者，冊上填明有鬚，何以無鬚？』蓋此學書素與沈善，因學使有斥逐之信，特為沈改『微』為『有』，而沈則未見學書，不意反變『有』為『無』也，無可置辦，廢然而出。旋有一生素狡點，亦以『微髮』被斥，生故與學使強項。先生大怒曰：『汝讀書，尚不知朱注：微，無也。』生笑稟曰：『若然，則孔子微服而過宋，脫得赤膊精光，成何體制也？』先生默然，後無被逐者。〔註27〕

　　考試進場的程序在實際執行過程中有一些問題，一般的問題是耗費時間過久，《蟬香館使黔日記》提到：「八屬文童正場，到一千九十二人，丑初後點名，點至四屬，天已向明，至發題時，日出矣。」〔註28〕更嚴重的是在點名過程中，因缺少現代化的技術手段，而極易出現秩序混亂的情景。徐文弼在《考試點名除弊法》提到考生數量太多，「如衡州府屬之衡陽，未分兩縣時，應考童生多至四千餘，臨期齊集聽點，勢難依次而入。諸童唯恐失於應點，越次爭先，反致阻塞。」〔註29〕清代初年松江人曹千里寫的《說夢》中提到一次科試：「至五鼓，人已蜂屯蟻聚，門甫啟一擁而入。門狹而人眾，一時擁塞，後者愈前則前者頓僕。一呼吸間已壓死累累。余在旁目睹，而莫可救解。

〔註26〕齊如山：《中國的科名》，遼寧教育出版社，2006年，第31頁。

〔註27〕錢泳：《履園叢話》卷二十一，清道光十八年述德堂刻本。

〔註28〕嚴修：《蟬香館使黔日記》卷四，續修四庫全書第583冊，上海古籍出版社，第614頁。

〔註29〕賀長齡：《清經世文編》卷五十七，禮政四，《考試點名除弊法》，清光緒十二年思補樓重校本。

其中有父兄送子弟、奴僕送主人而死者，若童生死者十三人。有許孟詫爲童生之耆宿，身軀偉岸，亦死於此。越數日，郭父母（該縣知縣）至其地，操文以祭之內有：『人間業斷地下文修，前花未報後果須收』。」〔註30〕

　　有人提出解決上述問題的辦法，將考生按照一定的次序組織起來，比如「將儒童姓名編定次序，如院試挨牌之法。各路巷柵，先遣官役把守，朝不得早開，獨留學前一路，諸童俱集廣場聽點，自擁高座以次唱名給卷。」〔註31〕或者按照縣的順序排列，「點某縣考童之名時，便有一個長約三尺，寬約二尺的大燈牌，上寫點某縣，立於院中，考生一看點到自己縣了，使都向前聽點。」〔註32〕這是最常見的辦法。

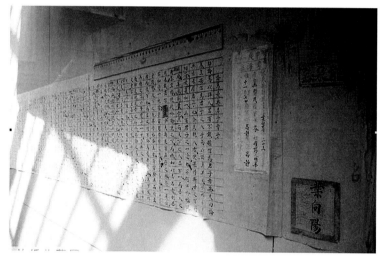

圖3-1：清代江西省吉安府龍泉縣試卷

　　徐文弼的《考試點名除弊法》還提到，「廩生畫結保送，一生所保數名，及數十名不等。」如果點名的時候按照「試案名次編牌，聽點一廩生，所保前後散列，於點名之時，廩生齊進，侍立兩旁，自開點以至點畢，必逐牌記憶，所保之名，應接不暇，勢難細辨，故間有頂替槍手乘機混入，及至發覺歸責廩生，每以不及細認。」即，解決上述問題的辦法不再按照考生姓名，而是按照擔保人組織點。「今即令於縣試事畢，案送府試之時，不必依取錄名次造冊。但將廩保逐名開列，每名後載所保童生名姓，府考畢取錄案名冊送

〔註30〕曹千里：《說夢》卷一，1915年《說庫》本。
〔註31〕葉夢珠：《閱世編》卷二，上海掌故叢書本。
〔註32〕齊如山：《齊如山回憶錄》，中國戲劇出版社，1998年1月，第18頁。

院試之時，如前院試時即按冊上廩保名次，先期牌示第一名廩保某，逐名挨列，俾各生知孰先孰後。臨時先點進第一名廩保，則所保童生隨之魚貫而入，點畢即令退出，隨點進次名廩保，其所保童生仍前隨入。或有越次擁擠者，責及廩生，如此則諸童依保為後先，廩保視名次為遲速，諸童無虞失點，自不越次求先。且於未入應點之時，廩保之所在，而諸童隨之，既可加之約束，亦復便於稽查。」〔註33〕

點名完畢之後則是搜檢，其方法「永遠是以一手插入頭上官帽之下，然後再搜全身。」〔註34〕「進場之前，在點名廳之後，設有搜查人，名詞就叫作搜子；把各考生全身都搜檢一次，連《四書》都不許帶；在上身搜出《四書》，不過沒收，尚無罪過，若在下身搜出，便有褻瀆聖賢之罪，不許入場，罰在場外跪一天，不過後來也就都不認真了。」〔註35〕

其實如果僅僅從公正的選拔人才的角度來看，童試入場可以不必進行搜檢，而實行「開卷考試」。因為以寫作為主的考題和極低的錄取率，決定了考生即使將參考資料帶進考場，這充其量也僅僅是能夠幫助考生讀懂考試題目。如果考生對古語言掌握的不夠嫻熟，對儒家聖賢的內心世界瞭解的不夠透徹，如果考生的內心還沒有完全浸淫在古代典籍中，即使把圖書館搬進考場也無濟於事。但是，國家照樣對科舉考試規定了嚴格的搜檢制度，而且在鄉會試中得到比較嚴格的執行，關鍵是體現出考試的嚴肅性，對考試的結果影響不大。所以許多地方的童試為了節省人員成本，便免去了入場搜檢的程序。

四、場內活動

清代著作《笑笑錄》中有一則叫做「童生對」的小故事，「某應童試赴郡，偶憶內戲書聯云：『充無罪之軍三百里，守有夫之寡二十天。』為同舍所見，傳為笑柄。」〔註36〕在這副對聯裏，考生們將參加童試比作「充軍」和「守寡」，這可以在某種程度上反映考生在考場上參加童試之時的艱苦情景。

〔註33〕上述有關文獻引自賀長齡：《清經世文編》卷五十七，禮政四，《考試點名除弊法》，清光緒十二年思補樓重校本。
〔註34〕齊如山：《齊如山回憶錄》，中國戲劇出版社，1998年，第18頁。
〔註35〕齊如山：《中國的科名》，遼寧教育出版社，2006年，第31頁。
〔註36〕獨逸窩退士：《笑笑錄》卷六，清光緒五年申報館叢書本。

　　童試每場要持續一天，考生在考場上自然需要喝水、上廁所。《學政全書》對考生喝水、上廁所的方法進行了規定，「巳時（上午十點），供給官稟明二門上，擊鼓三聲，方許飲茶、出恭，飲茶者趨飲茶桌，自擊小雲板一聲，東坐者放卷於桌之東，西坐者放卷於桌之西，司茶吏印飲茶二字，飲畢領卷，自擊雲板二聲，復位；出恭者趨出恭桌，自擊木梆一聲，亦各東西放卷，執出恭牌，於甬路中行，司恭吏印『出恭』二字，恭畢領卷，自擊木梆二聲，復位。」〔註37〕

　　其中，「二生不許並出，偶有並出稍後者，於甬道拱立待先者復位，始行。攪亂者及不交卷不擊梆領牌、不由中行者、候恭候茶時、并立接談者，俱印『犯規』二字，飲茶出恭止許一次，重出者不准。卷面仍印『犯規』二字。」到了下午，「但有一人交卷，即撤去飲茶出恭桌。」〔註38〕

　　《中國的科名》中也提到了童試考生的上廁所，大小便的解決方式是「每人足下有一瓦質尿盆，小便時就立著便於其中。」「全棚數百人，每人每日小便兩次，便是一千多回，其臊氣難聞，已可想而知，且有許多人誤把尿盆踏翻者，氣味尤使人難過。第一場還較好一些，以後愈來愈難聞。且不許大便，倘非大便不可，亦可上廁所，但須把卷子交到堂上，回來再領回來接做，不過該卷子後面，便印上一黑色圖章，這個名詞叫作屎戳子（此即上文所述之『出恭』戳），這本卷子便不予閱看，絕無進秀才之希望了。考生中有腹瀉者，往往自己脫下襪子，作為大便之用，便完捆好口放在腳下。但臨座之人往往干涉，有時因此吵起來，那大便之人便算犯規，就被勒令出場了。為一小小科名受如此大罪，真不可思議。」〔註39〕

　　童試的考場條件十分簡陋。很多地區根本沒有正式的考場，考生們在參加考試的過程中還需要自己攜帶桌凳，進場之後甚至要搶陰涼的地方，有的地方考生「共舁（「yú」）官署，左右既不足容多人，且遇暑雨祁寒，各爭陰陽之宜，求一己之適，縱橫促塞，彼此鮮寧，志擾神疲。」〔註40〕

　　童試的考試過程漫長、時間也不固定。每次考試四五場，數月之內接二連三不停的考試，有時在正月，北方的考生在天寒地凍的環境，有時在暑夏，

〔註37〕素爾訥：《學政全書》卷十二，考試場規，清乾隆三十九年武英殿刻本。
〔註38〕素爾訥：《學政全書》卷十二，考試場規，清乾隆三十九年武英殿刻本。
〔註39〕齊如山：《中國的科名》，遼寧教育出版社，2006年1月，第32頁。
〔註40〕隆慶：《（道光）永州府志》卷三上，清道光八年刊本。

各地的考生大都深處曝曬之中，南方的考生則既容易遇上大雨天氣。所以在童試舉行的過程中，有時烈日炎炎、有時有風雨交加，有時霜雪具至，而考生們每場考試的答題量也都十分之大，一場童試的試卷可以有兩米長，考生需要在一白天的時間內，用蠅頭小楷在兩米上的試卷上密密麻麻的寫滿經過精心構思的文章。這些對考生的身心都是一種不小的挑戰。

大多考生年紀並不大，且又遠離父母、身處異鄉，在這樣惡劣的環境下，許多考生因考致病。這從一些醫案中可以看到，比如清代朱增籍《疫證治例》記載，戴西齋在「六月府試時，生一外痔，如雞子大，考一場，發一次。」這麼嚴重的痔瘡發作本身就與考生在考試期間飲食不周、作息不規律有關，而且一考試就發作，這當然跟考生參加考試久坐、勞累、精神緊張也有直接關係。明代薛己的《口齒類要》也提到：「一儒者三場畢，忽咽喉腫閉，不省人事。」這是焦慮上火、湯水不到，急火攻心所致。再比如，薛己《癰瘍機要》中卷記載：「一儒者應試後，遍身瘙癢，後成疙瘩。」〔註41〕

許多考生甚至因精神緊張而「愁聞更鼓之聲，怕聽報鑼之響」。〔註42〕在童試舉行的過程中，鼓、雲板、木梆等是考場上工作人員之間，工作人員與考生之間用來交流信息的重要工具。提示考生時間主要靠擊鼓，考生集合時間到，擊鼓數聲；上午飲茶、出恭時間到，擊鼓三聲；下午提醒考生謄寫，擊鼓三聲。「未時（下午兩點），大門外擊鼓三聲，堂上巡綽官擊雲板三聲，呼『快謄真！』；申時大門外重擊鼓四聲，堂上擊雲板四，聲呼『快交卷！』；申末，大門外重擊鼓五聲，堂上擊雲板五聲。不論已未謄完，俱交卷。」〔註43〕在作息依賴自然的日出日落、時間觀念不深精確的鄉下，這種明確的時間流程本身即是對行為一種約束，也是造成考生精神緊張的重要因素。

在個別更嚴重的情況下，考生的生命甚至會受到威脅。《清實錄》提到，乾隆八年（1743 年），「前任兩江總督宗室德沛奏報、江西贛州府城。於二月三十日。猝被狂風雹雨交作。時值學臣按試。寧都、石城、兩邑童生。打傷七十餘人。壓斃四十餘人。經南贛道動關稅盈餘銀。將壓斃者。每名給棺殮銀四兩。打傷者。每名給醫藥銀二兩。」〔註44〕

〔註41〕黨偉龍：《略論古代科舉考試與考生健康問題》，《南京中醫藥大學學報（社會科學版）》，2009 年第 01 期，第 23～26 頁。

〔註42〕徐珂：《清稗類鈔》35，詼諧類，中華書局，1984 年。

〔註43〕素爾訥：《學政全書》卷十二，考試場規，清乾隆三十九年武英殿刻本。

〔註44〕《清高宗實錄》，卷之一百八十七，中華書局，1985 年。

從考生的角度來看，與參加鄉會試的考生相比，參加童試的考生獲得的來自家庭、社會、政府等各方面的物質資源支持較少，考生參加考試的經驗也相對不足。

從組織的角度來看，與現代社會的物質條件相對比，清代的童試和鄉會試的考場條件都不怎麼好，而童試的條件更差，因爲人手缺乏，組織過程也存在諸多漏洞。《清實錄》提到：乾隆五十七年（1792年），「前據戈源奏請，嚴定縣府考送童生額數一摺，已交該部核議具奏，並令長麟將山西省考試童生，是否可定額數之處。酌議覆奏。茲據長麟奏稱，縣府考試。弊竇最多，往往閱卷衡文，委之幕友，本官並不寓目。甚有瞻徇情面，及任聽幕友、書吏勾串舞弊等事。應請嗣後縣府考試，毋庸定額。俟錄送後學臣考試。如所送童生實在荒謬不通，即由學臣咨送撫臣，查核卷數多寡。將原送官查取職名，咨部分別議處等語……種種弊端，皆所不免，亦不獨山西一省爲然。今長麟請定處分俾縣府各顧考成，不敢仍前弊混。所奏尚屬可行。著交大學士九卿、會同該部、一併悉心妥議具奏。」〔註45〕其實影響此處問題的根本原因在於缺少足夠的人員。

總的來看，童試在各方面的條件都是十分簡陋的。

第二節　作弊與防弊

清代童試對考生在身份上弄虛作假有一定的防範措施，要突破複雜的童試制度成功作弊十分不容易，這也是因爲童試考試過程漫長、複雜，考生考中生員也並不能做官，利益有限。即使這樣，對於許多生活在基層社會的普通人來說，利益雖然很小，卻也值得冒險，所以參加童試的考生在身份上作弊的現象仍舊很多。

一、虛報年齡

在清代，參加童試的考生在身份上作弊的一種方式是在年齡上弄虛作假。順治十二年（1655年）上諭提到：「朕惟人臣事君，勿欺爲本，近來進呈登科錄及鄉、會、殿試等卷，率多隱匿年歲，以老爲壯，以壯爲少。」〔註

〔註45〕《清高宗實錄》，卷之一千四百八，中華書局，1985年。
〔註46〕張廷玉：《清朝文獻通考》，卷四七，選舉一，第5304頁，商務印書館，1935年。

46〕《清實錄》提到，乾隆二十九年（1764 年），「諭軍機大臣等：學政李綬摺奏，考試童生，多有冊內年歲甚幼，而其人實已至四五十歲不等者，現發提調查辦等語。」〔註 47〕《學政全書》提到：「奉上諭：學政李綬摺奏，考試童生，多有冊內年歲甚幼，而其人實已至四五十歲不等者，現發提調查辦等語。」〔註 48〕

　　這種情況在清代中期以後甚至成爲一種不成文的習俗了，比如小說《儒林外史》中記載，學道周進詢問考生范進年齡時，范進回答道：「童生冊上寫的是三十歲，童生實年五十四歲。」〔註 49〕這當然有誇張的成分。眞實的例子也有很多，比如清代的朱彭壽曾提到：「文人爲士大夫撰墓誌傳狀，於生卒年歲最宜詳考，稍不經意，即易傳訛。猶憶光緒壬辰（1892 年）八月間，壽陽祁文恪師世長，卒於工部尙書任內，時年六十有九，實生於道光甲申（1824年）。然舊時所刻鄉會試朱（硃）卷，則皆作乙酉（1825 年）生，蓋循俗例，應試時少塡一歲耳。」〔註 50〕光緒年間，有名爲「劍華道人」的人，評論鄭觀應《限士》一文時，曾提到自己減小年齡報考童試的現象：「余昔年小試，歲甫十九，報名赴考，即以十九歲註冊。旁觀者輒笑其愚，或曰：何不少報幾歲，爲將來計也。」後來才從朋友那裡得知，周圍的人「赴考之童生，無不減年以報名也」。〔註 51〕

　　考生們之所以這樣謊報年齡，一方面是因爲在所有童試的考題中，往往有一道題目分爲「已冠」和「未冠」兩類，「未冠」的考題相對簡單一點，在閱卷的時候「未冠」的考生也更易受到考官的關注；年齡低的考生，在做官之後也有利於仕途發展。不過，謊報年齡對考試結果產生影響到底怎樣，這是無法確定的，這與其說是一種作弊現象，毋寧說是一種習俗。許多考生只是看到周圍的人這樣做，於是自己也跟著這樣做而已。

〔註 47〕《清高宗實錄》，卷之七百十二，中華書局，1985 年。

〔註 48〕素爾訥：《學政全書》卷二十二，童試事例，清乾隆三十九年武英殿刻本。

〔註 49〕吳敬梓：《儒林外史》，第三回，臥閒草堂本，清嘉慶八年。

〔註 50〕朱彭壽：《安樂康平室隨筆》，卷一，引自《清代史料筆記叢刊》，第 161 頁，中華書局，1982 年。

〔註 51〕陳忠倚輯：《皇朝經世文三編》，卷二三《吏政二》，近代中國史料叢刊正編第76 輯，第 367 頁。

二、冒籍

在各類作弊方式中，受到後世研究者關注較多的還有「冒籍」現象。冒籍是指考生本人到非戶籍所在地，實際上大都是錄取率相對較高的地區報名參加考試的一種作弊手段，類似於今天的「高考移民」。冒籍的情況往往出現在幾類情況下。

第一類是冒考衛所的軍籍。在清代，中央政府為一些駐防各地的衛所，設置了專門的童試錄取名額。這些衛所中的考生以軍籍的身份單獨參加考試，由於考生數量相對較少，所以錄取率較高，於是衛所成為童試冒籍的理想之地。比如「粵省各衛所屯軍籍，童生額多人少，且軍民兩籍，冒考控訐不已，應照直隸河間等衛，裁併歸縣之例。」〔註52〕

圖 2－1：卷票

清代中期以後，各地衛所的名額逐漸裁撤歸併到附近州縣，衛所的考生需要到附近的州縣參加縣試，「雍正六年（1729 年）議准：廣東韶州右翼鎮，三營兵丁隨師入廣，迄今三世，分防各縣，田宅墳墓皆在斯土，無籍可歸，與入籍二十年以上之例相符，應准其入籍。分防之各縣，照商童用商人保結之例，於縣考時，令各營該管之千總、把總出結保，送並令各營童五名互結，先期投遞本管專轄官，以便移送入籍之各縣，該縣驗明，即准收考。倘有不繫兵丁子弟，及入籍未滿二十年者，本童並互結各童濫行出結之武弁，照例

〔註52〕允祹等：《大清會典則例》卷七十，禮部，清文淵閣四庫全書本。

治罪。再民籍廩生與營童聲氣不通，恐藉端勒索，業有本營保送，准暫停民籍廩保，竢營童中有入學補廩者，再准保結，其別處有與韶州鎮事體一類者，照此例遵行。」〔註53〕

第二類是冒考少數民族地區，一些少數民族地區的考生數量較少，錄取率較高，也是冒籍問題的多發區。乾隆五十三年（1788年），為防止湖南士子冒考瑤籍，湖南學政錢灃向中央政府提出建議，要求在考生報名時，必須「實居瑤地，確有戶族、田廬可憑」，「取具瑤頭、瑤總甘結，日後子孫方准以新籍應試。」〔註54〕

其實，清代政府曾經鼓勵考生到錄取率較高的少數民族地區接受教育、參加童試，因為這些地區大都是條件落後的地區，教育不發達，考生數量少。比如「乾隆元年（1736年）覆准：滇省廣南、麗江、普洱三府，及昭通府屬之思安、永善二縣，鎮沅府屬之恩樂縣，東川府屬之會澤縣，見在夷多漢少，人文寥落，難以敷額。除見任本處官員子弟，不准入籍考試外，如有異省及本省異府之人，情願移家入籍者，准照廣西太平等府之例，同土著之人一同考試……其從前寄籍各學之生，若改歸原籍，則土著無多，未免學校空虛，應免其改歸原籍。」〔註55〕

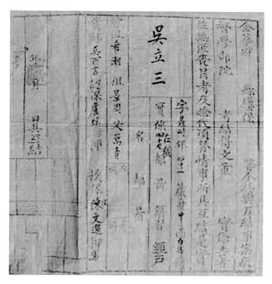

圖2-2：保結單

〔註53〕 允祹等：《大清會典則例》卷七十，禮部，清文淵閣四庫全書本。
〔註54〕 《清高宗實錄》，卷1306，中華書局，1985年。
〔註55〕 允祹等：《大清會典則例》卷七十，禮部，清文淵閣四庫全書本。

實際上，清代童試也是允許一部分考生改換籍貫。比如「順治元年（1644年）題准：設寓學於京城，遠方士子游學者，取的當保結，准附順天府學一例考試。」只要考生已經停留了二十年以上，則即可以在京城參加考試。「康熙三十九年（1700 年）覆准：在京冒籍生員，除入籍二十年以上者不議外，余以部文到日爲始，限兩月內具呈自首，改歸原籍。」而其它地方，考生滿足在當地停留超過二十年，或者父母在本地有田產墳地的條件，也可以不用改回原籍了。「雍正七年（1729 年）議：准浙屬冒籍文武生員除入籍二十年以上，有田產廬墓者不議外，其餘照臺灣例限文到兩月內具呈自首。」〔註56〕

第三類是縣屬考生冒考府屬考生。因爲大部分府有單獨的學額，府之下的每個縣也有學額，府屬考生不屬於任何一個縣，考中的幾率相對大一些。比如《蟫香館使黔日記》提到：「然府屬之童，率皆他屬冒考，而武童爲尤甚。貴陽府武童幾四百人，歧考者居其大半，有已取州縣前十名，仍於府屬報名者，名心太切，冀獲一遇，亦不足椿（怪），所宜防者，兩名皆錄，則已承其一，而以其一售於人，此種情事，往往有之。」〔註57〕

第四類是冒考京畿地區，據張仲禮統計，「在 1850 年前直隸的學額數已達到 2845 名，而排名第二的浙江省卻只有 1800 名，但兩省的人口數量實際差距並不懸殊。」〔註58〕當然，童試的學額數不像鄉試一樣只分到各省，而是分到各縣的，所以童試中的冒籍往往是針對少數錄取率較高的縣而言的。在這種情況下，京畿附近的縣因爲學額偏多，成爲冒籍問題的多發區。

三、防止冒籍的措施

爲了防止考生「冒籍」，中央政府在考生報名過程中規定了擔保人制度，對考生行爲進行深度監督與控制。

爲了防止作弊，清代中後期的考生們在參加童試時需由三類不同的擔保人擔保。《中國的科名》提到：「縣考未考之前，先在縣學教官處報名，還得自己求一相熟之廩生作保，如果找不到作保的廩生，那就不能與考。報好名

〔註56〕允祹等：《大清會典則例》卷七十，禮部，清文淵閣四庫全書本。
〔註57〕嚴修：《蟫香館使黔日記》卷四，續修四庫全書第 583 冊，上海古籍出版社，第 618～622 頁。
〔註58〕張仲禮：《中國紳士：關於其在十九世紀中國社會中作用的研究》，李榮昌譯，上海社會科學院出版社，第 156～157 頁。

之後，由教官再派一廩生，作為副保，無此人亦不能與考。」〔註59〕考生自己所找的擔保人稱為「認保」，政府派給的擔保人稱為「派保」。

因為前者是考生自己找的廩生，必定是考生熟識的人，考生會付給擔保人不少的費用，擔保人也會多方照顧考生。「派保」正是為了補充「認保」的漏洞。為了防止擔保人與考生之間串通作弊，中央政府要求，政府派出的擔保人應是隨機指定的，以此防止熟識的人之間相互串聯作弊。乾隆五十五年（1790 年），「軍機大臣議奏：湖南學政張姚成奏：考試童生，向有派保認保之名。嗣後派保，應責令各教官遵例挨派，毋任童生私自認識。而挨派之後，該學政仍不時加意周防，勿致童生賄囑滋弊。」〔註60〕

在上述兩種擔保人之外，還有「互保」制度，即參加考試的考生，相互作為對方的擔保人。互保的考生中間某一人出現問題，其它考生會受到牽連。由於名額有限，不同考生之間存在競爭，這種擔保制度可以使考生之間形成監督。

《學政全書》卷二十二：「乾隆二十四年（1759 年），湖南學政鄭虎文條奏童試事宜，稱考試童生令各州縣查明各童住址，依鄉城都圖造冊，飭取同都同圖之五童互結，教官驗結給冊，監視填寫於卷面上，令該童填寫年貌、都啚及廩生姓名。」〔註61〕童試卷面上需要填寫的具體信息在各地有所不同，不過，一般都有擔保人的信息。在實際考試過程中，擔保人需要負擔一些列的責任。

第一，保證考生報名時填寫的信息為真，即符合報名條件。「取具同考五人之五童互結，亦有無須取具互結者，與本縣認保廩生之保結，保其實無冒籍、匿喪、頂替、假捏姓名，身家清內、非優倡皂隸之子孫，方准應考。」〔註62〕

第二，在報名時和開考當天，擔保人需要與考生一起到報名處、考場外點名，當場確認與試者即為考生本人。「雍正十三年（1735 年）議准：嗣後凡府州縣考試文武童生，即照學政衙門考試之例，令本籍廩生一體保結，仍於點名散卷時識認。」

〔註59〕齊如山：《中國的科名》，遼寧教育出版社，2006 年，第 27 頁。

〔註60〕《清高宗實錄》，卷之一千三百六十三，中華書局，1985 年。

〔註61〕素爾訥：《學政全書》卷二十二，清乾隆三十九年武英殿刻本。

〔註62〕商衍鎏：《清代科舉考試述錄及有關著作》，百花文藝出版社，2004 年 7 月，第 5 頁。

　　第三，在考試過程中，如果考生出了問題，擔保人需要有肯能失去生員身份。《學政全書》：「其廩保不加詳慎，濫保匪人，以致場內生事者，一併斥革。」〔註63〕《學政全書》卷二十二：「但係詭揑數名，連棚應試，及頂借他人姓名，假冒入場，希圖倖進者，照詐冒例杖八十，保結之廩生知情同罪。」〔註64〕

　　清代童試組織過程中的許多規定，在實際執行過程中有許多變化。在《清實錄》中甚至出現廣東的一位考生，讓自己父親擔任自己「認保」的情況，道光二十八年（1848 年），「考試設有認保，原以糾察弊端。該學政考試嘉應州時，該童生竟有以其父兄作爲認保者，是查弊轉以滋弊，殊堪訝異。」〔註65〕從這種情況中，可以看到童試的組織過程的十分鬆散的。

　　擔保人的存在本來是爲了防止考生在身份上的作弊，但是在考生參加考試過程中，擔保人，尤其是「認保」不是只擔負防止考生作弊的角色，而且擔負著爲考生提供考試信息、提供應考指導的角色。對於沒有考過童試的考生來說，後者的作用顯然更大。參加童試過程中的種種複雜的講究，不可能全部由應考複習中的老師口中獲得，需要在參加考試過程中，一面實踐，一面由擔保人現場指導才能獲得。

　　除此之外，清代政府還制定了「審音」制度，也就是爲了確保考生能在本地參加童試，需要考生會說本地的「鄉音」，才准許報名。

　　最初，中央政府決定在容易「冒籍」的地區廣泛的實行審音制度，比如在少數民族地區、在京畿地區，「廣西省土官、土目子弟，有願考試者，先送附近儒學讀書，確驗鄉音收送。如試官竟自收考，及土官禁遏典試者，該撫交部嚴加議處。」〔註66〕實際上只有順天府的大興、宛平兩縣的審音制度一直堅持下來。

　　研究者認爲，「從清初至雍正朝，大體可看作審音確立階段，即推行了審音制度。但這一時期的審音制度還不完善。這表現在負責此項工作者只是地方官。不論是知縣還是府尹，他們都是兼職的。乾隆時期可以看作是審音制度發展、成熟、成爲定制的階段，這一階段的特點是負責審音工作專職官員

〔註63〕素爾訥：《學政全書》卷二十一，提調事例，清乾隆三十九年武英殿刻本。

〔註64〕素爾訥：《學政全書》卷二十一，提調事例，清乾隆三十九年武英殿刻本。

〔註65〕《清文宗實錄》，卷之四百五十九，中華書局，1985 年。

〔註66〕崑岡等：《（光緒）大清會典事例》，卷391，禮部，學校，生童戶籍，臺北中文書局，新文豐出版公司影印本。

的設置。首先是在乾隆四年（1739 年），清政府改變了雍正朝所規定的由順天府府尹『不時稽察』的做法。」〔註67〕設立專職的「審音御史」雖然可以較好的防止冒籍，但卻使童試的組織成本大大提高，所以實際的情況是，即使在大興、宛平兩地，冒籍的現象也始終存在。乾隆二十二年（1757 年），順天學政莊存與奏報了直隸冒籍的嚴重情況，「直隸冒籍生員『自首改正』每學多至五六十名，少者十五六名，尚有未經查出者。」〔註68〕因為童試的組織在根本上是缺少足夠的社會資源的，審音制度也始終沒有得到嚴格的執行。

從上述內容可以知道，清代政府制定了一些政策，希望治理考生「冒籍」的問題，但是並沒有根除「冒籍」的現象。報名參加童試的考生謊報年齡、在身份上作弊的現象，也一直存在。在信息傳播還不完善，可使用的公共資源又十分有限的年代，對於童試中考生身份作弊問題，政府缺少特別有效的辦法。不過，冒籍的作弊方式操作起來十分複雜，與夾帶等方式相比，並非是一種廣泛存在的最方式。

四、廣泛存在的夾帶

在童試舉行的過程中，考生在考場上作弊的情況十分普遍，其中夾帶現象尤其如此。所謂的夾帶，是指考生將與考試有關的資料帶進考場的作弊方式。夾帶的普遍存在，可能是因為童試搜檢制度無法嚴格的執行。很多情況下，童試入場並不執行搜檢，有時是因為沒有充足的經費雇傭搜檢人員，有時是因為缺少專門用於考試的試院，有時是因為雇來的搜檢人員也是本地人，經不起考生的賄賂，或者為了一份人情敷衍了事。於是，夾帶甚至成為了一種「考場風俗」，在童試舉行的過程中，成為最流行的作弊行為。

當然，在《學政全書》中，中央政府對童試的入場做了規定，要求執行搜檢制度，但即使在執行搜檢的情況下，考生也很容易就能把夾帶的書或者有關資料帶到考場上。作為科舉制度「末梢」的童試，總是無法避免制度執行中的散漫。

舉例而言，在乾隆五十四年（1789 年），中央政府甚至專門向各地發出

〔註67〕 《童生試中的審音制度》，引自李世愉：《清代科舉制度考辨》，瀋陽出版社，2005 年 6 月，第 12～28 頁。

〔註68〕 《童生試中的審音制度》，引自李世愉：《清代科舉制度考辨》，瀋陽出版社，2005 年 6 月，第 12～28 頁。

文件，要求各地在按照《千字文》編訂考場座次號時避免使用像「帝」等字，「諭曰：汪如洋奏各屬科試情形摺內，有『東帝二童生錢汝宣、供出高鳳鳴越號求倩』等語。『東帝』二字，自係東文場帝字坐號，然此等字面，不宜編列號房名目，該學政何不檢點若此。各省考試文場東西坐號，向例以《千字文》編排，相沿已久，如京師止用天地黃宇等字，而應避之字，向不列入，外省恐皆一律編寫，殊失敬謹之道。但坐號有限，而千字文內字面甚多，盡足敷用，豈可將帝皇等字編列。即以天元等字排入坐號，均非所以昭祇敬。嗣後京師貢院，以及各直省考棚，所有天元帝皇等字樣，俱不得概行編列。將此通諭知之。」〔註69〕由此可以看到各地童試組織過程中的散漫與隨意。

在考生方面，則極盡其能，破壞考試規則。《蟫香館使黔日記》提到：「間有考生袖銀錢，若口暗遞皁班之手，則雖腰纏萬卷，可以坦然直入矣。此榮弟暨邢僕所目睹也。」〔註70〕因為負責搜檢的人，都是考試組織者臨時雇傭的、社會地位很低的人，甚至不在中央政府規定的童試考務人員的序列中。這些人的工錢很低，而參加考試的考生至少也是讀書人，在社會上擁有一定的威望。負責搜檢的人是不想得罪這些讀書人的，而如果還能得到一些好處的話，自然樂得高喊一聲「搜過」，便讓考生過去了。

有時候，即使考生本人不能攜帶資料進入考場，也可以讓人幫忙在開考之後，從考場外將資料扔進考場內。《蟫香館使黔日記》還提到：「當點名時，邢僕來白，東後號之牆外臨衢巷，牆外拋入書籍甚多，請飭人監視，乃命邢陳兩僕往。來鶴樓之後，俯臨義倉，倉之前即通衢也，自樓之後西南轉，四通六闢，直達儀門，曠然無可局鐍之處也。余擬考後界之以垣，但留一小門，以通更夫過矣。」〔註71〕

考生們最喜歡夾帶的書是字很小的微型「四書五經」，尤其是四書。因為童試最主要的考題，都出自這些書中。有些考題出的很奇怪，是截答題，考生看不懂題目的意思。即使不是截搭題，考生也有可能遇到無從判斷題目出處的情況，比如《仕隱齋涉筆》提到有一次，「有童應院試題出『伯達、伯適』

〔註69〕《清高宗實錄》，卷之一千三百三十五，中華書局，1985年。
〔註70〕嚴修：《蟫香館使黔日記》卷四，續修四庫全書第583冊，上海古籍出版社，第614頁。
〔註71〕嚴修：《蟫香館使黔日記》卷四，續修四庫全書第583冊，上海古籍出版社，第614頁。

句。」〔註72〕這句話出自《論語・微子》：「周有八士：伯達、伯適、仲突、仲忽、叔夜、叔夏、季隨、季騧。」如果考生將四書五經帶進考場，遇到出處不明白的考題，翻一翻書，便可以知道了。否則，考生連考試題目也讀不懂，更無從寫出符合要求的文章了。

《蟬香館使黔日記》提到一次童試時說：「今日首題較難，因諸童多攜《小題文府》等書，雖此次預飭嚴搜，然終未能淨絕。故與澄兄商約改出長題以避之。童子軍中，未免棘手。余蓋戳時，雖發題已一時許，然完起講者不及半，蓋戳畢則午正矣。始發次詩題，余恐不完卷者太多，次題乃擇一極易者，以贖吾點名太遲之過。比至日暮，仍有十餘卷未經終篇，或來籲懇，俱婉言勸退，然吾心終耿耿耳。」〔註73〕

從此處記載便可以知道，童試的組織者在防止考生夾帶的過程中，面臨著諸多意想不到的困難。如果不搜檢，則容易造成人人都夾帶的惡果，這會影響本地的考風；如果嚴格執行搜檢，則考試組織成本會增加很多，中央政府又不負擔這些支出，而且不允許地方隨意攤派。即使搜檢，也不可能完全杜絕夾帶，負責搜檢的人員作為臨時人員大都是本地人，不可能完全聽學政，甚至府縣官員的話。如果為了防止夾帶而將考題出的難度大一些，又會遇到因為大部分考生水平都不高，因此不會作答的問題。

而從考生的角度來說，在所有的作弊手段中，夾帶這種作弊方式是成本最低的，只需要掏一點錢，買一本專門的作弊用書就可以了，即使在考場內被抓住，也不算根本性的問題。在清代，只有少數情況下，才會有考官絕對認真的對待童試中夾帶的問題。比如《笑笑錄》中提到：「縣、府試多傳遞之弊，惟黃公潼鯉局試吾邑，關防嚴密，接遞者慌失題紙。高才生競呼負負草率塗寫而出。汪玉鉉作詩曰：雖饒銀錠與洋錢，題目偏埋淺草邊；小甲巳尋五次後，童爺尚想十名前；虛挨白日嬉遊過，直待黃昏涕泗漣；鄉也善夫都沒有，空餘匪石屢豐年。蓋是日題已冠為：《鄉也未冠為善夫》，經題為《屢豐年》，人皆帶得《伍匪石稿》云。」〔註74〕從此處記載中，非但不能看到治理夾帶與傳遞的嚴肅性，而且能看到當時夾帶的普遍性，不夾帶才是不正常的事情。

〔註72〕丁治棠：《仕隱齋涉筆》卷八，清刻本。

〔註73〕嚴修：《蟬香館使黔日記》卷四，續修四庫全書第583冊，上海古籍出版社，第604～605頁。

〔註74〕獨逸窩退士：《笑笑錄》卷五，《筆記小說大觀》本。

　　所以各地學政在主持考試中只要用心，經常能發現的也是夾帶。從學政的寫給皇帝的奏摺來看，幾乎每次童試，每地童試都有夾帶被搜出。皇帝本人對此從不表態，夾帶的發現和處理完全是各地學政的事務。

　　據文獻記載，有些考官對夾帶的行為非常寬容，「阮文達公為學政時，搜出生童夾帶，必自加細閱，如係親手所抄，略有條理者，即予入學，如倩人所抄概錄陳文者，照例罪斥。」〔註75〕出現這種情況，主要是因為夾帶儘管很流行，卻是一種不大可能對考試的錄取結果產生根本性威脅的作弊方式。考生帶入的資料無非有兩類，一類是四書五經原文，一類是八股文範文或者已經寫好的詩歌範文。帶入四書五經在本質上等於帶入了童試的試題庫，充其量可以幫助考生知道題目的出處，卻不可能幫助考生寫出文章來；帶入範文所能起的作用更是有限，因為童試的競爭激烈，數千人競爭十多個名額，依靠範文、套路注定是考不上的，即使某一場可以幸運的撞上考題，卻不可能在十幾場考試中，每一場都撞上。如果童試的覆試執行的比較規範，前後內容「文理不符」，極有可能被懷疑是「槍替」，考生會遇到更大的麻煩。

　　所以夾帶的流行程度很高，但卻不能從根本上改變考試結果。從原因來看，這也多與客觀物質條件相關，中央政府既無力承擔所有府縣建造試院所需的鉅額費用，也無力承擔為減少夾帶而增加的考務人員的費用，對此種情況基本上睜一隻眼、閉一隻眼，各地的考試組織者也都如此，偶而遇到嚴肅的學政，考生只能認倒楣。

五、串卷、傳遞與槍替

　　在考場內，考生之間相互傳遞資料稱為「串卷」或「換卷」，這種作弊嚴格來說也主要由客觀原因造成。如果某地沒有專門的試院，則考生之間傳遞資料的弊端必然無法克服，因為考生眾多，進場之後座次混亂，熟識的考生坐在一起，監考人員又嚴重不足，考生傳遞資料完全無法控制；如果某地有專門的試院，則考生都在號舍內，傳遞的弊端自然可以解決，因為考生無法離開自己的號舍，也不可能接觸到周圍考生的資料。

　　對於較嚴重的換卷問題，如果不能防備，則可能對考試有較大的影響。有時學政在主持考試時能直接發現，比如雲南學政李星沅即在主持童試時發

〔註75〕陳康祺：《壬癸藏札記》卷十一，清光緒刻本。

現有考生「換卷」,「考場內外,各知畏法,向來陋規既經實力裁革積,亦漸就掃除。惟南雄州屬始興縣童試正場,臣於巡號時,查獲童生謝甘棠、劉用臧換卷作文,當即拏交提調,嚴行審辦。」〔註76〕但是,在理論上,不同考生之間是存在競爭的,所以某位很優秀的考生幫助其它人會影響到自己的利益,所以大多時候,參與「串卷」的人並不會、也不想真正對考試結果形成影響。

「傳遞」是另外一種比夾帶要嚴重一些的作弊手段。「傳遞」一般是指在考試之前,考生預先將試院的牆挖一個洞,開考之後將考題從洞中傳出去,在考場外的槍手寫好作答,再傳遞進考場。比如「乾隆三十五年(1770 年)十一月,田立本在樂山縣與素識之武生鄧道及貧難,起意包攬,得利均分。鄧往攬童生曾添泰、張著文二名,每名議出銀五十兩,以馬大豐店後緊靠考棚西牆,欲在牆下挖眼傳遞,因醫生張燦然與馬大豐傭工尚君佐熟識,遂託張燦然往告尚君佐,許與錢文。田立本等前往店後,用刀挖通一眼,以便臨期穿繩,當時即被查拿。查田立本雖甫經包攬即被拿獲,但前已犯案,不知悛改,實與積慣槍手無異,應照積慣槍手例,枷號三個月,發煙瘴地面充軍。」〔註77〕再比如,乾隆五十五年(1790 年),福建學政吉夢熊給皇帝的奏摺中提到:「六月初六日,臣到試院周覽考棚牆壁,有麗字號、巨字號、珠字號三處皆有微孔,並地道露出孔隙。」〔註78〕相對而言,這種作弊方法過程很麻煩,而且往往證痕跡明顯,很容易被發現。

冒名頂替是另外一種在考場上的作弊方式,這在清代許多文獻中被稱為「槍替」,是一種更嚴重的作弊方式。這種作弊方式對考試公正性的威脅很大,因為考生找的「槍手」可能水平很高,可以幫助考生考中。而且這種作弊方式多是因為童試組織制度無法完善、組織者麻痺大意等才讓考生鑽了漏洞,或者突破了童試的制度限制,所以《學政全書》提到:「槍手代倩,為學政之大弊。」〔註79〕自始至終,「槍替」都是學政最頭疼,也是中央政府最關心的作弊方式。以至於有的學政來到一地主持考試,先要放出告示懸賞捉拿

〔註76〕 李星沅:《李文恭公遺集》奏議卷一學政,清同治五年李概等刻本。
〔註77〕 《四川學政孟超然為遵旨彙陳歲試撞騙頂冒諸弊事奏摺》,中國第一歷史檔案館:《乾隆朝整飭科場史料》,《歷史檔案》,1997 年,第 03 期,第 8～26 頁。
〔註78〕 《乾隆五十五年福建學政吉夢熊奏摺》,中國第一歷史檔案館:《乾隆中晚期科舉考試史料中》,《歷史檔案》,2002 年第 04 期,第 12～21 頁。
〔註79〕 素爾訥:《學政全書》卷二十二,童試事例,清乾隆三十九年武英殿刻本。

槍手，比如《蟬香館使黔日記》提到學政到貴州某地：「發賞格牌，扭送槍手、槍架及招搖撞騙者，皆賞銀拾兩。文生則提一等，廩保攻出槍替亦提一等，童生攻出槍替獎銀伍兩，並准先作佾生。應得獎銀者，屆時牌示日期，不出三日，當堂給領。」〔註80〕

在流傳下來的回憶錄中，可以看到一些槍手替考的具體方法。比如易力原提到：「還有所謂槍手的，文筆有相當水平，甚至有業已進學的人（已進入縣學的生員），一些有錢的子弟自分不能考取，就在院試請槍手操刀，這須經人介紹，言定入了學謝錢幾何，不入學謝錢幾何。入了學有謝錢千串或幾百串的。」〔註81〕

孫陞長所寫的《嚴絕考試諸弊疏》提到：「順天一府，爲首善之區，其頂替尤不可不嚴爲杜絕，近聞通州每屆二十七州縣童試之期，竟有不肖廩保串通學書門斗，設立私局，包攬頂替槍代。將近考試，先將槍手窩藏私局，不令外出，復於酒樓茶社，勾引諸童，公然議價，視每縣考童人數之多寡定，價值之高下議價後，即將諸童引至私局互相面認，以便場中易於覓其文字，得售者即於局中兌銀局中扣取十分之三，彼此利此設局之人所以樂此不疲也。至槍手得以入場之由，或本身在大宛二縣，冒名考童以爲槍代之地，抑或有不肖廩保先於州縣小考之時，攛通數人預先考備，閒名於院考，時即將此名賣與槍手，使得頂名入場，以便槍代。臣以爲此等弊端須責成提調官先於近地密行查訪，嚴行懲辦，務使設局之人不得漏網。」〔註82〕

因爲點名的時候，有專門的識認過程，所以替考的考生很容易被發現，比如乾隆四十九年（1784年），湖北學政向中央政府報告，「五月十六日考試文童，點至咸寧縣周夢筆、李開文，蒲圻縣覃方薪等三名，年貌、聲音均不符合，詰其冊載，祖父名目亦屬茫然，其爲槍手無疑，當即拿究。據供認，實名任滋榮，係襄陽府學生員，頂冒周夢筆姓名；徐談係棗陽縣革生，頂冒李開文姓名：郭攀昆係襄陽府學生員，頂蒲圻縣童生覃方薪空名，希圖入場與咸寧縣童生田志謙換卷。均干法紀，即行革審，隨飭提調密拿周夢筆、李

〔註80〕嚴修：《蟬香館使黔日記》卷五，續修四庫全書第583冊，上海古籍出版社，第80頁。

〔註81〕易力原：《清末科舉童子試的形形色色》，引自：文安：《晚清述聞》中國文史出版社，2001年，第280～293頁。

〔註82〕王文燾：《（道光）重修蓬萊縣志》卷之十二，嚴絕考試諸弊疏，清道光十九年刻本。

開文、田志謙各童，根究雇倩槍冒確情並廩保人等，從嚴定擬。其該管教官失察職名移咨督臣、撫臣，咨部議處。」〔註83〕

可見，替考的關鍵一步是替考人能夠進入考場。《中國的科名》也有記載：「院考時可以作弊，其作弊法，大致可分兩種。一是雇能文之人頂替自己姓名入場。其中也有幾層難處，第一得買通與自己出保之廩生，他與自己當然認識，否則不會給你出保，不買通他是進不去場的。第二或者還要買通教官，否則別的廩生也可以告發。因為教官對這些事，應該注意，所以他有暗探。兩層都買通之後，而學政也許看出來，因為點名簿上，每人名之下，都注有身材之高矮，面色之黑白，有鬚無鬚，學政於點名時，也要審看本人與所注之字樣相合否，倘不相合也有問題。不過這關容易混過，因這身材相貌，大多數都是注身中、面白、鬚無，學政在百忙中，也不容易分析出來，且大堂上只點著兩隻燭，也不夠光亮，更不容易看出。最難過的一關，就是本縣同考之人，尤其是文章較好、進秀才希望較大之人，對這類事情，更為注意。因為每縣秀才有定額，頂替之人占一名去，則他的希望就少了一點，所以他要看出，他是必告發的。」〔註84〕所需條件很多，在實際過程中，操作難度也很大。

《儒林外史》講到，金躍託人用五百兩白銀雇匡超人替考，是提前買通考場管理者，使槍手在開考之前便進入考場，冒充考場服務人員，開考後與考生交換身份。「潘三打聽得宗師掛牌考會稽了，三更時分，帶了匡超人悄悄同到班房門口，拿出一頂高黑帽，一件青布衣服，一條紅搭包來，叫他除了方巾，脫了衣裳，就將這一套行頭穿上。附耳低言，如此如此，不可有誤！把他送在班房，潘三拿著衣帽去了。交過五鼓，學道三炮升堂。超人手執水火棍，跟了一班軍牢夜役，吆喝了進去，排班站在二門口。學道出來點名，點到童生金躍，匡超人遞個眼色與他。那童生是照會定了的，便不歸號，悄悄站在黑影裏。匡超人就退下幾步，到那童生跟前，躲在人背後，把帽子除下來，與童生戴著，衣服也彼此換過來。那童生執了水火棍站在那裡。匡超人捧卷歸號，做了文章，放到三四牌，才交卷出去。」〔註85〕

〔註83〕 中國第一歷史檔案館：《乾隆中晚期科舉考試史料》，湖北學政王懿修為報黃州等地生童歲試情形事奏摺，《歷史檔案》，2002年第03期，第32～50頁。

〔註84〕 齊如山：《中國的科名》，遼寧教育出版社，2006年，第33頁。

〔註85〕 吳敬梓：《儒林外史》，第十九回，臥閒草堂本，清嘉慶八年。

此處《儒林外史》中的辦法可能只是作者的想像，不知道是否有過眞實的存在。一個普通的農民一家人一家有時才有十兩銀子的收入，生員的身份在當時人的眼裏，是否眞的值五百兩銀子是值得懷疑的。在制度上，童試開考之前考場上是沒有人的，開考時，所有考試服務人員需要按照順序進入考場，最不受重視的便是爲考生服務的「號君」。開考後「號君」可以隨時走動，在這種意義上，號君與考生交換一下位置是可能的。但是理論上，開考之前考生並不知道自己的座位，需要槍手在有上千名考生的考場上四處尋找，這極容易被發現。此外，對於「號君」等人員，《學政全書》要求：「前一日，皆開具姓名冊呈驗，仍於隔別州縣，分撥二班，以備臨期調換。」「以上除職官原有職守，各吏役人等，須擇忠實勤敏者送用。如有受賄傳遞等弊事發，並生童一體重究，提調官亦不得辭責。」〔註86〕即首先，開考前一日才臨時決定各人的工作；其次，登記姓名，以防止出現問題時無從糾察；再次，不用本地人；最後，在人員選擇上，要找可靠的人，提調官本人擔負連帶責任。

最重要的是，考生不可能一連數場都像《儒林外史》中寫的那樣作弊，更不可能在縣、府、院試中都這樣，在覆試中這樣做的可能性更小。如果考生前邊的考試存在問題，在覆試中便會露出馬腳，因爲覆試往往是由學政親自與考生見面。比如雲南學政李星沅在覆試中變發現了一些問題，「南雄州取進童生劉盛蓮，查核州考試卷筆跡不符，亦即扣除發審，此外尚有肇慶府屬廣寧縣童生樊應麟，韶州府屬翁源縣童生劉自如等，招覆文理不符，訊明錄舊，照例扣除。」〔註87〕

清代《仕隱齋涉筆》提到一則戲劇性較強的故事：「有富家子文字不佳，過縣試倩槍入場，一試冠軍，眾歡嘩。官提堂號試之，又賄官之侍人，代爲傳遞，四試皆第一。眾知其由，請官面試，不令侍人近童身，方杜弊，官如請。將富家子通身搜括，閉置室內，隨寫題紙，自送入室，出則鎖戶，驅詩人去，歷半晌，獨入驗之見。童伏案，輾轉未成一字。詢之，童曰：『素習腹稿，文之局勢已定，隻字句欠酌，故未落筆耳。』官出俟之，仍封鎖，嚴禁人窺覘。日過晡，官復入，見全篇謄就，閱其文洋洋灑灑，豐腴流暢，童軍申射雕手也，大加獎異，貼文示眾，遂定案首焉。眾亦驚詫，不解其由，久乃探知，仍是侍人作弊，方官下題時，已將題紙飛出。及官入驗，槍已脫稿，

〔註86〕素爾訥：《學政全書》卷二十二，童試事例，清乾隆三十九年武英殿刻本。
〔註87〕李星沅：《李文恭公遺集》奏議卷一，學政，清同治五年李概等刻本。

暗黏官之背衣上，俟轉面，童隨步扯之，官疑童之送己也，卻之曰：『何必起送，急坐作文可也。』迨官再驗，已贗眞完卷矣。妙在即藉官身傳稿，眞賊智也。」〔註88〕

不管怎樣，考生們總能想出各種鑽漏洞的辦法來。《清稗類鈔》提到：「粵東科場積弊至多，槍替其一也。蔡伯浩觀察乃煌爲諸生時，尤憂爲之，故雖已入泮多年，而縣試、府試、院試皆往往必售，蓋包辦也。粵人謂之一條蔥，猶一條鞭也，蔡之冒名頂替，歲以爲常，幾於一歲易一姓名焉。」〔註89〕所以，替考的問題實際上也一直存在，加上當時的技術條件本來十分有限。點名時天還不亮，即使不是考生本人，也很容易蒙混過關，而且考生找的槍手必然都是久經考場的考生，寫作水平大都很高，這確實嚴重影響了考試的公正性。

六、防止槍替的措施

在技術條件有限的情況下，如果考試組織者麻痹大意，槍替這種作弊方式便有了可行性。對付「槍替」的辦法主要從考試組織的角度進行。

首先，加大懲罰力度，《學政全書》：「若不嚴定治罪之條，終難徹底澄清。嗣後凡有代筆之槍手，照『誆騙舉監生員人等財物、指稱買求中式例』，枷號三個月，發煙瘴地方充軍。其雇倩代筆之人，照『舉監生員央浼營幹買求中式例』，發煙瘴地方充軍。知情保結之廩生，照『知情不首例』杖一百。再，槍手之弊，多由包攬之徒，隨棚窩藏射利，嗣後如有包攬之人與槍手同罪，其窩留之家不知情者，照不應重律治罪。倘有別情，從重科斷，其有入已贓銀者計贓，以枉法從重論。如有仍前草率完結者，該督撫即行查參，將該學政、提調官分別嚴加議處。」〔註90〕

其次，加大擔保人所應該承擔的連帶責任，即使負責擔保的廩生是出於疏忽，導致入場時沒有認清，也照樣需承擔責任。一旦出現所擔保對象爲他人頂替，廩生身份即行作廢。《學政全書》：「乾隆三十二年（1767年）議覆：考試之弊，莫甚於槍倩。槍倩案發，廩生輒推黑暗，未及認明，或係眼花，未經熟視。承審之員，據情議罪，多照不應律擬杖，原革衣頂尚予開復，恐

〔註88〕丁治棠：《仕隱齋涉筆》卷三，清刻本。
〔註89〕徐珂：《清稗類鈔》21，考試類，中華書局，1984年。
〔註90〕素爾訥：《學政全書》卷二十二，童試事例，清乾隆三十九年武英殿刻本。

貪冒狗隱之輩，罔知警畏。請嗣後凡槍倩等案，除廩生有知情受賄者，衣頂革除，照例問擬外，其餘稱係一時疏忽。或被人欺蔽者，查訊屬實，亦即停廩開缺，將本生降附肄業。」〔註91〕

　　再次，考試組織者認真執行入場的點名時認。從學政的奏摺來看，許多「槍替」的作弊手段並不高明，很容易被發現。比如乾隆四十九年（1784年）湖北學政王懿修的奏摺中提到：「每於點名時，率同提調留心察看。五月十六日考試文童，點至咸寧縣周夢筆、李開文，蒲圻縣覃方薪等三名，年貌、聲音均不符合，詰其冊載，祖父名目亦屬茫然，其為槍手無疑，當即拿究。據供認，（周夢筆）實名任滋榮，係襄陽府學生員，頂冒周夢筆姓名；徐談係棗陽縣革生，頂冒李開文姓名；郭攀昆係襄陽府學生員，頂蒲圻縣童生覃方薪空名。」〔註92〕

　　最後，重視覆試制度。按規定，院試的最後一場之後，還要舉行一次覆試。此時，考生們經歷層層淘汰，只剩下了三四十人，學政有精力仔細面對所有考生了，覆試有時還會增加面試。乾隆五十年（1785年），廣東學政平恕提到「至童生取進後，覆試尤關緊要。」〔註93〕《蟬香館使黔日記》提到：「（覆試）於發題時以紙書數語示諸生，叩以家藏何書，所常讀者何書，所最熟者何書，所最好者何書，平日所作詩文，何體最多，各令用片紙行書開寫，隨蓋戳時呈閱。旋次第開送，各與敘談甚久。是日牌示准其繼燭，因題目大難，令各盡所長。」〔註94〕這是當時覆試時面試的考題。

　　有時，考試組織者在覆試之後逐一核對考生的試卷，在這個過程中經常發現「文理不符」的現象。有時，只要被認定為「文理不符」，即使沒有「槍替」，也會取消考生的考試成績，交給地方官員審查。

〔註91〕素爾訥：《學政全書》卷二十二，童試事例，清乾隆三十九年武英殿刻本。
〔註92〕《湖北學政王懿修為報黃州等地生童歲試情形事奏摺》，中國第一歷史檔案館：《乾隆中晚期科舉考試史料上》，《歷史檔案》，2002年第03期，第32～50頁。
〔註93〕《廣東學政平恕為報潮州等地生童歲試情形事奏摺》，中國第一歷史檔案館：《乾隆中晚期科舉考試史料中》，《歷史檔案》，2002年第04期，第12～21頁。
〔註94〕嚴修：《蟬香館使黔日記》卷三，續修四庫全書第583冊，上海古籍出版社，第593頁。

七、考生作弊舉例

清代末年，安徽婺源縣（今屬江西）考生詹鳴鐸從光緒二十五年（1899年）開始，直到科舉考試結束的光緒二十五年（1905年），一共七次參加童試，其晚年撰寫的回憶錄《我之小史》，詳細的回憶了此間每次考試的情況。以詹鳴鐸的回憶爲實例，可以更加具體的看到清代晚期童試作弊的基本情況。

光緒二十五年（1899年），詹鳴鐸第一次參加童試，此時他的水平還很差。縣試的考試詩題試爲「『不辨仙源何處尋』得『源』字」，要求據此寫一首五言六韻詩。「源」韻很難押，詹鳴鐸沒有思路，於是也參與了作弊。此次縣試，考生沒有專門的座位，同來參加考試的同學都坐在一起，有的已經寫完準備交卷了，其中一位叫桂臣的考生路過詹鳴鐸的位置，打了聲招呼。坐在詹鳴鐸一旁的另外一位叫玉軒的考生也不會寫詩，想讓桂臣代寫，他不肯。詹鳴鐸也求他幫忙，桂臣幫助詹鳴鐸寫了兩句，「尚憶紅遮路，因知綠映村」，「月色流觴過，風光煮粥論」，詹鳴鐸寫了第一句，「途難逢菊徑，路不辨桃源」，勉強湊成了一首詩。在激烈的競爭之下，這樣湊成的詩必然是通不過的。結果詹鳴鐸縣試直接被淘汰。〔註95〕

第二年，詹鳴鐸參加院試，這是詹鳴鐸第一次參加這麼嚴肅的考試，很多規矩都不太懂，比如揭浮籤的時候要輕點，不要撕破了卷面等事項。這些問題的解決，得益於所旁邊的一位考生指導。嚴格來說，這也是作弊。〔註96〕

光緒二十六年（1900年）冬天，詹鳴鐸再次參加縣試。這一場考試，知縣李延慶監考非常嚴格，考場的牆外專門派了士兵看守，裏邊也有專門人員巡查。在回憶中，詹鳴鐸提到了其它考生作弊的情況。與詹鳴鐸有親戚關係的進士江峰青的長子江孟符，想要把考場的牆洞挖開，以便得到考場外槍手寫的作答，看守的士兵前去阻止，江孟符不聽勸阻，反而跟看守的士兵打了起來。此次考試，一位考生曾當著詹鳴鐸的面用手挖開考場的牆壁。詹鳴鐸出場後，仍看到一位叫做庭植的老師在場外「猶爲人捉刀送進去」。〔註97〕

光緒三十年（1904年），詹鳴鐸再次參加縣試，其中第三場參與作弊。這

<hr />

〔註95〕詹明鐸：《我之小史——新發現的徽商小說》，王振忠整理，安徽教育出版社，2008年8月，第111～112頁。

〔註96〕詹明鐸：《我之小史——新發現的徽商小說》，王振忠整理，安徽教育出版社，2008年8月，第116頁。

〔註97〕詹明鐸：《我之小史——新發現的徽商小說》，王振忠整理，安徽教育出版社，2008年8月，第122～123頁。

一場題目有兩個，詹鳴鐸與一同參加考試的二弟進行了分工。考題「鷹化爲鳩賦萬物並育而不相害爲韻」，詹鳴鐸負責寫；「郭子儀論」，二弟負責寫。這一場詹鳴鐸考得第二等，二弟則考了第一等第五十名。

光緒三十一年（1905 年），詹鳴鐸第七次參加童試，通過了縣試和府試。到農曆四月十四日，他去參加院試，第一場題目是「我欲行禮，子敖以我爲簡，不亦異乎」（出自《孟子・離婁下》），第二題是「大夫以法相序，士以信相考」（出自《禮記・禮運》）。詹鳴鐸的第一篇文章寫得很順利，但是到了第二題，一看題目竟然不知道出自哪本書。在這種情況下，他的文章極有可能寫的偏離本來的主題。這時候詹鳴鐸看到一位叫做楚鳴的考生是原來認識的人，便悄悄問他，楚鳴低聲回答，可能是出自《禮運》裏的話，詹鳴鐸趕忙翻《禮記》，並且查看《禮運》的注解，才終於寫完了這一篇。從這裡可以看到，院試入場沒有搜檢，詹鳴鐸是帶著書本進考場的。此次詹鳴鐸通過了院試，不過此時詹鳴鐸的文章已經寫得很好，在當地已經十分有名氣了，所以嚴格說來，此次能夠考過，仍歸功於其寫文章的水平。畢竟同去的考生有千餘人，其它考生也都有條件可以作弊，但是只有文章寫得好的才能通過考試。

幾天之後，四月十八日，詹鳴鐸要繼續參加院試的覆試，這是整個童試的最後一次考試了。覆試之前，學政再次發布規定，要求考生不准帶書進考場，但是詹鳴鐸仍想帶書進去。有人勸他別帶了，於是他就想「還是別帶了」，不一會又有人勸他帶上，詹鳴鐸猶豫不決。二弟提到，詹鳴鐸手裏的「四書」體積太大了，不方便攜帶，要另買小字本帶上，一位叫做胡任的考生也勸說：「你這個時候，還惜銅錢麼？」詹鳴鐸付了錢，讓二弟代買。「次早十九，繫書於腰，至院門首，紛紛聚議，言裏面搜檢甚嚴，恐蓋懷挾，不如卸書勿帶，苦憐我又將書卸下，交付廩保。」這位久戰不利的考生，最後還是選擇了不帶書，其實在進場的時候才發現，這次考試並沒有搜檢。沒有帶書的詹鳴鐸此次終於通過了童試，成爲了生員。〔註98〕

從詹鳴鐸回憶的自己親身參與及其所見到的作弊的情況可知，在七次考試中出現的各類作弊中沒有出現考生勾結考官的現象。考生嘗試通過考場外槍手代答的現象出現過，不是詹鳴鐸本人參與，而且沒有成功。詹鳴鐸直接參與的作弊主要有串卷和夾帶。其中兩次縣試在考場內串卷，一次是讓認識

〔註98〕詹明鐸：《我之小史——新發現的徽商小說》，王振忠整理，安徽教育出版社，2008 年 8 月，第 158〜160 頁。

的考生桂臣幫助寫了兩句詩，但是因為考生間的水平相似，且因為考生之間存在競爭，是在桂臣很不情願的情況下出現的，詹鳴鐸也只是為了湊數完篇，完全沒有對考試結果產生影響。第二次是與二弟一起參加考試，這次兄弟二人分工之後對考試結果產生了一定的影響，因為是親兄弟，所以相互之間不存在嚴格意義上的競爭，才出現這樣的情況。

第三節　錄取率及分析

在《劍橋中國清代前中期史》中，艾爾曼提到：「儘管在理論上，科舉考試對所有人開放，但其中的經典內容，將百分之九十以上的人從科舉考試的第一步就排除在外了，這些人更談不上進一步的成功。」〔註99〕更加具體的童試錄取率則一直未有學者注意到。清代各地參加童試的人數眾多，而且在清代中期，全國總人口數量翻倍增長，各地的考生的人數也大量增加，但相比之下，童試的學額，也就是每屆童試可以錄取的生員名額並沒有出現較大的增長。規模龐大的考生群體明顯降低了童試的錄取率。

一、東部地區

因為童試本身也是府縣地方官學的入學考試，所以童試的錄取名額即是不同地區官學的錄取名額。清代童試的學額一直分為大中小三個等級，分別稱為「大學」、「中學」、「小學」，分別表示「規模較大、中等、較小的地方官學」。在清代初年，童試學額被中央政府嚴格控制。生活在明末清初的葉夢珠在《閱世編》提到：「吾生之初，學校最盛。即如上海一學，除鄉賢奉祠生及告老衣巾生而外，見列歲科紅案者，廩、增、附生，共約六百五十餘名，以一府五學計之，大概三千有餘，比昔三年兩試，科入新生每縣六十餘名，歲入稍增至七十，其間稍有盈縮，學臣得以便宜從事。是以少年子弟，援筆成文者，立登庠序。一時家弦戶誦，縣試童子不下二三千人，彬彬乎文教稱極隆焉。順治乙酉（順治二年，1645年），江南初定，學政悉仍舊制。至三年丙戌，始裁定入泮額，大縣不過四十名，中三十名，小二十名。學臣恪遵功令，

〔註99〕艾爾曼：《清代前中期士人的社會角色》，引自彼得生：《劍橋中國清代前中期史》。WILLARDJ.PETERSON.THECAMBRIDGEHISTORYOFCHINAVolume9 PartOne: TheCh'ingEmpireto1800, PrincetonUniversity, CambridgeUniversityPress2002：362.

不敢稍逾一人矣。」〔註100〕到順治十五年（165 年），各地學額比順治初年減少了一半以上，「大學」從 40 名減少到 20 名，「中學」從 30 名減少到 15 名，「小學」由 20 名減少到 4～5 名。

　　這種狀況一直持續了很多年，除了童試從三年一次變爲三年兩次之外，只有「小學」的學額稍稍有所增加，「康熙十二年（1673 年），三年內童子入學，府學止二十名，大學止十五名，中學止十二名，小學止七八名。」〔註101〕雍正二年（1724 年）上諭認爲「直省應試童子，人多額少，有垂老不獲一衿者」，於是對學額進行了普遍調整，許多地區從「小學」變爲「中學」、「中學」變爲「大學」。此後，各地的學額保持了基本穩定，在乾隆年間則出現零散的增加。不過，在清代中後期的大部分時間裏，考生數量增加的額度比要學額大的多，考中生員在許多地區是非常困難的。

　　根據現有的文獻。從總體上來看，清代中期各省主要地區童試的錄取率大都在 1% 左右，不同的地區可能有所不同。

　　以安徽省爲例，從有關文獻中可以看到，該省不同的縣參加童試的考生數大概有三個等級。第一等級爲少數文風較好的縣，每次參加童生試的考生可能多達幾千人。比如安徽省桐城縣，「桐城，皖巨縣也，名臣學士代興，每考童子軍三四千人，不凡才自有之矣。」〔註102〕據《學政全書》規定，該縣童試的錄取名額爲 25 人。如此算來，該縣的童試錄取率在 0.6%～0.8% 之間，這是第一等級的縣。這類的縣可能是少數。第二等級爲普通的縣，參加童試的考生數大約爲 1000 人。《（乾隆）霍邱縣志》記載：「安徽所屬各州縣儒童邀恩加額取進者，共三十五州縣，今霍邱應試童子幾及千人，入學止十二名，則是猶仍小學之舊也。」〔註103〕該縣考生較少，但是錄取名額也少，因此錄取率也在 1% 以下。當然，上述兩例錄取率的數據在當時都被認爲過低，應增加錄取名額。第三等級的縣，參加童試的考生數一般爲幾百人，或者接近一千人。比如位於安徽省東南部的繁昌縣，「繁邑應試童子試者向僅三四百名，近因人才倍盛，應試者至八百餘名。」〔註104〕該縣的童試考生數大概 800 名，

〔註100〕葉夢珠：《閱世編》卷二，學校，上海掌故叢書本。
〔註101〕素爾訥等：《欽定學政全書》卷九，武漢大學出版社，2011 年 9 月。
〔註102〕廖大聞：《（道光）續修桐城縣志》卷第三，清道光七年修十四年刻本。
〔註103〕張海：《（乾隆）霍邱縣志》卷之五，清乾隆三十九年刊本。
〔註104〕曹德贊：《（道光）繁昌縣志》卷之八，清道光六年增修，民國二十六年鉛字重印本。

但是根據《學政全書》、《重修安徽省通志》等文獻記載，該縣童試的錄取名額一直爲 16 人，這樣錄取率則可以達到 2.5%左右。

上述安徽省的情況大致代表了我國中東部地區的一般情況。與康有爲的《戊戌奏稿》中的說法基本吻合：「童生者，士之初基，吾國凡爲縣千五百，大縣童生數千，小縣亦複數百」〔註105〕康有爲的《戊戌奏稿》雖有後期增補的成分，不過關於童試考生人數的說法，應該是當時的一些人的基本認識。《清續文獻通考》的記載也提到：「乾嘉極盛時，大縣應童子試者三四千，人小縣二三千人。」〔註106〕「極盛」時的情況自然比康有爲提及的人數要多一些。

每個省內部的各個縣的情況是有所差別的，但每個縣的錄取名額都有上限。這樣，對於文風較盛的地區，由於考生較多，名額難以增加，所以錄取率非常低；反而少數錄取名額不少，考生卻很少的地區，童試錄取率則較高。總得來看，安徽省的童試錄取率大約在 0.6%～2.5%之間。

江浙地區爲清代文教最發達的地區，常州人洪亮吉《卷施閣集》提到「吾鄉應童子試者至三千人」〔註107〕，不過，這可能是當時整個常州府的情況。錢維城的《錢文敏公全集》中有一篇《江山縣重修儒學記》，其中提到：「江山應童子試者千餘人，其得補弟子員者才十二人，是以百人而得一也。」〔註108〕江山是浙江省西南地區的一個縣，錄取率也在 1%上下。不過江浙地區有不少錄取率高於 1%的記載。

與安徽相比，該地區一般的縣考生人數大約有 1500 人，但是這一地區的名額也較多，因此錄取率反而比安徽高一些。比如胡鳳丹《退補齋詩文存》：「永邑童試千一百餘人，至是彬彬日盛，益自奮於文學矣。」〔註109〕這裡的永邑說的是浙江永康，《學政全書》記載的該地錄取名額爲 20 人，錄取率高於 1%。《（光緒）江陰縣志》提到：「江蘇爲人文淵藪，各屬試院皆漸次增廣，而常郡猶仍舊制，東西兩文場僅容千四百人……編列坐號，華離紛糅，巡徼難周。」〔註110〕1400 人的試院容不下所有考生，這可以證

〔註105〕康有爲：《戊戌奏稿》，清宣統三年本。
〔註106〕劉錦藻：《清續文獻通考》卷一百四學校考十一，民國景十通本。
〔註107〕洪亮吉：《卷施閣集》文甲集卷十，清光緒三年洪氏授經堂刻，洪北江全集增修本。
〔註108〕錢維城：《錢文敏公全集》茶山文鈔卷六記，清乾隆四十一年眉壽堂刻本。
〔註109〕胡鳳丹：《退補齋詩文存》文存卷七，清同治十二年退補齋鄂州刻本。
〔註110〕盧思誠：《（光緒）江陰縣志》卷之一，清光緒四年刻本。

明考生數應在 1400 以上，但是不會太多，《學政全書》規定，該縣的童試錄取名額爲 25 人，錄取率高於 1%。薛福成《庸庵筆記》提到：「錫、金兩縣於承平時童生應學院試者一千數百人，而學額僅三十人。」「世俗之視生員也頗重，而得之者亦頗難。」〔註111〕當然，錄取 30 人，其錄取率大約爲 2%，但是已經遠遠高於像桐城這樣的縣了。江蘇省各地的考生數量可能都很多，即使在蘇北地區也是一樣，比如「寶應爲郡試之所，士子雲集，不下數千輩，隘迫不能容悉。」〔註112〕

江浙兩省內部也不完全是一樣的，浙江中西部的山區縣，考生數量相對較少，大約爲 1000 人左右，比如浙江省中部東陽縣「邑舊於應事校士千餘人。」〔註113〕《大清一統志》記載，該縣童試錄取名額 25 人，則該縣錄取率爲約 2.5%。再比如浙西錢塘江上游的常山縣，「應試武童一千二百餘人」〔註114〕《學政全書》規定該縣童試錄取名額爲 20 人，也能達到 2% 左右。

二、中西部地區

與上述安徽省內分爲三個等級的情況類似，北方的陝甘省（注：本文主要以今天的陝西省部分爲主）的內部也大致分爲三個等級，但是錄取率總體上也比安徽省可能高一些。比如位於陝西關中平原東部的大荔縣，參加童試的考生能達到兩千人。《（道光）大荔縣志》記載，該縣清代中期「人文蒸蔚，童子試獲二千有奇，（試院）新築且不敷坐。」〔註115〕而《學政全書》規定，該縣童試錄取名額爲 22 人，錄取率爲約 1%。陝西省東部某縣，屬於「陝西同州府之屬，縣地雖褊小，而弦誦之士所在多有，每縣試時，應試童生幾及千人。」〔註116〕對於陝西小縣洴陽縣，情況則是：「夫洴，小邑也，編戶僅祇四里，納賦不過五千，而童試則四百有餘，入學則十二爲額，文風之較他屬又何讓焉。」〔註117〕相比之下，該縣的錄取率高一些。

所以根據上述文獻可以看到，大約在清代中期，童試錄取率的基本情況

〔註111〕薛福成：《庸庵筆記》卷六，筆記小說大觀本。

〔註112〕許應鑅：《（光緒）撫州府志》卷十八，清光緒二年刊本。

〔註113〕黨金衡：《（道光）東陽縣志》卷之六，民國三年，東陽商務石印公司石印本。

〔註114〕李瑞鍾：《（光緒）常山縣志》卷六十七，清光緒十二年刊本。

〔註115〕熊兆麟：《（道光）大荔縣志》足徵錄卷二，清道光三十年刻本。

〔註116〕李恩繼：《（咸豐）同州府志》文徵錄卷中，清咸豐二年刻本。

〔註117〕羅璧：《（道光）重修洴陽縣志》卷十，清道光二十一年刻本。

爲，與中部的安徽省相比，北部如陝甘等邊遠地區以及江浙等文教最發達的
地區的錄取率較高。這可能是因爲隨著教育的發展，中部地區應考考生逐漸
增多，大大超過了文教不發達的地區，甚至趕上江浙地區，但是錄取名額沒
有江浙地區多。同時，文教落後地區的錄取名額並不比發達地區少很多，所
以童試錄取率反而因爲考生較少而變得較高。

　　上述結論顯示位處中部地區的安徽省的錄取率較低，而河南、江西、湖
北、湖南中北部等地區的情況與安徽省的十分類似，考生眾多，而名額不夠
多。有文獻顯示，位處我國中部地區的河南省西南部的南陽縣考生數能達到
兩千，「自嘉慶以來，文童應試者眾幾二千人，試院湫隘，不能容。」〔註118〕
《學政全書》規定的南陽縣的童試錄取名額爲 20 人，錄取率約 1%。而《（光
緒）江陰縣志》同時提到：「武陽、宜、荊應試文童每場率二千以外。」〔註119〕
以宜昌爲例，《學政全書》中規定的錄取名額爲 15 人，錄取比例遠低於 1%。
武陽在江西省，而宜、荊則在湖北省，同屬於長江中下游的中部地區。清代
《白華前稿》的《宜昌試院爾雅堂記》提到：「宜昌之東湖縣，故彝陵州，屬
荊州府，童試者不下千六七百人。〔註120〕《（嘉慶）湖北通志檢存稿》則提到：
「武昌之興蒲，黃州之黃蘄，德安之應孝，安陸之景沔，長沙之茶攸，岳州
之華安，童生應試多者至三四千人，少亦不下千餘。義興崇尚古博，力洗庸
滑，南國雄風，矜奮頭角，每試佳者至十餘人，限於定額，文又不忍遽棄。
當夜分酒闌，燭光炯炯，展轉歎賞，聲與淚下，不得已循行故事，附之紅案，
事雖私而心實公也。」〔註121〕因爲錄取名額太少，而考生很多，且優秀的考
生很多，這種情況讓有責任的考官非常爲難，以至於感歎落淚。

　　與中東部相比，清代我國西南地區、邊疆地區的大部分州縣考生數都比
較少，這導致了西南地區、邊疆地區童試擁有較高錄取率。這也是中央政府
有意爲之，西南地區少數民族眾多，漢族與少數民族雜處，爲了防止民族紛
爭，中央政府爲此設置了較多的錄取名額，而邊境地區關乎國家邊防安危，
所以也能得到特別的照顧。

　　以貴州爲代表，位於武陵山脈主峰的松桃廳，「原隸銅仁，既設廳而文教

〔註118〕潘守廉：《（光緒）南陽縣志》卷六，清光緒三十年刊本。
〔註119〕盧思誠：《（光緒）江陰縣志》卷之一，清光緒四年刻本。
〔註120〕吳省欽：《白華前稿》卷十，清乾隆刻本。
〔註121〕章學誠：《（嘉慶）湖北通志檢存稿》，存稿三，民國劉氏嘉業堂刻章氏遺書本。

日昌，人才亦日廣，三十年來，家弦誦戶，詩書匪惟，掇科多人，即應試文童亦逾二百，駸駸乎有人浮於額之盛勢。」但是起初該廳考生數非常之少，「竊照松桃自嘉慶三年改設直隸廳，專立學校時，因事屬創始，僅有銅仁府撥歸管轄之，烏羅、平頭兩司童生應試，每次不過三四十名，武童二十餘名，酌照貞、豐、荔、波等學之例，取進文武童生各四名。」即使有 200 名童生參加考試，該廳文童的錄取率已經達到 2.5% 了。即使這樣，該廳的士人也向中央政府申請希望參照「鄰封之湖南鳳凰直隸廳，學額進文童八名，武童六名。」對此，中央政府沒有批准，但是卻允許文童增加 2 人，成為 6 人，武童增加 1 人，成為 5 人。「惟援照湖南鳳凰直隸廳學加額之數，未免過多，今據該司道等詳稱於松桃廳原額文童四名之外加進二名，原額，武童四名之外加進一名。」〔註122〕錄取率達到大約 4%

　　貴州省少數民族較多的「郎岱廳應試文童三百餘名，人數較多……安順府學二十名之內，裁撥二名，共計十名，作為郎岱廳定額，照舊漢苗合考，武生一體增設。」〔註123〕錄取率大約 3% 同樣少數民族較多的永寧州，「文童應試者四百二十二名，武童應試者僅三百二十六名，若照文童之例亦加額二名，似無區別，臣部按數定額准其於原設八名之外，加增一名，以昭平允。」〔註124〕根據此處文獻，武童 326 人，甚至都可以增加學額，達到 9 人，錄取率接近 3%，遠高於中東部地區。再比如「施南府宣恩、來鳳、咸豐、利川四縣，應試文童多至二三百名，武童亦近百名，奏請加額，於是利川加文額二名，武額一名，並原額助餉額永為文學額八名，武學額五名。」錄取率也高於內地。

　　總的來看，貴州省的許多地區，同時錄取率大約在 2.5%～4% 之間，平均錄取率可能為 3% 左右，遠高於內地的錄取率。

三、總體分析

（一）錄取率與地方教育

　　根據上述文獻，清代我國中部地區主要省份各縣的童試錄取率很低，但是在這些省份的一些偏遠山區縣，由於參加考試的考生數量偏少，因此錄取

〔註122〕蕭管：《（道光）松桃廳志》卷之八，清道光十六松高書院刻本。
〔註123〕鄒漢勳：《（咸豐）安順府志》卷之四十四，清咸豐元年刻本。
〔註124〕黃培傑：《（道光）永寧州志》，補遺，清道光十七年刊本。

率則可能會高一些。但是總體上，一名生活在清代中期的考生，如果想要考中生員非常不容易，這也是基層社會資源稀缺的重要表現。

不過，從考生數量的角度則可以看到地方教育的一般情況。康熙四十五年（1706年），江蘇考生沈起元在22歲時考中生員，其父親認爲：「讀書人中舉人、進士，如食山珍海錯，可得可不得。秀才如粥飯，不可無也。」〔註125〕在清代，參加童試是讀書人的家常便飯。對於很多讀書人來說，參加童試成爲維持其讀書身份的重要途徑，無論水平怎麼樣，無論考中的機會大與小，總要去參加幾次童試，哪怕參加童試得到的利益微乎其微，也照樣要參加。於是，對於地方社會來說，大量考生參加童試，這成了社會文化的重要組成部分，也成爲地方教育發展的重要標誌。

根據目前已知的數據，考生初次考中生員的年齡並不大。一個普通的考生要學會用幾百字的文章表達，最低年齡也要十三、四歲，而要達到熟練，至少還需要幾年時間。研究者認爲，大部分考生在不滿二十歲的時候就已經考中生員，也就是考中生員的考生大部分經歷兩屆學政。要知道，在錄取比例爲1%的情況下，絕大部分考生實際上是考不中生員的。而且在清代，一輩子堅持參加科舉考試的人，大部分都是考中生員之後再繼續參加鄉會試，很少有連一介生員都不是，卻還數十年的堅持考試的人。因爲有了生員身份之後，一個人就可以過上比較體面的生活了，而經過多次考試之後也不能考中生員的人，則會面臨生活壓力和外部輿論的壓力，大部分都會放棄繼續考試。所以參加童試的考生雖然多，但是「新人」總是很多，童試對基層讀書人的發揮著極大的「篩選」功能。

而參加童試的考生如此之多，在清代中期，在經濟條件稍好的少數民族地區，每次參加童試的人數也能達到數百人，比如《永州府志》記載「高山猺，習俗猶舊，平地猺，則多讀書能文之士，近年應童試者多至百餘，生員考列多高。」〔註126〕而內地一般的縣都能達到不少的人數，而且越到後來，人數越多，甚至多達數千人。比如「豐城，江西大縣，童試多至三千人」〔註127〕，山東濟南某縣「童試多至三千餘人，歷三試風清弊絕」。〔註128〕

〔註125〕沈宗約：《敬亭公年譜》，北京圖書館藏珍本年譜叢刊第92冊，第524頁。
〔註126〕隆慶：《（道光）永州府志》卷五下，清道光八年刊本。
〔註127〕張象津：《白雲山房集》卷四，清道光十六年重刊本。
〔註128〕王贈芳：《（道光）濟南府志》卷五十五，清道光二十年刻本。

清代地方社會教育的發展程度，在很大意義上可以從參加童試的考生人數看出來。從文獻中可以瞭解到，在清代嘉慶至道光年間，山東省濟南府一個縣的人口數大約在 10 萬至 20 萬之間〔註129〕，每年的適齡兒童可能有幾千人，如果每次童試報名人數能達到幾千人，這至少可以顯示當時教育普及的程度已經不低。因爲一個人只有在接受了一定年限比較成熟的教育之後才能報名參加童試。《齊如山回憶錄》提到：「作文章，即是作八股。這便名曰『開筆』，凡作此者，就算是大學生了。」〔註130〕參加童試的人算是讀書的程度已經比較高的人，僅僅做到能讀書識字的兒童是不可能參加童試的。

從全國過範圍內來看，每屆童試，清代中期十八個省某一次參加童試的考生總人數可能達到數百萬人。比如研究者認爲，「若以每縣一千五百人計算，當時全國約有一千三百個縣，總人數差不多達到四百五十萬人。」〔註131〕當然，各地的童試並不是像鄉試那樣幾乎同一時間開考，而是由各地的考試主持者決定考試日期。不過，一個國家在十分落後的物質生產條件（比如交通、信息傳播等）下，將如此大規模的基層社會的考生組織起來參加基本統一的考試，已經是很不容易的事情。在這樣的清況下，童試組織中便難免存在著一些問題，比如童試中的冒籍問題可能始終存在。

（二）錄取率與防弊

從考試組織的角度來說，對於童試的冒籍的問題，清朝政府只是在粗線條上做出了制度規定，始終都沒有能夠徹底解決這一問題，但是將這一問題簡單歸結爲「封建制度的腐朽」似乎有失偏頗。受到物質條件的制約，童試的組織過程很難變得像鄉會試那樣嚴密，一些制度由於缺少人力資源，不能得到嚴格的執行。地方政府的力量十分有限，中央政府的稅收在總量一定的條件下，其力量也無法完全伸入到基層社會。解決作弊問題的方式可能是增加官員、增加監督以保證制度得到完全的執行，但是如此一來勢必要增加投入、增加稅收，這也會造成政府的冗贅，加重社會負擔。

儘管這樣，童試的公正性一直沒有受到根本性的破壞。清代的人認爲，「蓋人之必欲冒籍，或因問擬罪犯，本地難容，劣行黜革，條例難容，或出身下

〔註129〕閆娜軻：《清代山東府縣人口考論》，曲阜師範大學碩士論文，2010 年。
〔註130〕齊如山：齊如山：《齊如山回憶錄》，中國戲劇出版社，1998 年，第 5 頁。
〔註131〕王日根：《中國科舉考試與社會影響》，嶽麓書社出版社，2007 年，第 40 頁。

賤，圖他郡之不知，或才學低微，希小邑爲易取。」〔註132〕對於「冒籍」這一作弊行爲，清代政府的態度並不是十分嚴格，童試中限制「冒籍」的措施，更像是出於一種地方主義的社會管理模式而做出的。政府希望考生能夠留在本地，因爲留在本地就意味著考生留在一個熟人社會中，在各種社會關係的限制之下，可以減少社會管理的成本。

因爲在絕大部分地區，童試的錄取率都很低，如果一個考生的水平足夠好，那麼無論在何處考中都沒有什麼問題；如果一個考生的水平不夠好，即使換一個地方也很難能夠考中。當然不排除極少數地區會由於種種原因，出現考生較少，考中生員相對容易的情景，但是經過縣試、府試、院試三級，十多場考試的層層淘汰，到最後一場參加考試的考生可能只有一百來人，甚至幾十人。而一個縣之內，錄取名額最多只有二、三十個人。在這種情況下，外地來的考生如果擠佔了本地考生的名額，在人生地不熟的情況下，極容易被利益遭到侵犯的本地考生群體發覺，所以冒籍的考生也冒著很大的危險。許多冒籍的考生往往只是受父兄之命，湊一湊熱鬧而已。

更重要的是，參與冒籍的考生需要擔負大量的經濟成本，需要到陌生的地方逐次參加縣試、府試、院試，需要多次往返他處的縣城、府城，單單考試本身就要付出數十天的時間。在此期間的各類生活開支數額不小，即使能夠考中，最終也是獲得了其它府縣官學的生員，而清代生員要想發揮其在地方社會中的作用，必須依賴本地的社會關係，否則生員便只是一紙沒有價值的空名。

（三）錄取率與社會公平

從錄取率來看，童試的錄取率總體上比較低，而參加童試人數的多寡成爲決定童試錄取率的關鍵因素。清代童試錄取率基本形成了參加童試的考生人數越多，錄取率越低；考生人數越少，錄取率越高的狀況。當然，決定童試考生人數多寡的主要因素在於教育發展程度、地區經濟狀況，這意味著，越是發達地區錄取率越低，越是落後地區錄取率越高，邊疆地區、少數民族地區成爲我國清代童試錄取率最高的地區。

最大限度的利用有限的物質資源和制度資源，是實現地方社會管理的必由之路，清代童試在錄取率上對邊疆地區的照顧也顯示了這一點。清代中央

〔註132〕董欽德：《（康熙）會稽縣志》，卷十三，1936年版。

政府在一面將地區教育發達程度，作爲童試錄取數額多寡的參考標準，一面有意照顧邊疆地區、少數民族集聚的地區。所以，位處中間的中部地帶成爲童試錄取率最低的地區。這是因爲中部地區的某些州縣參加童試的考生數並不比江浙地區少，但是錄取名額卻比江浙地區少。

考生考中生員固然困難，但因爲考中生員的難度變大，所以清代的生員成爲基層社會更加稀缺的人才。儘管考中生員之後不能像考中舉人或者進士一樣出外做官，獲得直接的經濟或政治上的回報，但是清代生員在社會上的認可度和受到尊重的程度可能要比明代高，這正是由其稀缺性來決定的。所以清代的生員大部分沒有「酸腐」的味道，他們構成了基層社會的中堅力量，成爲穩定民眾與州縣官員之間緊張關係的最重要群體。

總之，清代童試關於考生的制度設計擁有明顯的民間性，這主要表現在：通過盡量減少考試組織人員等途徑，在一定程度上犧牲考試組織的嚴密性，降低了組織過程中的物質資料開支；通過分級考試的制度延長考試過程，通過擔保人制度利用本地資源，減少了冒籍等作弊方式對公正性的破壞；通過維持較低的錄取率，保證了生員的稀缺性和生員地方社會的影響等。因此，清代童試對其所處的民間社會擁有了較好的適應性。

第三章　童試考題設計

清代童試的考題，以四書文爲主，命題成本較低，區分度較大、閱卷效率較高，適合缺少人力資源的地方社會。對於考生來說，四書文寫作水平的提高，主要依賴練習，成本較低，適合生活在基層社會的讀書人，而且清代童試的考題在總體上一直保持穩定，適應了信息傳播條件落後的地方社會。

第一節　中央政府的規定

清代童試考題以乾隆年間爲界，爲前後兩個階段：乾隆之前，童試考題的主要內容爲每場四書文一或兩篇，《孝經》（或者宋儒著作）論一篇；在此之後，四書文不變，增加了五經文一篇，「論」逐漸被五言六韻詩一首取代。其中最穩定的是四書文部分，貫穿了整個清代，且是童試考題中最關鍵的部分。

一、考題的基本範圍

有關文獻顯示，清代童試考題類別大約在康熙年間逐漸確定。《學政全書》卷十四提到：「康熙三十六年（1697 年）議准：考試童生出四書題一，令作時文；《小學》題一，令作論。通行直省一體遵行。康熙三十九年（1670年）議准：《孝經》論題甚少，嗣後考試將《性理中》、《太極圖說》、《通書》、《西銘》、《正蒙》等書一併命題。康熙四十五年（1706 年）議准：儒童正考時，仍作四書文二篇，覆試四書文一、《小學》論一。」〔註 1〕此即《清

〔註 1〕　素爾訥：《學政全書》卷十四，清乾隆三十九年武英殿刻本。

史稿》卷八十一中提到的：「儒童入學考試，初用四書文、《孝經》論各一，孝經題少，又以《性理》、《太極圖說》、《通書》、《西銘》、《正蒙》命題。嗣定正試四書文二，覆試四書文、《小學》論各一。」〔註2〕「初」即康熙三十六年（1697年），「又」即康熙三十九年（1670年），「嗣」即康熙四十五年（1706年）。

可見，童試的考題主要有兩個類別，一類是時文（或稱四書文、四書義），此即以四書的內容爲題目的八股文寫作；另一類爲一篇「論」，最初以《孝經》內容爲題目，之後增加當時人認爲適合兒童閱讀的宋代儒學著作。「論」的形式與八股文相比更爲活潑一些，寫起來難度較小，但是由於其內容缺乏結構性，閱卷效率低、區分度差，命題的範圍也不好把握，所以一直不被作爲考試的核心內容。

這一「論」的部分，在康熙之後又有幾次調整。雍正十二年（1734年），覆試內容中的《小學》改爲《孝經》，乾隆元年（1736年）又調整爲《孝經》、《小學》兼出。《學政全書》：「雍正十二年（1734年）議准：舊例儒童正考時，作四書文二篇，覆試則四書文一篇，《小學》論一篇。今按《小學》乃宋儒朱子纂輯，雖於幼童有裨，究不如聖經之言簡意深廣大，悉備嗣後覆試，儒童將論題《小學》改作《孝經》。」〔註3〕

之後，《小學》的地位不斷被強調提出。《學政全書》：「乾隆元年（1736年）議准：《小學》一書，與性理相爲表裏，欲窮性理必先植基於《小學》，方無躐等之弊。今鄉試論題業已兼取性理，嗣後儒童正考時，仍出四書題二道，覆試時四書題一道，其論題一道《孝經》、《小學》兼出。」〔註4〕

《學政全書》：「乾隆三年（1738年）又議准：訓課童蒙，必先《小學》，既切於身心，自裨於風俗。嗣後童生入學覆試時，論題務用《小學》。凡府縣試亦令於覆試時，酌量試以時務策論，應分爲兩場首場四書文兩篇，經文一篇，二場策一道，論一道，判一條。」〔註5〕乾隆十四年（1749年），中央政府再次重申覆試《小學》的重要性，同時增加策、論、判等在今天看來屬於廣義上的應用文的內容。

〔註2〕趙爾巽等：《清史稿》卷八十一，中華書局點校本，1976年。
〔註3〕素爾訥：《學政全書》卷十四，清乾隆三十九年武英殿刻本。
〔註4〕素爾訥：《學政全書》卷十四，清乾隆三十九年武英殿刻本。
〔註5〕素爾訥：《學政全書》卷十四，清乾隆三十九年武英殿刻本。

二、經與詩的增加

　　乾隆三年（1738 年）的規定提到了「經文一篇」，這意味著中央政府要求，童試四書文的題目不僅可以出自於四書，而且要擴展到五經了。與四書相比，五經的字數要多很多，而內容也更晦澀。這大大增加了考生複習的難度。

　　實際上，童試中的「經文一篇」在一些地區只是將題目默寫，或者解釋一下即可，而不是眞正以此爲題目撰寫文章。《清實錄》提到，在乾隆八年（1743年），「禮部議覆，浙江學政彭啓豐條陳浙省考試事宜：浙省歲科考試生童，舊例摘錄所習本經，令作講義。即與四書題，一場並試。復於本經外之四經，摘取發問，令生童依義條對，另試一場。其未能明晰者，生員不取優等，童生不拔前列。惟生童講義，大都就題敷衍，少有闡發，不若條對諸說，各有成義於經學淺深，尤灼然易睹。況條對講義兼試，亦屬繁複，應如所請，嗣後仍試條對，停其考試講義。」〔註6〕所謂的「條對」，大致相當於今天的「簡答」；所謂的「講義」，大致爲解釋意思並做簡單論述。參加童試的考生連「講義」都寫不出來，只好只考「條對」。乾隆十四年（1749 年）「山西學政德保奏：士子最重經學，而本經尤重。請於歲科正考之日，除有能誦習御纂諸經者另期發問外，仍摘本經一段，開明起止，默寫卷末。如錯落多者，生員不准前列，童生不准入泮。」〔註7〕

　　因爲五經的難度過大，所以不久之後又從童試考題中刪去了，但是五經畢竟是儒家思想的核心文獻，到乾隆五十三年（1788 年），覆試階段又增加了五經的內容，「禮部議覆：廣東學政關槐奏稱，新例童試仍用四書文二篇，將經文裁去。查童生入學，便應科舉。在有志者講求根柢，自仍研悉經義。其甘小就者，必以考無經文，因循荒廢。且科舉於五經輪試後，即以五經兼試，若不及早研摩，恐蹈臨時剽竊之弊。請於取進童生覆試，加經文一篇。通曉者入學，背謬者扣除。其命題之法，首《詩》、次《書》、又次《易》、《禮》、《春秋》，迨輪試畢，照生員歲試例，不拘何經命題。至府州縣考覆試，亦一律增入，均應如所請。從之。」〔註8〕

　　乾隆年間，童試考題的另外一處變化是增加了詩賦。乾隆二十五年（1760年），「安徽學政劉星煒奏稱，歲科兩試童生，請兼試五言六韻排律一首。詩

〔註6〕　《清高宗實錄》，卷之一百八十四，中華書局，1985 年。
〔註7〕　《清高宗實錄》，卷之三百四十六，中華書局，1985 年。
〔註8〕　《清高宗實錄》，卷之一千三百十三，中華書局，1985 年。

文並優者，列在前茅。或文可入穀，而詩欠諧叶者，量爲節取。並飭學官月課，一體限韻課詩。」〔註9〕中央政府採納了這一建議，要求各地童試考試內容增加排律詩一首，同時增加五經的內容，《學政全書》卷十四「乾隆二十五年（1760年）議准：嗣後歲科兩試童生，兼作五言六韻排律一首，教官於月課時，亦一體限韻課詩。」〔註10〕

但是這一政策事出倉促，可以好比今天高考改革突然增加一門新的科目一樣，在執行中難免有一些問題。從雲南學政李中簡的上疏中看到當時考生的問題：「滇省僻處天末，士子學問才力比中州大省迥不相同，合計七府童生作經文者，共止七卷。其昭通東川二府，添詩題以後能作詩者雖有十人，亦皆勉強成篇。又有經無詩者一人，餘皆止作四書文二首。臣就地論才，酌量節取外，揆厥所由，一者滇地遐僻，書籍鮮通聞見不廣；一者以四書文既有二篇，士子日力已應接不暇，不能兼及經藝詩篇也。」〔註11〕

由此處文獻可以看到，絕大部分考生都不會作答五經文、排律詩，極個別作答的考生也僅僅是勉強應付。所以針對中央的這一政策，偏遠地區的考生們最初處在無從應對的地步。相對於八股文，詩雖然更具程序化，更容易閱卷，但是學習起來也更難。對於基層社會的受教育者來說，詩與八股文相比，更沒有實用價值。由此，李中簡同時向中央政府建議，「詩篇有對偶聲律之限，胸無卷帙，難以白戰杜撰、敷衍成篇。並懇天恩俯念遐方初學，暫寬期限，其壬午科以前，考試童生，能作一書一經者，詩不拘有無，皆聽就文酌取。至乾隆二十八年（1763年），以後則以一書一經一詩，永爲成例。」〔註12〕

根據這些意見，中央政府規定了「過渡政策」，即「奏准：自壬午科（即乾隆二十七年，1762年，這一年是鄉試年）以前，考試童生能作一書一經者，不拘詩之有無，皆聽就文酌取，至乾隆二十八年（1763年）以後，則以一書、一經、一詩永爲成例，如三者不能兼作，照寧缺勿濫之例辦理。」〔註13〕

〔註 9〕《清高宗實錄》，卷之六百七，中華書局，1985年。

〔註10〕素爾訥：《學政全書》卷十四，清乾隆三十九年武英殿刻本。

〔註11〕李中簡：《嘉樹山房集》文集卷二，雜文，清嘉慶六年嘉樹山房刻本。

〔註12〕李中簡：《嘉樹山房集》文集卷二，雜文，清嘉慶六年嘉樹山房刻本。

〔註13〕李中簡：《嘉樹山房集》文集卷二，雜文，清嘉慶六年嘉樹山房刻本。

三、近代考題的變革

童試考題的內容範圍在乾隆年間得到確定之後，一百餘年基本沒有變化。直至戊戌變法時，科舉部分要進行變革，其中童試的變革是，「學政歲科兩考生童，先試經古一場，專以史論時務策命題。正場試以四書、五經義各一篇，禮部即通行各省，一體遵照。」實際上僅僅是將「經古場」變成了時務策，正場去掉了格律詩，四書文仍沒有變化。

此處所謂的「經古場」是清代早期即已開始執行的單獨的「默寫經書」考試，《學政全書》：「康熙三十九年（1700 年）議准：嗣後考試生童，有將經書、《小學》真能精熟，及成誦三經五經者，該學政酌量優錄。」〔註 14〕這一考試一直在執行，或在正式的童試之前，或在之後，但一直不受重視，嚴格說來甚至不是童試的一部分。此次改革，僅將童試制度中這一從未受過重視的部分拿出來先開刀，而正式的童試考題改革較小。

之後，主張對科舉考試進行更深度改革的人，在上述方案的基礎上，提出了進一步的改革主張，認為應該將已經改考策論的經古場，作為作為童試的首場，「此次改詩賦為策論，原期人文之蔚起，以濟時事之艱難，自宜慎重遴選，若仍經古之名，願者來，不願者聽，一如從前考試之例。臣竊恐詩賦之門雖廢，策論之效未收，似莫若改經古場為頭場，試以史論一道，時務策一道，改正場為二場，試以四書五經義各一篇。」〔註 15〕但是這一主張實際上並沒有被貫徹，只是鄉會試改考策論的主張，獲得了包括部分銳意改革的地方學政在內的不少官員的認可，因此有些地區學政在童試考題命題上開始重視策論的形式，但是策論仍舊僅作參考，不是主流，四書文仍舊是最重點的內容。

四、考題的形式

在童試考題的類型之外，清代中央政府對考題的內容和形式也提出了不少具體規定。《學政全書》：「順治九年（1652 年）題准：命題明白正大，不得割裂文義，以傷雅道。」〔註 16〕所謂「割裂文義」一般即是用四書中任意一

〔註 14〕素爾訥：《學政全書》卷十四，清乾隆三十九年武英殿刻本。
〔註 15〕朱壽朋：《東華續錄（光緒朝）》卷一百四十七，清宣統元年上海集成圖書公司本。
〔註 16〕素爾訥：《學政全書》卷十四，清乾隆三十九年武英殿刻本。

句話的某一部分作爲題目，比如康有爲舉出的例子：「譬如《中庸》，『及其廣大草木生之』，則上去『及其廣』三字，下去『木生之』三字，但以『大草』二字爲題。」這種題目即是「割裂文義」，這種方式提高了考題的難度，考生需要對四書掌握的更加熟練。一個考生如果對四書以及四書的注解沒有滾瓜爛熟的背誦和理解，不用說使用一種在當時已經不是口頭語的語言寫出一篇符合要求的文章來，連題目的意思恐怕也讀不懂。

四書的內容總量並不很多，特別適合作爲文章題目的內容更是有限。如果僅僅盯住這些很適合的內容來命題，要麼容易重複，要麼考生在平時的寫作練習中對這些考題早已十分熟悉。在文教發達的地區，甚至可能出現考生們對四書中最常用的考題的所有內容，都形成熟悉的套路來應對了的情況，這會導致無從考察考生眞實水平的結果。所以，中央政府明文規定，童試命題時，可以出現難度較大的截搭題，《學政全書》：「乾隆三年（1738 年）議准：考試命題，固取發明義理，而亦以展拓才思。遇有人文最盛之區，若命題專取冠冕，士子蹈常襲故，或無從濬發巧思，間出截搭諸題，則旁見側出，亦足覘文心之變化。」〔註 17〕

所謂截搭題，即是將四書中的兩句話（或幾句話）中，前一句話的後半部分與後一句話的前半部分合起來，作爲考試題目的考題，比如從清代四川閬中縣一個叫裴重謙的考生的府試答題卷中可以看到，四書文的題目是「而學之壯」。這是一道出自四書《孟子》中的截搭題目，《孟子·梁惠王下》：「夫人幼而學之，壯而欲行之。」其中前一句的「而學之」與後一句的「壯」被連在了一起，變成一個題目。〔註 18〕雖然中央政府童試要求截搭題所涉及的兩句話在意思上必須是上下連貫的，不能割裂文義，「第必須意義聯屬，血脈貫通。若上下絕不相蒙，恣意穿鑿，割裂語氣，殊屬傷雅嗣。後學政出題，宜以明白正大爲主，即間出長短搭題，亦必求文義之關通。毋蹈割裂之陋習。則既不詭於義理，而亦不閟其性靈，庶文章之能事曲盡，而課士之法亦周詳矣。」〔註 19〕不過，截搭題要想不割裂原文意思實在太難，所以清代童試出現一些奇怪，甚至明顯有問題的考題。

<hr>

〔註 17〕 素爾訥：《學政全書》卷十四，清乾隆三十九年武英殿刻本。
〔註 18〕 《閬中發現珍貴明清府試縣試考卷》，《南充日報》，2009 年 1 月 5 日，第 6版。
〔註 19〕 素爾訥：《學政全書》卷十四，清乾隆三十九年武英殿刻本。

第二節　童試考題的具體內容

　　對於考生來說，考題是整個童試的核心。童試對考生的影響也主要通過考題來顯現。通過具體的考題，可以進一步瞭解童試考題設計的特點。

一、童試考題舉例

　　據回憶，清代童試考題中割裂文義的截搭題經常出現，「鄉試則不用『割截題』，風格與縣試則迴乎不同，（鄉試）行文要豪邁奔放，有氣魄；詞藻要富麗堂皇，重典故。」〔註20〕童試的題目在風格上與鄉會試不同，「按文字說，考生員所出的題目，總是一兩個字，或一兩句書，或半句，或截下一一或截搭等題，總而言之都名曰『小題』。考舉人與考進士的題目，也有不同，且會試則五經文很重，不只四書題。」〔註21〕鄉會試也十分看重四書義的命題，但是相比之下，童試的四書義的題目被稱為「小題」，可以想見，這表示了童試考題的一大特點，因為一方面命題者面對的考生本身的水平就十分有限，另一方面，中央政府對考試所提出的種種制度化的要求，也缺乏相應的人力和物質資源來實行。

　　一次童試十幾個縣，前後十幾場考試，要出數十個題目。很多時候，童試命題者會潦草應付，甚至有意自我顯擺，或者故意耍弄刁難考生。據記載，有的考官故意出到奇怪的題目，形成一些笑話、奇談流傳至今，《清稗類鈔》提到「光緒中葉，有某郡守於終覆時以『黿（yuán）、鼉（tuó）、蛟、龍、魚、鱉』命題，六縣各作一字。首縣童生某問鄰號生曰：『鱉字出在何縣』某應之曰：『在別縣。因某縣文風甚劣，又係下縣，當作鱉字。』自後人遂呼某縣為鱉縣矣。」〔註22〕這個考題出自《中庸》：「今夫水，一勺之多，及其不測，黿鼉、鮫龍、魚鱉生焉，貨財殖焉。」但是僅將其中的動物名字拿出來作為考題，一方面可能是考官圖省事，一下子各縣的考題都有了，但是這自然成為後世的奇談。

　　有的命題者故意將某一部分隱藏起來，《中國的科名》提到：「茲把我所見過的說幾種，大家看了也可以作為一種笑談。一次有如下之題目：『德

〔註20〕《清末科舉童子試的形形色色》，引自文安：《晚清述聞》中國文史出版社，
　　　　2001年，第280～293頁。
〔註21〕齊如山：《中國的科名》，遼寧教育出版社，2006年，第2頁。
〔註22〕徐珂：《清稗類鈔》卷三十四，譏諷類，中華書局，1984年。

行言語政事文學』（出自《論語・顏淵》），四個縣考者，每縣一題目，這種題目已很難做，因為他雖沒有連帶顏淵閔子騫等人名，但作文時則不能離開，可是那些人名，一字也不許露。又有一次是：『三十四十五十六十』，每縣一題，但『而立』、『不惑』等等字樣，都未帶出，而作文時也不許道及，字眼亦不許露出來，可是文中的意思，則非有不可。我們考的題是四個『爲人』：『爲人君爲人父爲人臣爲人子』，光是四個『爲人』，這種題尤其難做，不但不許露君臣父子四字，就是『止於敬』、『止於慈』等字也萬不許露，可是句句話又不能離開他。曾記得我們高陽縣分的是『爲人子』之『爲人』，尤其難做，因爲這個子字用的時候太多，凡與兒子之子字有關係者都不許用，稍一不慎，便要『犯下』。『犯下』或『漏下』乃是極大的毛病，絕對不能進秀才的，鄉會試的文章對此尙不甚嚴格，小考則萬萬不可。」〔註23〕「德行言語政事文學」出自《論語・顏淵》。「三十四十五十六十」出自《論語・爲政》：「吾十有五而志於學，三十而立，四十而不惑，五十而知天命，六十而耳順，七十而從心所欲，不逾矩。」「爲人君爲人父爲人臣爲人子」出自《大學》：「爲人君止於仁；爲人臣止於敬；爲人子止於孝；爲人父止於慈；與國人交止於信。」

也有一些考官故意炫耀自己對經典的瞭解程度，每次考題都有規律可循，但是一般水平的考生卻猜不到。據記載：「各省學政及府州縣考試命題，多有截四書文爲對偶，因難見巧，亦頗具心思，亦有借題目，以示傲慢不恭者。同治年間，鄞縣趙粹甫太守祐宸任鎮江府知府。每逢科歲府試出四書文題目，皆如對偶。某年終場出『管叔』二字爲題。當時士子細思四書文中無有與之對偶者，及終覆，題爲『琴兄』二字，無不服其巧思，眞有一無二矣。」〔註24〕這是很有意思的記載，考生已經知道考官這種命題的規律，後一場考題的題目是前一場考題的對偶，當然所有內容必然全部來自四書。此次以「管叔」二字作爲四書文的題目，聰明絕頂的考生便可以從中知道下一場的考題了，但是這確實很難，因爲貌似四書中根本沒有與之相對的話。「管叔」出自《孟子・公孫丑下》：「周公使管叔監殷，管叔以殷畔。」這個對子的答案「琴兄」也在《中庸》內：「《詩》曰：『妻子好合，如鼓瑟琴；兄弟既翕，和樂且耽；宜爾室家；樂爾妻帑。』」

〔註23〕 齊如山：《中國的科名》，遼寧教育出版社，2006年，第28頁。
〔註24〕 劉聲木：《萇楚齋隨筆》卷五，一九二九年排印本。

也有一些文獻記載了特殊情況，比如《道古堂全集》中的楊雪門傳就提到，童試考題竟然出自《漢書》，「余弱冠就童試。題爲『謹權量』，時習空疏，不知《漢書》爲何物。」〔註25〕（「謹權量」在《論語》中也出現過。）

　　上述的記載或者本身就是一些人自街頭巷尾風聞的奇談怪論，或者之所以能流傳至今，正是因爲這些考題本身就具有特殊性。雖然這類的記載並不少，卻只能證明童試考題是當時考場外普通文人中間的重要話題，而並不能眞正代表當時童試考題的情景。

二、一份童試考卷上考題的分析

　　近些年，國內不少地區聲稱發現了清代童試的考試卷，實際上大部分地區發現的試卷，都是當時書院或其它教育機構中考生練習用的試卷，相當於今天的模擬試題，只有極少部分是童試的考試卷。其中，山西省陽泉市盂縣泥河村發現的一位叫做李延庚的考生的試卷，是光緒十四年（1888年）該地院試階段一場考試的答卷。這份考卷的具體內容包含兩部分。一部分是四書文，題目是《厄窮而不憫》，這個題目出自《孟子・公孫丑下》（《孟子・萬章下》也有這句話），原文本是讚揚春秋時期魯國人柳下惠品格高尚的話，「柳下惠不羞污君，不卑小官；進不隱賢，必以其道；遺佚而不怨，阨窮而不憫。」命題者以其中的「阨窮而不憫」爲題目，要求寫一篇幾百字的文章。這位叫做李延庚的考生主要寫了當一個人在遭遇「厄窮」的困頓境地之時，應該如何保持自己精神的高貴這些內容。

　　八股文之後是一篇排律詩，題目是《賦得冠山移得近城頭——得山字五言八韻》。一般情況下，詩賦的題目主要出自歷代文集，也就是四部中的集部。此處詩賦的題目出自元好問的一首詩，元好問的祖籍恰是考生所在之地，原詩「新堂縹緲接飛樓，雲錦周遭霜樹秋。若道使君無妙思，冠山移得近城頭。」本來是描寫山西省著名的書院——冠山書院的。院試的命題人將其中的一句話作爲賦的題目來命題，既有地方色彩，也十分雅致合體。

　　詩賦不同於八股文之處，主要在於其更加注重形式美。近體詩全篇的句子都必須對仗工整、合仄押韻，有時對形式的講究勝過對內容觀點的關注。此處的要求是押「山」韻，寫一篇五言八句的詩。

〔註25〕杭世駿：《道古堂全集》文集，卷三十五傳，清乾隆四十一年刻光緒十四年汪曾唯修本。

據回憶：「『試帖詩』五言六韻（鄉試時要八韻），但韻須由命題者指定。例如題爲『賦得春城無處不飛花』，題下用小字注明『得花字』，就以『花』字爲主韻。『花』字平聲，屬「六麻」韻目，詩中其它幾韻，必須用『六麻』韻目內的字，否則即爲『飛韻』而不合規格。全部詩韻僅平聲一種，就有 30 個韻目，每個韻目多則百字，當時試場不准『夾帶』，非全部記熟者不足應用。」〔註26〕

這份試卷第一頁的背面是考官的批語：「意精、語切，不負題事。本擬第一，因交卷太遲故稍抑之」。考官認爲，這位考生的文章意思表達的準確而到位，語言使用十分確切，與題目完全相合，但是因爲交卷太遲，所以變成了第三名。〔註27〕

三、一份完整縣試考題的分析

在考生過程中，童試每一場的重要性有所不同，所以每一場的考題也具有不同的意義。此前發現的長汀童試文書中，有一張長汀縣衙寫給學政的關於開具縣試考題的公文，完整保存了該地一次縣試考題的全文。

在鄉試中，考題始終都處於嚴格的保密狀態，臨近開考時才由考官交付印刷人員，自始至終都不可能以公文的形式存在。在《學政全書》等官方文件中並沒有出現關於童試考題保密的內容，但是童試考題也必然有保密的需要，一般也不會以公文的形式出現。這一張以公文形式出現的縣試考題，可能是本縣的縣試已經考完了，知縣向學政開列本縣的考題清單，用以防止院試考題與縣試重疊。

〔註26〕《清末科舉童子試的形形色色》引自：文安：《晚清述聞》中國文史出版社，2001 年，第 280～293 頁。

〔註27〕李宿定：《山西盂縣泥河村發現清光緒年間院試鄉試卷》，《陽泉日報》，2013 年 5 月 3 日，第 5 版。

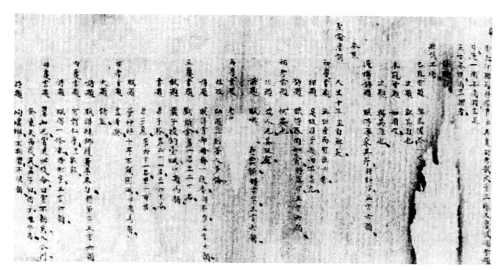

圖4－1：同治六年（1867年）長汀縣童試考題
（引自楊學爲等《科舉圖錄》）

該地縣試考題原文如下：

1. 縣試正場：

已冠首題：無求備於一人周有八達士（這是一個截搭題。出自《論語‧微子》：「周公謂魯公曰：『君子不施其親，不使大臣怨乎不以。故舊無大過，則不棄也。無求備於一人。』」「周有八士：伯達、伯適、仲突、仲忽、叔夜、叔夏、季隨、季騧。」）；次題：與其進也。（出自《論語‧述而》：「互鄉難與言，童子見，門人惑。子曰：『與其進也，不與其退也，唯何甚？人潔己以進，與其潔也，不保其往也。』」）

未冠首題：如用之（出自《論語‧先進》：「子曰：『先進於禮樂，野人也；後進於禮樂，君子也。如用之，則吾從先進。』」）；次題：與其進也。

通場詩題：賦得博采其芹得科字無言六韻（出自《詩經‧泮水》：「思樂泮水，薄采其芹。」）

恭默《聖諭廣訓》，人生十年至自鮮矣

2. 初覆書題：無恒產而有恒心者（出自《孟子‧梁惠王上》：「無恒產而有恒心者，惟士爲能。若民，則無恒產，因無恒心。」）

經題：是故君子安而不忘危（出自《周易‧繫辭》：「是故君子安而不忘危，存而不忘亡，治而不忘亂，是以身安而國家可保也。《易》曰：『其亡其亡，繫於苞桑。』」）

詩題：賦得春雨如膏得春字無言六韻。（出自《許敬宗答唐太宗》：「春雨如膏，滋長萬物。農夫喜其潤澤，行人惡其泥濘。」）

3. 補考首題：何晏也（出自《論語・子路》：「冉子退朝。子曰：『何晏也？』對曰：『有政。』子曰：『其事也，如有政，雖不吾以，吾其與聞之。』」；次題：端人也其取友（出自《孟子・離婁下》端人也，其取友必端矣」）；詩題：賦得□□青雲梯得雲字無言六韻（因爲原文獻前兩個字位置破損，看不清楚字跡，只能看到後三個字爲「青雲梯」，可能出自李白《夢遊天姥吟留別》，也可能出自白居易《效陶潛體詩十六首》：「亦有同門生，先升青雲梯。貴賤交道絕，朱門叩不開。」《別李十一後重寄》：「共上青雲梯，中途一相失」等處。）

4. 再覆書題：之子□□（因爲後兩個字看不清，無從判斷出處）；性理：師道立則善人多論（出自顧炎武《日知錄》。）；詩題：雪卻輸梅一段香得香字無言六韻。（出自宋朝盧梅坡的《雪梅》：「梅雪爭春未肯降，騷人擱筆費評章。梅須遜雪三分白，雪卻輸梅一段香。」）

5. 三覆書題：斷斷兮（出自《大學》：「若有一個臣，斷斷兮無他技，其心休休焉，其如有容焉」）第一名至二十名；賦題：嚴子陵釣魚臺賦以題爲韻。

書題：君子矜（出自《論語・衛靈公》：「子曰：『君子矜而不爭，群而不黨。』」第二十一名至六十名。

書題：君子惠（出自《論語・堯曰》：「子曰：『君子惠而不費，勞而不怨，欲而不貪，泰而不驕，威而不猛。』」第六十一至一百名。

賦題：董仲舒十年不窺園賦以題爲韻

6. 補考首題：益者與（出自《論語・憲問》：「闕黨童子將命。或問之曰：『益者與？』子曰：『吾見其居於位也，見其與先生並行也，非求益者也，欲速成者也。』」；次題：請益（出自《論語・雍也》：「子華使於齊，冉子爲其母請粟。子曰：『與之釜。』請益。曰：『與之庾。』冉子與之粟五秉。」詩題：賦得綠柳才黃半未勻得黃字無言六韻。（出自唐代楊巨源《城東早春》：「詩家清景在新春，綠柳才黃半未勻。若待上林花似錦，出門俱是看花人。」

7. 四覆書題：可謂仁乎（出自《論語・雍也》：「子貢曰：『如有博施於民而能濟眾，何如？可謂仁乎？』子曰：『何事於仁，必也聖乎。』」割雞（出自《論語・陽貨》「割雞焉用牛刀。」詩題：賦得一條冰（注：宋代的陳彭年在翰林院當官，身兼十數職，當都是文翰清秘之類的閒差，時人稱他所署的頭銜爲「一條冰」）得□字五言六韻。

　　8. 招覆試題：翼如也賓退必覆命曰賓不顧矣入公門（做起講）（出自《論語・鄉黨》：「所君召使擯，色勃如也，足躩如也。揖所與立，左右手，衣前後，襜如也。趨進，翼如也。賓退，必覆命曰：『賓不顧矣。』入公門，鞠躬如也，如不容。」發乘矢而後反孟子曰西子蒙不潔（這是一個截搭題，出自《孟子・離婁下》前後兩段話的連接處：「鄭人使子濯孺子侵衛，衛使庾公之斯追之……庾公之斯至，曰：『夫子何爲不執弓？』（子濯孺子）曰：『今日我疾作，不可以執弓。』（庾公之斯）曰：『小人學射於尹公之他，尹公之他學射於夫子。我不忍以夫子之道反害夫子。雖然，今日之事，君事也，我不敢廢。』抽矢，扣輪，去其金，發乘矢而後反。孟子曰：『西子蒙不潔，則人皆掩鼻而過之。雖有惡人，齋戒沐浴，則可以祀上帝。』」；詩題：峋嶁碑（注：頌揚大禹的古碑刻）不拘題不限韻。

　　縣試舉行的當時是不存在補考之說的，只有在府試、院試舉行的時候才有一些考生因爲錯過了縣試，甚至錯過了縣試和府試，需要補考縣試，或者縣試、府試一併補考。此處的考題中出現了補考的考題，可能是因爲縣試、府試都已經考完，院試的考題自然需考慮補考的縣試考題也不能與院試重合，所以才將補考的試題也一併開列。

　　此處長汀縣試考題中，在國家規定考題之外的內容是，在第四場中有一道賦題，分別是給前二十名考生出的「嚴子陵釣魚臺賦」和給排名靠後的考生出的「董仲舒十年不窺園賦」。這是可能是命題者的個人愛好，對於考生來說，寫出一篇賦，難度比詩歌也不小。

　　此外，「恭默《聖諭廣訓》」也是清代中後期童試的內容，比如《（光緒）四會縣志》記載，「現行童試，首場書藝二，詩一，並恭默聖諭；二場書藝一，經藝一，性理論一；三場書藝一，孝經論一，詩一，三場完方准送案。」〔註28〕此中的「聖諭」即是指要求考生默寫《聖諭廣訓》，但是考生數十萬字內容古奧的四書五經都已經背的滾瓜爛熟，默寫一段《聖諭廣訓》顯然是走過場而已。

　　每場都會涉及到的「書題」、「書藝」即是上文所述的四書文。這是整個童試最重要的部分。

〔註28〕吳大猷：《（光緒）四會縣志》，編三，民國十四年刊本。

四、《我之小史》中的童試考題

《我之小史》中保存了童試各級考試的試題，其中部分內容可與上文相
參考。從作者詹鳴鐸的回憶中可以看到，光緒二十六年（1900 年），婺源縣縣
試共分五場。第一場題目共兩道，第一道對已冠考生出的是「方寸之木，至
豈謂一鈞金」，（出自《孟子・告子下》：「不揣其本，而齊其末，方寸之木可
使高於岑樓。金重於羽者，豈謂一鈞金與一輿羽之謂哉？」）對未冠考生出的
是「民之於仁也，甚於水火」（出自《論語・衛靈公》：「民之於仁也，甚於水
火。水火吾見蹈而死者矣，未見蹈仁而死者也。」）「未冠」和「已冠」是根
據考生的年齡分為兩種題目，兩類考生分別作答。

第二題是「有人此有土，有土此有財」（出自《大學》）。詩題是「『播五
行於四時』得『時』字」（出自《禮記・禮運》：「天秉陽。垂日星；地秉陰，
竅於山川。播五行於四時，和而後月生也。」）四個題目很巧妙的包含了「金
木水火土」五種元素。第二場的第二道題目是「『穿窬之盜也與』至『鄉原，
德之賊也』。」是《論語・陽貨》中的兩章，開考之後，不一會考場工作人員
又通知考生題目要再加上一句「道聽而途說」，這是《論語・陽貨》接下來的
一章。因為縣試的條件簡陋，座位次序也很隨意，很多考生找人代筆，甚至
將院牆挖破，將題目告訴考場外邊的槍手，從牆洞中將作答送進來。所以知
縣就在這一場出了一個題目諷刺這些打洞作弊的考生，並且等到作弊的考生
把題目送出去之後又加上了一句來防止作弊。

第三場題目「欲常常」，（出自《孟子・萬章上》：「象不得有為於其國，
天子使吏治其國而納其貢稅焉，故謂之放。豈得暴彼民哉？雖然，欲常常而
見之，故源源而來。」

第四場，題目「帛饔」，（出自《孟子・告子下》：「無城郭、宮室、宗廟、
祭祀之禮，無諸侯幣帛饔飧，無百官有司，故二十取一而足也。」）詹鳴鐸的
起講（八股文的第三部分，也就是提出中心論點的部分）的第一句是：「且千
古竹帛流芳之主，即千古厚幣招賢之主也。其所以措正施行者，又何至不遑
朝食哉。」寫得比較空，但是格調很高。

第五場，要求寫五個起講：（一）務本；（二）力不足也；（三）今女畫；
（四）猶湍水也；（五）右逢其源。這個題目更是巧妙的將「婺源」兩個字嵌
了進去。〔註 29〕

〔註 29〕詹明鐸：《我之小史——新發現的徽商小說》，安徽教育出版社，2008 年 8 月，
第 122～123 頁。

考生詹鳴鐸只提到了四書文，可見對於考生來說，這才是最核心、最重要的內容，而這也必然是在考官閱卷的時候起決定性作用的。

總的來看，童試的考題具有以下幾方面的特徵。第一，中央政府的規定在各地有所變通，各地的考題也略有不同；第二，內容簡單的小題出現較多，甚至最後一張往往只需要考生就幾個題目寫出其中「起講」一部分即可；第三，截搭和割裂文義的考題出現較多，這在上文的考題舉例中可以看出；第四，不少考題具有地方化色彩，甚至遊戲色彩，考題中有時含有地方的地名，有時以地方文化為內容，帶有命題者的個人色彩。

第三節　考生作答

童試對考生作答的基本要求是樸質典雅。從考生作答的實際情況來看，由於質樸典雅的要求並沒有明顯的規範，重視語言運用的風氣也不免出現極端。在錄取率較低的情況下，新鮮奇特的內容比穩重古樸的語言更容易得到考官的青睞，也更容易引起考生的重視。一些為後世傳誦的作答體現了考生對四書的精熟以及高超的語言運用能力，也顯示了過度推崇語言技巧的風氣。

一、四書文作答舉例

在考生的作答中，流傳較廣的是一些考生寫出的類似「格言」的好句子，這在當時也是可能引起考官注意的關鍵內容，比如「相傳有能文之童應院試題出『伯夷隘』句。童以天地立柱作兩大比，文有警句云『甲子以前有天，甲子以後無天；首陽之中有地，首陽之外無地』。文成（閱卷者）拍案叫絕，誤翻墨汁，將連號者文卷污壞，鬧稟學憲，述拍案之由，憲閱其文大獎曰：『此四句文，爾一人入學尚有餘，合污卷者入之可也。』一時傳為佳話。」〔註30〕

相比之下，破題是八股文開篇的部分，很最能體現考生的能力，在各部分中最為短小，因此也是後世流傳較多的內容。比如「有童應院試題出『伯達、伯適』句。（出自《論語・微子》：「周有八士：伯達、伯適、仲突、仲忽、叔夜、叔夏、季隨、季騧）童仿《詩經》二句作破云：『伯兮伯兮，邦之傑也』

〔註30〕丁治棠：《仕隱齋涉筆》卷八，清刻本。

（出自《詩經》的句子），成語天然。學憲加坐圈，入邑庠第一。」〔註31〕「又云：有一業醫，而仍應童試者，學使素識其人，題爲『人而無信』兩句。醫者成一破（題）云：『聖人以厚樸防風，人生當歸於信矣』，學使爲之解頤。（厚樸、防風、當歸皆係中藥名稱。）」〔註32〕

當然，也有一些可能不甚可靠的故事，「鄭蘇年師曰：金正希初應童試，題爲『豈不曰以位』，終日構思不能成篇，時交卷者將盡學使令人察其卷，止成一破題。將扶出矣。取破題閱之，則云：『君所挾以傲士者，固士所籌及者也』，大加擊賞，給燭令終篇，遂入泮。」〔註33〕這個故事固然是爲了強調破題的重要性，但是實際錄取還不至於這樣荒誕。

也有一些不符合規範的破題，「例如《論語・先進》內有一章，原文爲『吾猶及史之闕文也，有馬者，借人乘之，今亡矣夫。』有以，『吾猶及史之闕文也，有馬者』命題的，眞是玄之又玄，荒唐得令人不可思議，這類謂之『搭題』。是光緒中葉，聞喜縣縣試之考題。首文章的起講第一句爲『昔司馬遷之作史記也。』這不獨違反用典慣例，而且文不對題，但當時卻被爭相傳誦，認爲原題內『史』、『馬』二字點得清醒，搭配得天衣無縫，眞可謂是絕妙文章。」〔註34〕在寫作成爲一種很有「用」的能力的社會環境下，這種風尚可能在所難免。

由於參加童試的考生大都常年生活在基層社會，眼界並不開闊，胸懷並不寬廣，知識水平並不高，寫作能力並不強，所以經常有許多童試答題中的笑話出現。「一童生縣試，《蒲盧也》（此考題出自《中庸》：「夫政也者，蒲盧也。故爲政在人，取人以身……」），（答）題中云：此一蒲盧也，俄而合抱，俄而參天，蓋狀其易生如此。主司批云：不消幾時，蒲盧塞滿天地間矣。」〔註35〕

再如「又先生訓初學以記誦借用之法，其徒記《魯衛之政兄弟也》文謂『魯之政即衛之政可也，謂衛之政即魯之政可也』，作《彌子之妻與子路之妻兄弟也》文遂借用此調，見者噴飯。又見一生作《莫我知也夫》爲三疊法云

〔註31〕丁治棠：《仕隱齋涉筆》卷八，清刻本。

〔註32〕梁章鉅：《制義叢話》卷二十三，清咸豐九年刻本。

〔註33〕梁章鉅：《制義叢話》卷二十三，清咸豐九年刻本。

〔註34〕《清末科舉童子試的形形色色》，引自文安：《晚清述聞》中國文史出版社，2001年，第280～293頁。

〔註35〕獨逸窩退士：《笑笑錄》卷四，《筆記小說大觀》本。

『我非鳳也，人以我爲德衰之鳳，莫鳳知也；夫我非狗也，人以我爲喪家之狗，莫狗知也；夫我非虎也，人以我爲貌似之虎，莫虎知也』。」〔註36〕這是有關清代童試的一個著名的笑話，在許多文獻中都有記載。

二、詩題作答舉例

　　相比之下，考生們對四書文的重視程度遠甚於詩，而且，童試的考生對五經的理解程度也較差，乾隆五十五年（1790 年）九月十五，山西學政寫給皇帝的奏摺中提到：「士子於《四書》文尚知用心攻習，惟經文大抵潦草成篇，不知按句經旨；詩律一項，亦多囿於語音，平仄誤讀。」〔註37〕由於各地的方言差別較大，考生對於詩律，甚至連符合平仄都做不到。

　　《眉廬叢話》中的一則故事尤其能說明基層社會可能連物質生活都不能保證的考生們做詩的情景，「縣童試詩題「多竹夏生寒」。某卷句云『客來加暖帽，人至戴皮冠』。學使某亟稱賞之，謂吐屬華貴，非尋常寒畯能道。」〔註38〕這則故事從側面反映出，參加童試的考生大都寒酸非常，能寫出「戴皮冠」這樣的句子即屬於「華貴」了。因爲詩歌的學習可能比八股文更費工夫和精力，所以考生們大都學的不夠好，大部分皆屬於勉強成篇。

　　還有一些流傳下來的故事，則是考生們在詩題作答中描述了自己對考場的感受，「某年蘇州府試，分校吳江童卷。詩題曰『綠槐高處一蟬吟』。一卷云：『傷哉樓樹木，悶煞出監牢』。出示同人，皆大笑。有請解其下句者。予曰：彼蓋用駱賓王獄中聞蟬故事也。同人愈笑。」〔註39〕此詩題出自蘇軾詩《溪前堂》：「白水滿時雙鷺下，綠槐高處一蟬鳴；酒醒門外三竿日，臥看溪難十畝陰。」考生寫的詩之所以引起同學的笑聲，是由於這位考生將原詩的主題引申的太遠，而且讓大家想到了各自在考場上的生活像是坐監牢一樣，感同身受。「駱賓王獄中聞蟬」是唐初詩人駱賓王在監獄中聽到一旁樹上的蟬鳴，因而有感而發，將蟬的精神和自己的處境相對比寫下的一首詩。這則故事的作者提到駱賓王，更是將原考生的意思含蓄的說了出來，自然更引人發笑了。

〔註36〕褚人獲：《堅瓠集》二集卷一，清康熙刻本。

〔註37〕中國第一歷史檔案館：《乾隆中晚期科舉考試史料（中）》，《歷史檔案》2002 年第 04 期，第 12～21 頁。

〔註38〕況周頤：《眉廬叢話》，東方雜誌原本。

〔註39〕李伯元：《莊諧詩話》卷四，大東書局《南亭四話》本。

大致說來，中央政府提出的看語言的古樸典雅、反對內容創新的基本原則，在地方社會形成的影響是，一大批呆頭呆腦、老實巴交，卻刻苦努力訓練語言能力的考生就此出現。在當時，生活在基層社會的讀書人，即使只是一個普通的生員，也能用古語言寫出一手形式漂亮、內容典雅的好文章。這不僅造就了當時基層社會的優良文風，而且也以此讓大部分人都形成了不追求新鮮刺激的思想，而堅持傳統道德規範的社會倫理取向，這也深刻影響了基層普通百姓的倫理生活和精神世界。

三、考生某場作答舉例

茲以清代□（注：原文無法判斷字跡）縣考生李振聲參加府試第三場考題和答卷爲例，完整的呈現和分析一位參加童試的考生一場考試的作答狀況。

這一場的四書文考題爲「行不由徑非公事」，出自《論語・雍也》：「子游爲武城宰。子曰：『女得人焉爾乎？『曰：』有澹臺滅明者，行不由徑，非公事，未嘗至於偃之室也。」表達的是子游對澹臺滅明個人品質的認可。朱熹《四書章句集注》原文的解釋爲：「徑，路之小而捷者。公事，如飲射讀法之類。不由徑，則動必以正，而無見小欲速之意可知。非公事不見邑宰，則其有以自守，而無枉己殉人之私可見矣。楊氏曰：『爲政以人才爲先，故孔子以得人爲問。如滅明者，觀其二事之小，而其正大之情可見矣。後世有不由徑者，人必以爲迂；不至其室，人必以爲簡。非孔氏之徒，其孰能知而取之？『愚謂持身以滅明爲法，則無苟賤之羞；取人以子游爲法，則無邪媚之惑。」

考生李振聲的作答如下：

「行必以正而事非公者可進驗焉夫徑人多由者也乃滅明不由焉其事非公者不可進且自捷徑之趨日滋而斯世之素行不正者幾不免以私情而忘公事矣若乃細行是矜既凜於進退周旋之際而持躬甚密可驗乎讀法懸書之餘，素履其克貞乎而寬閒之候又何妨進觀也子問得人而以滅明對何哉蓋以滅明行事世所罕覩者也將以治國一國之事不則敗以之治家一家之事有成何也蓋立品甚大所行能不由徑也居恒之操修無論與庸流有異即此跬步必謹已足見其事事必嚴而不失之餘歧趨寸衷之學問無論與俗士各別即此躬行克端已足窺其事事克塡而不敢偶乎踐履行不由徑非滅明之心甚公乎且夫人不私則公者亦不公則私假令惟徑是趨而不由乎正大之路將不僅歧路中有徑即官路中亦有徑也不第道途間有徑即宦途間亦有徑也且欲速之心熾，而假公濟私必爲也見小之意而起而以私

害公不惜也又安有循規蹈矩獨審夫是非也哉惟然吾試以非公事觀滅明世豈無因緣奔走之輩以公事爲梯榮之徑者而滅明不然也興賢爲公事育才爲公事不然滅明早辨之日非公事世豈無趨承阿附者之徒以公事爲俗徑之爭者而滅明不爾也興利爲公事除害爲公事不然滅明已別之日非公事蓋非公事則滅明之律已甚嚴持身甚正而視仕宦之途如窄徑也何也未嘗至於偃之室也。」

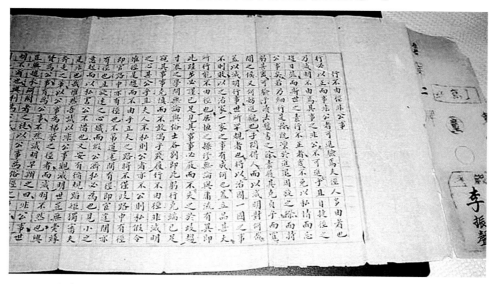

圖4－3：清代考生李振聲參加府試作答的正文（局部）

這篇文章在字數上沒有超過 550 字，字數符合要求。在形式上包含了破題、承題、起講、起比、中比、束比等幾部分，基本符合八股文的固定組成，具體內容分析如下：

1. 破題：「行必以正，而事非公者，可進驗焉。」破題是將題目的意思用一句話再說一遍。破題要求形式上簡短，同時又能將題目的意思說清、說透，且不寫任何無關的內容。嚴格來說，此答卷的破題水平並不太高，考題「行不由徑非公事」包含三方面「行」、「徑」、「公事」，破題需要用一句話將這三方面同時包含在內，並且觀點鮮明，考生李振聲沒有能夠將「徑」的意思說透，也沒有將三者的關係說清，觀點也不夠鮮明。

2. 承題：「夫徑，人多由者也，乃滅明不由焉？其事非公者，不可進乎？且自捷徑之趨日滋，而斯世之素行不正者，幾不免以私情而忘公事矣。」破題要盡量圍繞破題的話展開，進一步闡釋文章的主題。一般在破題階段要將下文整篇文章準備闡述的主題分爲幾個層次，爲下文展開論述做好鋪墊。此

考題嚴格來說，也是一個截搭題，《論語》原文的上下文的內容十分豐富，在破題中講不完，應該在承題部分進一步闡述出來。但是考生李振聲的邏輯能力似乎有些欠缺，其作答的承題部分止步於解釋澹臺滅明為何「行不由徑」，很突兀且過早的寫了「聯繫當下社會弊端」這樣的話，本該是文章最後才寫的，卻沒有能將這一本來十分有意義的主題做更深層次的、明確的展開。此外，需說明的是，四書文的寫作在破題部分一般不指名道姓的說人的名字，而到了承題部分則可以這樣做，所以考生李振聲才直接提到了澹臺滅明。

3. 起講：「若乃細行是矜，既凜於進退周旋之際，而持躬甚密，可驗乎讀法懸書之餘，素履其克貞乎？而寬閒之候又何妨進觀也？子問得人，而以滅明對，何哉？蓋以滅明行事，世所罕覯者也，將以治國，一國之事不，則敗以之治家，一家之事有成，何也？蓋立品甚大，所行能不由徑也。」起講一般是散文的形式，大都有一個像「若夫」、「若乃」、「若曰」、「且夫」、「至若」這樣的開頭詞，此處是「若乃」。在某種意義上，這樣的詞可能是為了閱卷方便，可以幫助考官一眼看出各部分結構劃分。因為本來不同考生寫的文章結構都是基本相同的，差別只在其中某一部分的表達上，迅速區分出試卷結構是提高閱卷效率的基本前提。起講的要求主要在於立意要高，胸懷要廣，這樣才能為下文寫出精彩的句子打好基礎，所以有時童試的最後一場只要求考生寫出幾個起講，藉以評價考生的胸懷。考生李振聲的起講使用了自問自答的方式，囉嗦之餘，只說出了「澹臺滅明人品高」這樣與上文重複的內容，在深度和廣度上都沒有展開。當然，在某種意義上這可能也是因為受到朱熹注解限制的緣故。

4. 起比，要求以對偶的形式寫出，考生李振聲是這樣寫的：

居恒之操修，無論與庸流有異，即此踱步必謹己，足見其事事必嚴，而不失之餘歧趨；

寸衷之學問，無論與俗士各別，即此躬行克端己，足窺其事事克塡，而不敢偶乎踐履。

行不由徑，非滅明之心甚公乎？

因為上述起講沒有為下文做好鋪墊，所以起比部分即不能在更深層次展開鋪陳敘述，考生李振聲此處提到的「踱步」、「躬行」，在邏輯上與題目並沒有必然聯繫，因此顯得有些生搬硬套。

接下來是一個過渡性的話，還是在講澹臺滅明內心「甚公」。

5. 中比：

  且夫人不私則公者，亦不公則私，假令惟徑是趨，而不由乎正

大之路，將

  不僅歧路中有徑，即官路中亦有徑也；

  不第道途間有徑，即宦途間亦有徑也。

  且欲速之心熾，而假公濟私必為也，

  見小之意而起，而以私害公不惜也，

  又安有循規蹈矩，獨審夫是非也哉？

中比部分要求繼續以對仗的形式更深入的展開主題。考生李振聲寫出的幾個對子，諸如「不私則公者，亦不公則私」，「官路中亦有徑也、宦途間亦有徑也」，「假公濟私必為，以私害公不惜」基本是在前後反覆、沒話找話，既沒有顯示出強調的意味，也沒有顯示出作者的才思，更無從談起探討澹臺滅明行為背後的理念，也就是沒有能使文章的內容寫的更深入一些。至於「即官路中亦有徑」這樣的話，實在太過庸俗，足見考生內心世界所思所想，無非是在「官路」上徘徊，其境界還遠沒有達到能與考題所涉及的子游、澹臺滅明，乃至孔子交流的水平，正是這些因素導致了行文吃力，拼湊痕跡明顯的結果。

6. 後比一般會寫一個長長的對子，考生李振聲寫的內容如下：

  惟然吾試以非公事觀滅明，

  世豈無因緣奔走之輩，以公事為梯榮之徑者？而滅明不然也。

  興賢為公事，育才為公事？不然滅明早辨之曰：非公事；

  世豈無趨承阿附者之徒，以公事為俗徑之爭者？而滅明不爾

也。興利為公事，除害為公事，不然滅明已別之曰：非公事。

後比部分的以「世豈無」開頭的兩句話構成了對仗，但是作者膽寫不認真，後半部分多了一個「者」字，以至於兩部分在字數上不一樣了。考生李振聲在中比的基礎上深化了認識，認為當前的一些人往往以興賢、育才、興利、除害這類的公事為藉口往來奔走，其實背後卻都是在圖私利，澹臺滅明絕不會這樣，這才是澹臺滅明的高尚之處，這已然超出了《論語》原文的意思，但是卻似乎誤解了《論語》原文及朱注的意思。澹臺滅明的高尚之處主要在於能夠坦蕩的處理公事與私事的關係，不因私事去央求城宰，遇到公事則勇

於去找城宰解決，這才是「非公事，未嘗至於偃之室」的真正意思，而考生李振聲的闡述則將其中的意思說亂了。

7. 束比：

「蓋非公事，則滅明之律已甚嚴，持身甚正，而視仕宦之途如窄徑也。何也？未嘗至於偃之室也。」最後歸結到《論語》中的原話，但是考生李振聲句句不忘做官的事，總結澹臺滅明的高尚之處，竟然是「視仕宦之途如窄徑」。這沒有總結出更深層次的道理，更是完全沒有表現出「代聖賢立言」的味道，甚至也沒有說出澹臺滅明這樣做、子游這樣評價的話語背後意蘊。

總的來說，這篇文章寫作水平一般，只能算作是一篇中規中矩的的四書文。

此試卷的第二部分為格律詩一首，詩題「賦得岸榮待臘將舒柳，得舒字五言六韻」。詩題出自杜甫《小至》：「天時人事日相催，冬至陽生春又來；刺繡五紋添弱線，吹葭六管動浮灰。岸容待臘將舒柳，山意衝寒欲放梅；雲物不殊鄉國異，教兒且覆掌中杯。」描述的是冬至前後周圍環境的變化，杜甫此時生活相對穩定，詩的內容也很溫馨。「刺繡五紋添弱線，吹葭六管動浮灰」是說刺繡的女工，因為冬至過後白晝逐漸變長，於是可多繡幾根五彩絲線了。古時候，將葦膜燒成灰放在律管內用來觀察氣候的變化，在第六管的灰有變動的時候，表示冬至節到來。冬至前浮灰向下，冬至後則浮灰向上。「岸容待臘將舒柳，山意衝寒欲放梅」是說「河堤好像等待著臘月的到來，好讓柳樹舒展枝條，抽出新芽，山也要衝破寒氣，好讓梅花開放」。

這首詩的內容在今天解釋起來都有些複雜，考生自然需要在參加考試之前便已經熟讀過，並且能以此詩中的一句話為主題再寫一首五言詩。考生的作答如下：

「兩岸迎眸內，依依柳甚疏；待時將臘破，得氣已容舒；嶺上梅凝桂，溪邊雪映書；其形原似竹，比色不如璵；古社無人聚，長亭有客居；還防腰折偶，美蔭護村閭。」（「璵」，讀音為「yú」，是指一種美玉。）

嚴格來說，這首詩寫的也不是特別好，但是還算比較規範，合乎平仄。童試中的詩可能都是這樣的中規中矩，但是缺乏新穎性的。

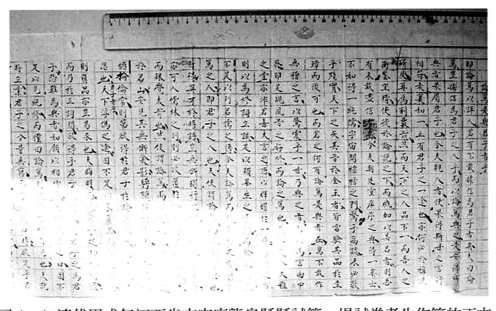

圖4－4：清代甲戌年江西省吉安府龍泉縣縣試第一場試卷考生作答的正文 1

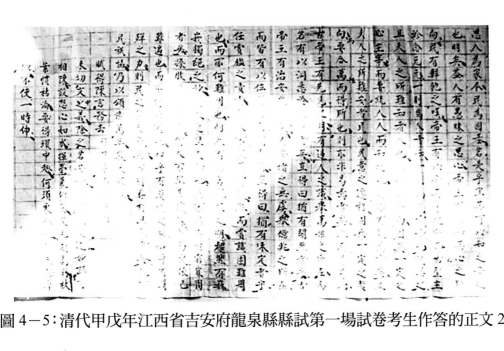

圖4－5：清代甲戌年江西省吉安府龍泉縣縣試第一場試卷考生作答的正文 2

圖4－6：清代甲戌年江西省吉安府龍泉縣縣試第一場試卷考生作答的
　　　　正文 3 草稿部分

第四節　總結與分析

一、考生作答的水平

　　從命題的角度來看，各地童試的考題基本上能夠執行中央政府的規定，但與鄉會試相比，童試的考題常常有一些不規範的情況。從考生的角度來看，上述考生李振聲的答卷可能代表了當時參加童試的考生的一般水平。與參加鄉會試的考生相比，這些考生的水平不夠高。一方面可能是因為參加童試的考生年齡還都不太大，大部分考生的年齡與當代的中學生年齡相當。這從當時考中生員的考生的年齡上就可以看出。據研究，初次獲得生員身份的考生，以「16～25 歲之間考上生員者最為常見，占總數的八成之多。更有超過一半

左右的讀書人是在 16～20 歲之間取得初級功名的。除此之外,有一成左右的人是在 15 歲以下,亦即尚在未成年的『小男』之時就得以進學。26 歲以上才取得生員功名者爲數甚少,還不到 10%。﹝註 40﹞參加童試的考生的年齡要小於此處所述的初次獲得生員的考生的年齡,因爲參加童試的考生都是還沒有考中生員的考生。

另一方面,參加童試的考生眞正讀書學習寫作的時間也確實不長,大部分考生可能讀的書也還不多。比如據記載,乾隆年間的考生曹錫寶仔參加童試的時候才十三歲,因爲長輩著急,所以便報名了,這時候他「五經」僅讀完其中的三經,而「四書」也沒有全部背過,據其自撰的年譜記載,「《禮記》則節讀十之六七,《左傳》猶未卒業」。﹝註 41﹞此外,1905 年,有日本人調查 28 名 15～20 歲之間的清代讀書人所通讀過的書籍,發現應試必需的四書通讀比例是 100%,而五經中僅《詩經》的通讀比例達到 100%,《易經》僅有 42.9%的人通讀過。史書的通讀率十分低下,前四史只有 7.1%,即僅有 2 人通讀,作爲小學門徑的《爾雅》僅 1 人通讀。﹝註 42﹞

二、四書文考題的特點

對於考生來說,以四書文爲主要內容的童試考題,最難的地方並不在於無法知道考題內容的出處,而在於如何寫。概而言之,在科舉考試中,四書的原話在本質上是作爲作文的題目而出現的。就寫作而言,如果寫作水平很高,那麼對於任何題目都能寫出洋洋灑灑的內容來。至於割裂、截搭題,實際上無非是要求考生對四書的內容更熟悉一些以便能夠辨認出考題的出處,當然,這類考題對考生的想像力和語言運用能力的要求也稍高一些。因此,學習四書只是複習應考的開始,考生複習應考的主要工作在於寫作練習。

以四書爲內容的「試題庫」,以及用一種不再作爲口頭語的表達方式來撰寫「八股文」的考試內容自來爲許多人詬病。四書範圍的局限性影響了考生

﹝註 40﹞　左松濤:《清代生員的進學年齡》,《史學月刊》,2010 年,第 1 期,第 42～50 頁。

﹝註 41﹞　曹錫寶:《曹劍亭先生自撰年譜》,北京圖書館藏珍本年譜叢刊第 104 冊,第 248～249 頁。

﹝註 42﹞　兒崎爲槌:《清國學生思想界の一般(承前)》,《教育研究》,明治 38 年(1905 年)4 月 1 日,引自左松濤:《清代生員的進學年齡》,《史學月刊》,2010 年,第 1 期,第 42～50 頁。

的學習範圍，也影響了教育內容的範圍。「八股文」則沒有實用價值，不能造出「堅船利炮」，甚至對於國家管理也沒有直接用處。不過在當時，這是一種「傳統」，艾爾曼在《劍橋中國清代前中期史》中提到「在中華帝國的每朝每代，掌握用經典語言進行政治對話成爲精英們在知識上發展的先決條件。自從官方認可的今文經在西漢（公元前 206 年至公元 8 年）形成之後，歷代王朝的政治事務往往通過經典或王朝歷史的語言表述。」「建立在非技術的傳統道德和政治理論基礎上的傳統教育，非常適合選拔服務於清帝國政府機構的前現代社會精英，正如人文主義和拉丁經典教育服務於早期現代歐洲的精英一樣。」「科舉考試應試者受到的訓練目的不是使他們成爲『閱讀大眾』的成員，儘管他們被訓練的一個副產品是形成了一個精英的讀者群；但背誦和書法的訓練是爲了培養『寫作精英』，文章標誌著他們是受過傳統文化訓練的士人。」〔註43〕

　　而且，這樣的「試題庫」對於體現考試的公正性則有一定的好處，四書的內容全部都是古典時代的內容，家庭出身、個人經驗的豐富程度不會對考生的作答產生影響，這樣一來，即使出身貧困、所在地區偏遠的考生也可以獲得「起點上的平等」。「八股文」對於體現考試的公正性也有一定的好處，對於這種非實用化、非口頭體的文體的寫作來說，其水平提高主要依賴練習。不誇張的說，對於一些考生來說，一枝筆，一張紙就能構成全部複習資料，這大大降低了貧困考生的應試成本。

　　從命題的角度來說，作爲童試考題關鍵部分的四書時文，固然不可能離開四書中的話，但從寫作的角度來說，無論怎樣命題，考生的寫作內容都必然會超出四書的範圍。因爲四書對於童試而言，充其量只是一個試題庫，只有題目，沒有答案，只是這一試題庫是有邏輯順序的。每句話，也就是每一句有可能成爲考題的內容都有其上下文的背景。

　　考生能做的事首先自然應該把試題庫全部背過，但是考哪怕是寫作所需的素材，也不可能局限於試題庫本身。尤其在錄取率很低的背景下，考生需要需要付出的努力自然是很大的，只有那些用功的考生才能受到考官的青睞。

〔註43〕 艾爾曼：《清代前中期士人的社會角色》，引自彼得生：《劍橋中國清代前中期史》。WILLARDJ.PETERSON.THECAMBRIDGEHISTORYOFCHINAVolume9 PartOne：TheCh』ingEmpireto1800，PrincetonUniversity，CambridgeUniversityPress2002：375.

三、答題的取向

從答題要求來看，童試的取向不像今天這樣崇尚「創新」，中央政府一直以典雅質樸作為參加童試的考生答題要求，這也是整個科舉考試對答題的要求，這並未因為童試的等級較低而忽略。《學政全書》卷六：「順治二年（1645年）定，凡篇內字句，務典雅純粹，不許故摭一家言，餙為宏博。」由此，童試答題也禁絕學派之爭、門戶之見，「乾隆十四年（1749年）奉上諭：即如宋元以來辯析朱陸異同，初因講學而其後遂成門戶，標榜攻擊甚為世道人心之害，嗣後有似此者，必治其罪。」〔註44〕考試的邏輯與學術有所不同，考試必須對考生的作答規范進行嚴格的限制，保證所有考生，無論來自何門何派，都回到同一起點，按照類似的要求進行作答。這樣才能在真正意義上將優秀與否區別開來。否則，不同門派之間各是其所是，無從辯別高下，將影響考試的說服力。

所以，中央政府對童試對複習資料的規定主要是考試本身折中取向的要求而作出，「順治九年（1652年）題准：說書以宋儒傳注為宗，行文以典實純正為尚。今後督學將四書、《五經性理大全》、《蒙引存疑》、《資治通鑒綱目》、《大學衍義》、《歷代名臣奏議》、《文章正宗》等書責成提調、教官課令生儒誦習講解，務俾淹貫三場，通曉古今，適於世用。其有剽竊異端邪說，矜奇立異者，不得取錄。」〔註45〕

雍正十年（1732年）的上諭再次闡述了與上述觀點類似的看法，《學政全書》卷十四：「雍正十年奉上諭：四書文號為經義，原以闡明聖賢之義蘊而體裁格律，先正具在典型可稽。雖風尚日新華實並茂，而理法辭氣指歸則一。近科以來文風亦覺乖變，但士子逞其才氣詞華，不免有冗長浮靡之習，是以特頒此旨曉諭考官，所拔之文務令清真雅正，理法兼備，雖尺幅不拘一律，而支蔓浮誇之言，所當屏去。」〔註46〕

其實，對於考試來說，以典雅質樸為文章評判標準，這不僅僅是文風的問題，而且涉及公平的問題。八股文寫作要考察的內容除了考生對典籍思想的熟悉程度之外，還包括考生就一個事先並不知道，甚至沒有興趣的題目，完整、有邏輯的表達自己思想的能力，這對語言運用能力的依賴，遠勝過對

〔註44〕素爾訥：《學政全書》卷六，清乾隆三十九年武英殿刻本。
〔註45〕素爾訥：《學政全書》六，清乾隆三十九年武英殿刻本。
〔註46〕素爾訥：《學政全書》卷十四，清乾隆三十九年武英殿刻本。

思想創新的依賴。在參加童試的階段，極少有考生能對四書中的話形成新觀點、新解釋，考中生員者，優勢主要體現在寫作能力上。

如果對思想新穎的期望勝過樸質典雅，極容易導致考生會竭力用心在使自己的寫作內容變得更加新奇上，而不是刻苦訓練語言表達的能力了。這不僅是對四書義這種考題形式的破壞，而且會導致考生學風敗壞。刻苦踏實、認真用功於語言訓練與以浮躁的心態捉摸新鮮刺激的想法相比，具有更明顯的公平性質，因為後者將成功寄希望於偶然。

所以，禁止文風的浮華也一直被中央政府看重，《學政全書》卷十四：「乾隆十四年（1749 年）奉上諭：近今士子以科名難幸，或故為堅深語，或矜為俳儷辭，爭長角勝風簷，鎖院中偶有得售彼此仿傚為奪幟爭標良技，不知文風日下，文品益卑，有關國家掄才巨典，非細故也。夫古人論文，以渾金璞玉，不雕不琢為比，未有穿鑿支離可以傳世行遠者。至於詩賦掞藻敷華，雖不免組織渲染，然亦必有真氣貫乎其中乃為佳作。今於四書文采掇詞華，以示淹博，不啻於孔孟立言本意相去萬里矣。」〔註47〕

當然，對典雅樸質取向追求並不意味著提倡考生抄襲固定的模板熟套。《學政全書》：「乾隆二十五年（1760 年）議准：又議准，書藝以闡聖賢精蘊，而命題關係行文，即欲杜抄襲之弊，避熟取新亦必聯絡貫穿，勿背於理，若上下不倫，縐合無理，流傳學校，殊非釐正文體之意。至府州縣均有童試之責，亦應一體飭禁，其坊間所刻時尚巧搭選本，並飭地方官查禁銷毀。」〔註48〕

四、字數的取向

考生的答題有多方面的限制，除了上述對文風的限制之外，字數的規定也是重要的內容。鄉會試對考生答題字數有嚴格的限制，童試也不例外，《學政全書》卷六：「康熙二十年（1681 年）議准：定例前場文章字逾五百五十過冗長者不謄，今若照定例，恐詞意不盡，若不限字又恐相沿冗長，嗣後前場文章限六百五十字，如違限例謄錄取中，照例議處。」各級科舉，凡是四書文寫作都有「不超過某字數」的規定，這當然是出於閱卷方便的目的，卻更是為了所有考生的公平。

〔註47〕 素爾訥：《學政全書》卷十四，清乾隆三十九年武英殿刻本。
〔註48〕 素爾訥：《學政全書》卷十四，清乾隆三十九年武英殿刻本。

　　如果沒有字數限制，固然會有利於不同考生發揮出最好的能力，但考試本身的性質要求，必須通過此次寫作將優秀的人鑒別出來。如果是平時的寫作練習，當然可以取消字數限制，以利於自由發揮，但是考試不同於平日練習。考試必須以完成考試的目的，實現考試的本性為首要的目標。這就像一位老師必須要以完成教師的根本任務，每個人都必須以實現每個人的本質屬性為主要目的一樣。所以四書文才規定了字數限制，保證所有考生都在同一界限內進行表達。

　　與今天高考「不少於 800」字的規定有所不同，各級科舉考試都是規定「不多於」某個字數。相對於字數少的文章，字數多自然更容易將一種思想感情表達的更為清楚。長篇小說所表達的感情的豐富性和完整性一定是勝過一篇短文的。因此「不少於 800 字」的規定所帶來的是一種「多寫」的導向，相比之下，這會導致考生們在有限的時間內，把有限的精力花在「多寫」上，以取得相對優勢，而不是花在寫得更好、更精彩上了。相比之下，這對於只寫了剛達到規定字數的考生是不公正的。假如某位考生本來有著很好的天賦和寫作能力，但是只寫了剛好夠的字數，但是另外一位同學，水平僅稍次之，卻寫了更多的字，在這樣的情況下，寫了更多字的同學極有可能將情感和邏輯表達更加清楚和完整一些了，因此將有可能取得相對優勢。

　　為了避免這種誤導，為了使考生將有限的時間和精力用在「寫的好」而不是「寫的多」上，包括童試在內的各級科舉考試才做出了「不多於」某個字數的規定。

五、考試與「限制」

　　當然，在考試過程中，考生還會受到從寫字的規範性，到內容的規範性等各種限制。這些「限制」的存在主要是由考試本身的性質決定的。從人才選拔的角度來看，考試的本質體現在兩方面，一方面是對考生有所「限制」，另一方面是讓考生有所「發揮」與「表現」。「限制」即是要讓考生的某些方面在考試時受到限制，比如考生在考試時要按要求作答，要遵循考試題目的設計要求，要在同一時間、同一地點完成，要遵循各種統一規則，這些屬於「限制」。而「限制」則是為了「表現」，「表現」即是讓考生內在的能力、天分、心理素質等表現出來。在平日，每個人也都有類似的「表現」，考試中的「表現」的特殊性在於這些「表現」是在「限制」的基礎上出現的。因為唯

有在「限制」基礎上的「發揮」與「表現」才能比較長短優劣。因此所有考試都要有所「限制」，有「限制」才能有「標準」，有「標準」才能有「比較」，否則考試的本質即無法實現。

所以「限制」是為了形成最後的「標準」，進而達到考試的目的。以此為基礎，好的考試形式要求對考生「限制」最少，並盡可能讓考生把所要表現的內容「發揮」出來，即「限制」要最少，「發揮」要最多。考試不同於其它制度之處在於要讓人表現出內在的「知識」或「品德」，要想達到更好的「表現」，就要盡量少設限制條件。但是如果完全沒有「限制」，就沒有「標準」，無法比較了，或者會造成「可比性較差」的結果。所以「限制」既是「度」，也是一種「形式」或者規範化的要求。不同形式的考試在本質上即是不同形式的「限制」，或者程度大小的「限制」。「限制」過少會造成標準缺失，進而導致考試沒法實現「鑒別」功能，但是限制過多，考生能「表現」的則會太少，考試的效度會受到影響，所以，「限制」只能達到一個度即可。所以理想的情景是「限制」最少，可「發揮」的程度最高。在這時候，考試的設計在本質上就是要盡量減少不必要的「限制」，盡量想辦法增加考生的「發揮」。

「限制」與「表現」往往是相矛盾的，「限制」越多，那麼考生能「表現」的就越少。唐代的明經科常考「貼經」（和今天的「填空題」類似），這種題目「限制」過多，考生能「表現」的很少，僅僅是把一個空填上；而對一個作文題來說，「限制」變得少了，考生可以「表現」的多了。所以，童試在考題設計上則盡量保持在擁有一定「限制」的前提下，讓考生獲得最大限度的「表現」。

四書文作為童試考題最主要內容，也是整個清代科舉考題最主要內容的，在本質上是一種考試專用文體，這保證了所有考生都能受到一定程度的「限制」，比如題目範圍的限制，寫作基本框架的限制。同時，四書文要求使用「死」的語言，在《劍橋中國清代前中期史》中，艾爾曼提到：「這些考試實際上是考核一種書面語言，而這種書面語言已與口語、地方方言部分分離了。為了獲得參加科舉考試必要的訓練，準備應試的學生必須有效地掌握這第二種語言。其簡練的文字、上千個不常用的單詞以及古代的語法形式要求這些人從孩童時代到成年時期長期的記誦和不斷的注意。」〔註49〕與當代語

〔註49〕艾爾曼：《清代前中期士人的社會角色》，引自彼得生：《劍橋中國清代前中期史》。WILLARDJ.PETERSON.THECAMBRIDGEHISTORYOFCHINAVolume9 PartOne：TheCh』ingEmpireto1800，PrincetonUniversity，CambridgeUniversityPress2002：371.

言相比，古語言思想在表達方面的功能高過信息交流的功能，熟練掌握「死」了的「文言文」，用非日常用語的進行表達能力，讓考生能夠更精確的運用具有豐富的思想文化積累的語言進行閱讀和表達。這意味著強大的精神力量，對於一個人的內心發展具有最重要的價值。這也保證了所有考生都能夠將自己內心的思想世界完整的表達出來，尤其能讓一部分擁有優秀內心的考生脫穎而出。

　　所以，童試的考題設計與鄉會試相比不夠規範，考生水平也較差，不過以四書文為主要內容的考題是一種高效、廉價的考試內容。這也使得童試能夠適應基層社會缺少物質資源的特點，大體上維持考試的公正性，承擔起遠遠比鄉會試更為龐大的人才選拔的任務。

第四章　地方社會的「童試經濟」

　　童試組織過程中涉及的人數眾多，也形成了一系列的經濟行為，對地方社會經濟有重要的影響。李伯重在《19 世紀初期華婁地區的教育產業》一文中統計了松江府的華亭和婁縣兩縣的教育產業總規模，認為在 19 世紀，「華婁二縣有教師約 5000 人，其中大約 4000 人從事精英教育（面向科舉考試的非實用化教育），而其餘的 1000 人則從事大眾教育（以識字、簡單計算為目的的教育）」，兩縣的教育經濟包括由多種來源渠道組成的校舍與設備、教師薪金等項目在內，「私塾的各種投入合計，總數為 45 萬兩。加上官學的開支 11.2 萬兩，總共約為 46 萬兩。」「占該地區 GDP（790 萬兩）的 7.16%，人均教育支出 0.18 兩。」〔註1〕這是從經濟視角來看的地方教育規模。

　　不過，該項研究在統計教育產業時沒有統計童試涉及到的費用，可能因為童試本來不是每年都舉行，而且是分別在縣城和府城舉行，具體的數據不甚方便獲取。但因為童試在名義上由國家統一實施，參加童試的考生數量也很大，考生們以及相關人員在考試期間的直接或間接的支出也構成了地方經濟的一部分，也是地方教育產業的不可獲缺的重要組成部分。

第一節　公共經費支出

　　童試畢竟是以中央政府的名義組織的公共考試，所以由中央政府撥付的辦公經費開支是首先應該注意到的部分。不過，在童試的全部開支中，只有

〔註 1〕　李伯重：《19 世紀初期華婁地區的教育產業》，《清史研究》，2006 年第 2 期，第 60～74 頁。

辦公經費和學政的部分交通費，由中央擔負，這筆費用在童試的所有開支中所佔的比例不大。

　　從中央政府的角度來說，童試是位於最基層的公共考試，與基層社會的距離最近，關係最密切，與童試有關的物質支出也最容易擾動基層百姓的生活。中央政府要考慮社會穩定，絕不希望因為童試的存在而讓地方政府隨意攤派雜稅，導致地方百姓負擔過大，以至民心不穩。與中央政府的希望有所不同，學政來到各府城主持考試，必然需要以各類開支作為基礎，缺乏基本的開支，考試工作將會發生漏洞、偏差，進而影響考試的效率和公正。從學政的角度來看，考試所需的基本物質基礎至少應該得到保障。所以中央政府、學政與地方政府之間便有一種微妙而敏感的關係。儘管學政由中央派出，但是其在對待童試物質開支上，與中央政府想的並不一致。

一、學政的辦公經費

　　舉行童試，最基本的支出是考試組織過程中的辦公經費。這部分開支是童試舉行過程中唯一可以得到中央政府報銷的費用。《學政全書》提到：「（童試）事畢，通前公費，及一應修理衙門置辦器皿、給賞花紅、紙筆之費，一併造冊，各具總數目若干，候起馬日呈報，以憑察核。」〔註2〕

　　這部分開支有兩方面，一方面是用於考官生活和辦公的費用，比如，「駐箚處所，初到日，照常送米麵一次，以後發簿照數辦送，各該調考州縣，不許另送下程。如久住，處所柴炭油燭及門皂柴米，俱酌定數目，五日一送；筆墨紙張，候票取方送。送進對象，巡捕官細搜。」〔註3〕由此可以看到，中央政府對學政在主持考試期間的飲食費、辦公費都按照公共開支對待，具體數目沒有嚴格限制。

　　《學政全書》提到的另一方面的開支主要是面向考生的，「如遇考校日期，生儒供給俱先一日送進：每名大餅六枚、水果四枚；夏月加西瓜半個，即置考桌上。教官仍給飯一餐，務俱精潔堪用。有以惡濫冒，破官錢，該吏坐贓問罪。各員役供給，亦先日預貯。各州縣同日考者，先期扣算合用銀若干，會同總辦，以免偏累。」〔註4〕因為童試分為不同場次，而且一般都有覆

〔註2〕　素爾訥：《學政全書》卷十一，學政按臨，清乾隆三十九年武英殿刻本。
〔註3〕　素爾訥：《學政全書》卷十一，學政按臨，清乾隆三十九年武英殿刻本。
〔註4〕　素爾訥：《學政全書》卷十一，學政按臨，清乾隆三十九年武英殿刻本。

試，每場考試，考生都要在考場上度過一整天時間。從《學政全書》的規定可以看到，國家是擔負考生的飯費的，但由於各縣的考生數量太大，地方政府無力組織人員備辦，所以考生在考場的生活往往是極為艱苦的，還遠遠達不到如中央政府規定的「夏日加西瓜半個」的待遇。在一般文獻中都未曾提到有國家管考生吃飯的說法，而不少文獻都提到考生自己擔負考試期間的住宿、餐飲費。不過，有文獻提到了「終場飯」的說法，比如光緒二十六年（1900年），婺源考生詹明鐸在考完縣試各場考試之後，直接在考場上免費吃一頓飯，這是當地的習俗。〔註5〕

中央政府要求，上述辦公性質的開支必須按規定向中央政府報銷，不允許直接向百姓徵收費用，也不允許向考生收取。《學政全書》提到：「乾隆十一年（1746年）議准：學政按臨初到之日，預計考期遠近，日用薪蔬數目，約發價銀，交提調官委人辦送，事畢造冊核算，不得收取供應。」〔註6〕《清實錄》提到，道光十六年（1836年），湖南參革知府王鳴球告發本地學政蔡錦泉，提到：「新進童生，每名出錢六千四百文，以三千文繳入內署，餘作當差人等火食之用……此項係各學門斗等收受過付。經該撫備文咨詢，該學政覆稱內署菜蔬，均係發價飭縣備辦，有結可憑。其當差人等工食，向由府縣經理，並無需索童生錢文之事等語。著該撫親提應訊人證，並傳到該府所屬各學教職及巡捕官並門斗人等，確切根究，認真查辦。」〔註7〕也就是說，如果學政向考生收取了費用，則屬於違規，需要面臨「查辦」的後果了。

二、考場的公共用具

在童試組織過程中要用到一些具有固定資產性質的物品，這些物品也是考試組織中的一項重要的開支，《學政全書》提到了童試考場的各色設備：

考場大堂左側：「設案二，候放出題等書，及照出手牌三十面，旁設大雲板一架。」

大堂右側：「置長凳四圍，屏二架，以便官吏暫處。」

〔註5〕 詹明鐸：《我之小史——新發現的徽商小說》，王振忠整理，安徽教育出版社，2008年8月，第123頁。

〔註6〕 素爾訥：《學政全書》卷十二，清乾隆三十九年武英殿刻本。

〔註7〕 《清文宗實錄》，卷之二百九十二，中華書局，1985年。

大堂東西：「各備命題長柄牌六面，提牌八面。」

小公座前：「置長案一，鋪氈於上，移席、換卷、丟紙、說話、顧盼、攙越、抗拒、犯規、吟哦、不完小印十個，總盛一匣，印色俱全；中放東西文場坐號籤筒。」

小公座兩旁：「設受卷長案各一，分置各府州縣學坐牌在上。每案各置界尺四呈文紙五十張，筆墨硯各一，照進長柄粉牌二，站臺設小雲板一架，連槌在飲茶桌前。」「飲茶桌一張橫放，置茶四大壺、薑湯二壺，上用紙貼明開薑茶字，茶鍾六個，冬春備火盆、木炭相連。設桌一張，直放上置『飲茶』小印一面，印色全界尺四，以便放卷，相離五尺。」

考場甬道中：「設木梆一架，連槌在出恭桌前，出恭桌一張，橫放上置『出恭』小印一面，印色全界尺四，以便放卷。」

文場四個角落：「各置粗壯桌一張，銅鑼四面，以備巡綽人役站立瞭望。」

左角門邊：「席圍行竈中備食盒水缸水桶，及碗碟等物合用，水菜俱全。」

右角門邊：「置淨桶四個，俱用蘆席編棚，約高四尺，上不用蓋以便遠觀，不許附近。

外牆二門內大門外：「各設大鼓一面，前堂後堂高燈八座，甬路掛燈八盞。」

二門大門：「高燈各四座。」

二門內兩邊：「暫用圍屏遮蔽設桌凳，以備官吏輪流憩息。」〔註8〕

上述「考棚應用什物」購買一次可以多次使用，而且也可以在考試之外的其它場合使用，或者在開考之前由考試組織者由他處借來使用，但是準備起來也十分不容易。中央規定：「各省考棚一切應用官備之物，及學政衙門額設書役例給工食，原應酌動公項報部核銷，不得令地方官再行捐備。」〔註9〕

三、學政的交通費

中央政府著力關心的還有學政的交通費用，這是與學政個人關係最密切，且最容易在地方社會上引起爭議的費用。學政必然不是一個人到各地主持考試，而是要帶著不少隨從，甚至需要雇備一部分勞力，以搬運考試所需物品。最初，中央政府認為這些開支應該由地方政府負責，「乾隆十一年（1746

〔註8〕 素爾訥：《學政全書》卷十二，清乾隆三十九年武英殿刻本。
〔註9〕 素爾訥：《學政全書》卷十一，清乾隆三十九年武英殿刻本。

年）議准：至於沿途護送人夫住宿處……學政概難自備，應仍令地方官遵照向例辦理。」〔註10〕

在童試舉行的過程中，地方府縣長官的級別比學政低不少，所以地方政府地方長官在童試的最後階段，即院試舉行的過程中是學政的下級。如果地方政府為童試提供的物質支持過於「節儉」，則很容易引起學政的不滿，甚至惹怒學政。比如清代貴州學政孫宗錫，「考試安順府時，輒因供給將普定縣知縣彭億清之子鎖押，並索取童生規費，濫責生員龍登衢，復因考棚朽壞，勒索各新生捐銀修理。」〔註11〕學政希望地方官員「供給」的豐備一些，而地方官員未能遵從，知縣的兒子甚至被學政鎖押起來，可見學政到各地主持童試時的威風八面之狀。

不過，這其中所涉及的問題比較複雜。中央政府自然知道，地方政府湧來支付童試組織過程所需的資金是來自百姓手中，也清楚童試的組織流程複雜，考生眾多，缺乏物質保證，但如果又不允許地方政府全力支持，進而造成童試的效率因物質條件得不到保證受到影響，最後威脅到的仍是地方社會的穩定，所以能做的只是通過對某些固定開支的來源做出規範，以平衡學政與地方政府之間的關係。

對此，清代早期已經有一些規定，比如「順治九年（1652年）題准：（學政的）程途非六十里不得備辦，中火每飯葷素不得過五器。」〔註12〕再比如，也有加強對有關費用的監督，以避免浪費的規定，「乾隆十一年（1746年）議准，學政按臨初到之日，預計考期遠近，日用薪蔬數目，約發價銀，交提調官委人辦送，事畢造冊核算，不得收取供應。」〔註13〕

當然，在所有的問題中，區別童試過程中容易引起爭議的費用是關鍵。這即是，要明確學政本人以及隨行人員的開支部分，到底哪些可以由地方政府擔負，哪些不由地方政府擔負。

根據文獻記載，學政到各府城路上的住宿費，以及運送考試所需物品的人工費，最初由府縣地方政府擔負。這筆費用到底有多少，則由學政說了算。在此過程中，地方政府是被動的。一般情況下，這筆費用的多寡要看學政的

〔註10〕　素爾訥：《學政全書》卷十二，清乾隆三十九年武英殿刻本。
〔註11〕　朱壽朋：《東華續錄（光緒朝）》，光緒五十七，清宣統元年上海集成圖書公司本。
〔註12〕　素爾訥：《學政全書》卷十一，清乾隆三十九年武英殿刻本。
〔註13〕　素爾訥：《學政全書》卷十一，清乾隆三十九年武英殿刻本。

個人品德。比如《學政全書》卷十一：「乾隆三十三年（1768 年），奉上諭，
鄂寶查奏：梅立本按試各屬，較前任學政通計多用夫七百名。又粵西各屬每
棚另有捐項六十兩，爲書役飯食。」梅立本是當時出現的費用過多的典型，
中央政府認爲「梅立本在粵西如此，各省情形雖未必盡同，或亦有如梅立本
之濫用夫馬者。各督撫未免存官官相護之見，不肯查辦，縱容日久，遂致積
習相沿。」〔註 14〕於是，在此案的基礎上，學政到各府主持考試的費用得到
了進一步明確的劃分，學政的權限受到一定的限制，私人性質的開支由學政
本人支持，而公共開支由驛站支付，地方政府的經濟壓力較小許多。

《學政全書》卷十一：「乾隆三十三年（1768 年），至學政在任，按臨各
棚考試，有護送勑印兵丁、馬匹，扛抬文冊卷箱人夫，其餘隨帶鋪陳，及家
人、幕友一應夫馬船隻，例應自行發價雇覓，並無地方官供應之條。今據各
督撫遵旨覆奏到直隸等十四省，向係學政照例自備，惟廣西、湖、雲南、貴
州四省，官爲供應，實屬積習相沿，應嚴行禁止，一體責令自行發價。雇用
至各省護送勑印，扛抬文卷，官物夫馬船隻，向無一定數目，易啓濫索濫應
之弊。嗣後學政考竣一府，即將無關緊要文卷，封交提調，徑送學政衙門，
其必應隨帶文卷冊箱，用夫十二名護送勑印，用馬四匹，水路備船一隻。如
路徑崎嶇應，加夫四名，水路或遇灘險之處，加小船二隻，以爲定數，俱在
驛站夫馬船隻內撥給報銷。此外有濫索濫應，並短發價值，及給價之後州縣
繳回，學政收受者，該督撫察出據實參奏如督撫狥情不舉，別經發覺，一併
嚴加議處。」〔註 15〕《學政全書》此處的規定即《清代科舉考試述錄及有關
著作》所說的「全省各府、州、縣皆歸其考試，於考試之時，嚴以關防。按
臨所過州、縣，護送敕印及隨行文卷宦物，准用驛站夫、船隻。考棚應用官
備各物及額設書役工貪，准予動用公項。餘俱自行雇備購買。」〔註 16〕

從上述內容可以知道，中央政府直接擔負的童試支出也是有限的。中央
對於童試組織所需的資金來源，原則上採取了調和地方百姓、考生的負擔，
與學政所需、地方政府所能幾者關係的辦法，既不讓學政勢力過大以至於壓
制地方政府，又不能因爲缺少物質支持導致童試的組織受到影響，也不讓考
生和地方百姓負擔過重。

〔註 14〕素爾訥：《學政全書》卷十一，清乾隆三十九年武英殿刻本。

〔註 15〕素爾訥：《學政全書》卷十一，清乾隆三十九年武英殿刻本。

〔註 16〕商衍鎏：《清代科舉考試述錄及有關著作》，百花文藝出版社，2004 年，第 8
頁。

四、「紅案」費的增加

到了清代中後期，中央政府擔負的部分逐漸變少，而考生的負擔則漸漸加重。《清實錄》提到，嘉慶四年（1799年），「有人條奏貴州學政向來取進童生，例繳紅案銀，三兩八兩不等，後則愈加愈多。廩保書役藉端需索，遂至四五十兩等語。因令軍機大臣傳詢差滿貴州學政談祖綬。據稱，各省學政俱有棚規，一切書役飯食，及朱價、卷價、棚廠等費，皆取給於此，惟貴州並無棚規。此等棚規紅案銀兩，原係相沿陋規。向於童生取進後，令出紅案銀兩，每各自一二兩至五六兩，作為出考費用。談祖綬按試各府時，亦相沿辦理。但止令量力繳進，從無多至四五十兩之事。」〔註17〕

對於上述問題，中央政府的處理意見為：「貴州學政養廉本少，距京較遠，學政挈其家屬、延請幕友，前赴任所，需費自不免稍多。而該省併無棚規，出考一切費用，令新進童生量為致送，其事亦尚在情理之中。即各省學政棚規，亦係陋習相循，貼補考費，非私賣秀才可比。若將棚規紅案銀兩概行裁革，則學政辦公謁蹶，豈轉令其取錄不公，營私納賄耶？況各省地方官所得各項陋規，不一而足，尚難一一禁止。乃獨於讀書寒畯出身，膺衡文之任者，過事搜求刻核，亦殊屬無謂。惟此項紅案銀兩，只應令新進童生量力交送，總不得過五六兩之數。其實在無力者，即當量為減免，不得強令交納。在學政既可從容辦公，而新進寒微，亦可共邀體恤。倘該學政等於規外復加多索，甚或於校士時有佝法婪贓之事，則必重治其罪，不稍寬貸也。將此通諭知之。」〔註18〕到此，中央政府已經改變「不得收取供應」的說法，正式承認的棚費的存在了。

相關的文獻也提到了「棚費」的說法，《清代科舉考試述錄及有關著作》提到：「後來學政出棚考試，定有棚費，以縣之大小照章酌送，其數不等，法令雖無明文，久為各省循例之默許。」〔註19〕此處的「棚費」即是上文的「棚規」，而不是用來修建考棚（試院）的費用。再比如光緒三十年（1904年）六月初十日，湖北考生朱峙三考中生員之後，六月初十日，「繳學憲費九串文」〔註20〕。在這些非官方的文獻看來，「棚費」不是辦公經費，而僅僅是學政的「勞務費」。

〔註17〕《清仁宗實錄》，卷之三十九，中華書局，1985年。
〔註18〕《清仁宗實錄》，卷之三十九，中華書局，1985年。
〔註19〕商衍鎏：《清代科舉考試述錄及有關著作》，百花文藝出版社，2004年，第9頁。
〔註20〕朱峙三：《朱峙三日記》，嚴洪昌編，華中師範大學出版社，2011年7月，第148頁。

　　《東華續錄（光緒朝）》提到，清代末年東北的一次「歲試用至九千三百餘兩，科試用至六千三百餘兩。」此處的歲科試可能是包含歲科試、童試等考試在內的一攬子考試。這次考試費用超支，學政因違規挪用書院費用而受到處罰。所以大多情況下，童試以及歲科試的公共支出應該是低於上述的數目的。

第二節　考生的個人支出

　　物質因素是影響考生參加考試以及考試成敗的重要因素。童試的級別雖然最低，但與鄉會試相比，流程卻漫長而複雜。鄉會試一次就能考完，童試不是一次、一場考試，而是一組、一系列的考試。而童試的錄取率很低，考生要經歷層層淘汰。參加童試的考生身份低微，這些考生在複習應考的過程中很容易陷入經濟窘迫的狀況中。

圖5-1：閬中貢院外的供考生住宿的「狀元閣」（引自楊學為《科舉圖錄》）

　　對於考生來說，參加童試有兩類支出，一類與童試間接相關，這主要是考生在準備考試的過程中，付給塾師的束脩、購買各種複習資料的費用。當然，也有一些學生是自己複習應考的，而接受教育也同時有識文斷字、更好

的適應社會生活的功能，對於童試來說是一種間接的支出。與參加童試直接相關的費用，主要有交通食宿費、擔保費、報名費幾項。

一、交通費

較早時候，學者楊聯陞曾經在《科舉時代的赴考旅費問題》中就參加科舉考試的考生需要擔負的交通費做過探討，但是並未涉及童試。近年來國內關於清代賓興的研究和有關科舉費用的研究中，也有涉及到考生參加科舉考試所需路費的內容，但是同樣也是只涉及到了鄉會試，沒有涉及童試。參加童試的考生需要從居住地趕到考試所在地考試，自然也有交通費。而且，由於童試並不是一次考試，考生需要多次往返居住地與縣城、府城之間，由此產生的交通費對許多考生來說，也是一筆重要的開支。

對於所在地為府、縣建制的考生來說，參加童試意味著首先到縣城參加縣試，其次到府城參加府試，最後學政來到府城後，到府城參加院試。這是大部分考生的情況。只是在一些地區，由於山高路險，交通不便，參加童試的考生趕考十分艱辛。比如，「黔江隸酉陽州，州士院試向皆遠附重慶，自黔至重，路尤險。」〔註21〕黔江縣的考生需要離開本地，遠赴另外的府。還有一些地區，考生所在地與縣府城之間存在地理上的天然障礙，比如「安徽鳳陽府屬壽州、鳳臺兩州縣，府試、院試從前均赴鳳陽就試，途中隔自上窯，河水面極寬，值夏秋汛漲，應試者每有覆溺之患。」〔註22〕再比如，光緒年間，湖北學政臣梁耀咨在主持完湖北安陸府童試的院試之後，在回到省城的過程中，「正值襄河夏汛盛漲……於四月十八日申刻至潛江縣屬灃港白雞灘地方，陡遇風暴兼起，跑沙船遭覆沒。該學政與幕友從人等司時落水。幸有炮船撈救得生。所有欽頒咸字八十四號、湖北學政關防一顆，及行李什物，一時搶護不及，並被沉溺。」〔註23〕學政尚且如此，考生的狀況更加可想而知。

當然，如果考生家庭所在地與縣城以及府城比較近，交通費可能會少一些，反之則會多一些。最遠的可能需要走上百里地，甚至數百里地。比如《（同治）廣信府志》提到饒州的考生，「國初學使者集生童試，饒州寒士跋涉數百

〔註21〕　許應鑅：《（光緒）撫州府志》卷五十五，清光緒二年刊本。
〔註22〕　李師沆：《（光緒）鳳臺縣志》卷六，清光緒十九年刊本。
〔註23〕　《申報》，第2244號（上海版），清光緒己卯六月十三日，第4版。

里，資斧維艱。」〔註24〕比如對於一些偏遠地區來說，考生的交通開支巨大，比如《（道光）佛岡廳志》提到：「吉河鄉去清遠或百里，或百二三十里，六鄉去英德亦百二三十里，縣試畢，且須分赴廣、韶二府試，其相去又各不下三百里。奔馳數百里外應童子試，舟輿往來之費，旅舍守候之貲，非數十金不辨。」〔註25〕此處提到的佛岡廳吉河鄉位處廣東北部山區，考生參加童試需要往來奔走，距離較遠，考生參加童試，單交通費、住宿便需要十兩白銀，當然是極端的例子，絕大部分考生的交通費應該都沒有這麼多。

如果考生所在為平原地區，走水路，則費用可能會少一些。在清代中期，一條船，一天大約可以走一百里地，一個人的費用大約為錢 100 文。這從一些側面的記載中可以看到。比如從比利時漢學家高華士根據 17 世紀生活在中國常熟地區的耶穌會士魯日滿的「常熟賬本」的記載進行的整理中可以看大，魯日滿曾經七次從常熟坐船旅行到蘇州，單程最少一次為 220 文，最多一次記錄花費 300 文（不過高士華認為此次這次可能是三個人的費用）。常熟到蘇州之間的距離為一百零五里，坐船需要走一白天。另外，魯日滿的賬本還記載有從常熟到無錫為 700 文；從常熟到崑山為 160 文；從常熟到上海為 1150 文；常熟到杭州為 1.05 兩；杭州到常熟，為 1.70 兩（杭州與常熟之間來往不同可能因為順水、逆水的緣故）；上海至崑山，1900 文等。高士華認為，當時一百里路的船費大約為 0.1 兩。〔註26〕另外，徽州休寧縣某人，乾隆十五年，從漁亭至屯溪船二隻，四日五夜，價格 3000 文，合每船一晝夜 330 文。屯溪至杭州，八日船價 5200 文，仍以二隻計算，每日每隻 325 文。〔註27〕

如果考生生活在中東部，尤其是平原地帶，從居住地到縣城、府城的距離一般都在一百里地之內，比如上述從常熟到蘇州意味著從一個府趕到另一個府才一百里地，按照上述的水路交通費用，考生的花費就比較少。如果是生活在山區或者偏遠地區，路途比較遙遠，加上如果無法走水路的話，費用便會高很多。康熙十六年（1677 年）江西道監察御史何鳳歧的奏摺「縣至府城，近者二三百里，遠者四五百里，各童躍苦跋涉，又費資斧。」〔註28〕再

〔註24〕蔣繼洙：《（同治）廣信府志》卷二之一，清同治十二年刻本。

〔註25〕龔耿光：《（道光）佛岡廳志》卷之三，清咸豐元年刻本。

〔註26〕高士華：《清初耶穌會士魯日滿常熟賬本及靈修筆記研究》，趙殿紅譯，大象出版社，2007 年 3 月，第 517、196 頁。

〔註27〕方豪：《乾隆五十五年自休寧至北京旅行用賬》，第 27 頁。

〔註28〕中國第一歷史檔案館編：《清代檔案史料彙編》第十輯，第 145 頁。

比如位處安徽北部的鳳臺縣，由於「皖北幅員遼闊，壽之西南，鳳之西北，距郡城四百里，各士子每因力絀不能遠道赴試，情形極為可憫。」〔註29〕

所以，不同考生所需的交通費差別可能比較大。以用費比較少的考生為例，如果縣府城都在一百里地以內，且可以坐船，往返一次為 200 文。考生完整的參加童試，需要逐次參加縣試、府試、院試，總費用至少 600 文。這應該是一個正常的數字。在《（道光）寶慶府志》提到「通例府試士皆就郡，計往來貲斧最少者，亦兩許。」〔註30〕此處記載的「兩許」是以一種花費較多的語氣來寫的，也就是說，如果考生花費超過一兩白銀，則會被認為比較高了。如果達到上文所述的佛岡廳的十兩白銀情況，就屬於極個別情況了。當然，還有一些居住地與縣城、府城比較近的考生的交通費更少。

對於一些貧困的考生來說，交通費用本身也可以通過步行來節省。步行參加童試，尤其是參加縣試在清代是非常普遍的。比如清代一位考生於「正月初四應府試時，家無擔石，告貸皆不允。身中僅儲錢七文，徒步來城向陸養和戴菊人假資斧，明年五月應縣試。入場後大父亦徒步先回，至蠻村雷電大作，雨隨其後。」〔註31〕步行的考生自然要花費更多的時間，而路途上也更為艱辛。

二、食宿費

如果參加童試的考生坐船趕考，那麼食宿自然在船上解決。不過，在考生趕到縣城和府城之後，仍有其它的開支，其中食宿費是最大的一筆。清代童試的縣試、府試、院試三級考試的每一級都分為四、五場，每場之間可能相隔一天，所以每一級考試都要持續幾天到十天不等。考生在考試期間需要擔負這期間的住宿和飲食的費用。有文獻提到參加童試的考生「進入號舍後，可自備乾糧，可以買麵食或蛋炒飯之類，堪稱考試產業之一。」〔註32〕

在清代，大部分縣城的規模都很小，能提供給考生的正式賓館也十分有限。相比之下，參加考試的考生往往超過了縣城的招待能力。有文獻提到：「房東為奇貨可居，有錢的父兄或塾師送考時隨帶伙夫、僕役，租賃寬堂大舍、

〔註29〕李師沆：《（光緒）鳳臺縣志》卷六，清光緒十九年刊本。
〔註30〕黃宅中：《（道光）寶慶府志》卷第一百，清道光二十七年修，民國二十三年重印本。
〔註31〕鄒弢：《三借廬贅譚》卷十一，清光緒申報館叢書餘集本。
〔註32〕王日根：《中國科舉考試與社會影響》，嶽麓書社出版社，2007 年，第 75 頁。

毫無吝色。寒士則一肩行李，有數人合租一間者；也有僅租一張竹床或一塊木板，設在堂裏角落，宿而不食，貧富懸殊，可以概見。此外祠堂廟宇，附廓村落，亦有人滿之患。」〔註33〕

從此處記載可以知道，由於需求量增加，考試期間縣、府城的住宿價格可能比平日要高一些，而不同的考生住宿條件差別也很大。清代湖北考生朱峙三在日記中記載了其兩次參加府試和院試時的住宿情況，「皆住在裁縫店裏」。其中光緒二十九年（1903年）五月初六日參加府試時住的地方「屋小人多，又極不潔」，只是因為同行的人認為「此屋伙食好，日給一百文」。〔註34〕這可能是當時比較低廉的住宿費用的情況。

日本人留下的《清俗紀聞》中曾經提到，「每個村落均有旅店，稱為打火房，打火房錢每晚每人80～100文，下飯只有豆腐類一種。魚肉則按客人要求提供，但需要另付費用。」〔註35〕與上述朱峙三所述大致吻合。朱峙三支付的每天100文中也是包括伙食的。朱峙三提到，開考當天，房東會在早飯中增加幾個菜。

以每天食宿費100文計算，參加童試的考生參加每一級考試的時間大約為七八天至十來天，花費大約一兩。縣試、府試、院試三次考試則為三兩左右。這當然是對於完整參加童試的考生而言的。部分考生沒有通過縣試、府試，即不需要再繼續參加府試和院試，也不存在後期的住宿費了。

對於貧困的考生來說，住宿費用有時也可以節省一些。正如今天的賓館價位有不同一樣。清代少數家庭貧困的考生，在趕到縣城、府城之後，或者幾個人擠在一起，或者借助在門廳走廊處，甚至可能只住一處破舊的寺廟內。當然，也有少數考生住在親戚家，尤其是在參加縣試的時候更是如此。再這樣的情況下，考生的住宿費會少很多。

三、試卷費

清代童試沒有專門的報名費，只有被當時的百姓叫做「買卷子錢」的「卷費」，略同於今天的報名費。這意味著，考生在考試的時候使用的每套試卷都

〔註33〕 易力原：《清末科舉童子試的形形色色》，引自文安：《晚清述聞》中國文史出版社，2001年，第280～293頁。

〔註34〕 朱峙三：《朱峙三日記》，嚴洪昌編，華中師範大學出版社，2011年7月，第112頁。

〔註35〕 中川中英：《清俗紀聞》，方克譯，中華書局，2006年。

是收費的。例如張仲禮提到：「在仁懷廳，童試第一場試卷收費 1050 文，武童試試卷爲 2100 文。」〔註36〕再如《（光緒）松江府續志》提到：「童試卷結，向由禮房備納，索費不一。」〔註37〕

在請代初年，各地對於童試試卷存在亂收費的現象，所以雍正年以後，中央政府對童試「報名費」進行了明確規定。《學政全書》卷十三：「雍正十一年（1733 年）議准：從前府州縣院考吏書人等，辦事需一月有餘，伊等飯食，以及雜費不入正項奏銷之內，例皆取給於卷價……索之卷戶，於是明索高價，苦累生童。嗣後府州縣以及院試，無論大、中、小學，每本試卷定價三分，令該提調官自行辦置，不許再招卷戶。其紙價工費之外盈餘卷價，即爲辦事書吏人等飯食之費。若再立卷戶仍前增價，查出照例參處。」〔註38〕

此處的「三分」也就是大約 0.03 兩白銀，考生繳納的這部分錢除了試卷的工本費，還包括了考試服務人員的勞務費。若按照此價格收取，可能僅能有了試卷的「工本費」，考試服務人員得到的勞務費將會大爲減少，所以在實際執行過程中，有些地方對這一規定執行的不夠嚴格，常常多收一些。於是乾隆初年，這一規定又一再被重申。《學政全書》卷十三：「奉上諭，學政考試卷價自雍正十一年（1733 年）經部議定，每本價值三分，令提調官自行辦置，不許卷戶仍前增價重戥等弊，自應遵照定例辦理。今崔紀奏：江蘇等屬，卷價浮多，有貴至一錢及二三錢不等者，寒士未免拮据。此皆由書役舞弊巧取，該管官不行查察之所致，著該督撫學政等通行各屬，嗣後童生府州縣以及院試卷價令依部定之例，毋得違例多取，如有仍蹈前轍者，著該督撫查出，分別究治。」〔註39〕乾隆二年（1737 年）上諭：「聞安徽所屬地方，應試童生，有完納卷價之陋例。其費彙交知府、直隸州，除修葺考棚外，有餘則補學政養廉之不足。雖每童所出不過錢數十文，而在貧寒書生，亦不免拮据之苦。且學政養廉，朕已特頒諭旨，加至四千兩，甚屬寬裕，更不必取資於卷價。至於修葺考棚，乃地方之公事，應動存公銀兩辦理者。著將童生交納卷價一

〔註36〕　張正燡：《懷仁廳志》，光緒二十二年刻本，引自張仲禮：《中國紳士：關於其在 19 世紀中國社會中作用的研究》，上海社會科學院出版社，1991 年 5 月，第 204 頁。
〔註37〕　博潤：《（光緒）松江府續志》卷二十四，清光緒九年刊本。
〔註38〕　素爾訥：《學政全書》卷十三，清乾隆三十九年武英殿刻本。
〔註39〕　素爾訥：《學政全書》卷十三，清乾隆三十九年武英殿刻本。

事，永行禁止。毋使不肖官員，及胥吏人等，借名苛索，致滋擾累。」〔註40〕

一些地方志中提到了清代後期本地童試試卷的收費情況，不少地區的收費的額度仍說超過了中央政府的規定的。比如「同治十年（1871年），海陽文童因卷價遞增滋鬧，經道府縣嚴定章程，文童卷價，府縣試及院試，一律每場、每本價值錢七十文。」〔註41〕比如思南府「文武童生府考試卷，向由府禮房備紙彙造。每週府試，府屬及安、印、婺童生，均各備卷價，由該房購買，價無定額，易釀事端。道光元年（1821年），經四屬生童稟請知府張元儁，定價立案，酌定每本准取卷價錢陸拾文，初試及終覆無異。」〔註42〕再比如昌樂縣規定「童生試卷定價銀伍分。」〔註43〕

也有的地區按照中央政府的規定收取試卷費，但是童試再收取一點「雜費」，這在《（光緒）大荔縣續志》中有提到，「童試卷價，每本銀三分折錢三十，即諸物稍貴，增以強半不爲少矣，於是荔朝遵諭以錢三十文爲卷價，外以四十文爲一切雜費，並鳩合屬諸君子共議之，乃以其數復於府憲，府憲以爲然，而縣試、府試之卷價定。」〔註44〕大荔縣雖然表面上奉行了中央政策，但是實際上在「卷價」之外還收取了雜費，一共收取了70文，與上述的一些超出規定的縣本質上實際是一樣的。

總得來看，許多地區的試卷費額度都達到了中央政府規定的兩倍。也有極個別地區達到「一到三錢」，已經超出中央政府規定數額的數倍了，但是尚未多至張仲禮所說的每場考試上千文的情況。

對於考生來說，中央政府規定的「三分白銀」，以及各地規定的數額都是指每一套試卷的價格，而完整的考完童試可能需要十幾套試卷。如果按照中央政府的規定，童試全部考完，試卷費總價格大約爲0.15兩白銀，如果按照各地收取的50～70文，那麼童試的試卷費大約爲0.25到0.35兩之間。

與交通、食宿費相比，試卷費並不算多。但是試卷費可能類似於今天的報名費，在數額大小上不應該與考生的食宿、交通相併列。而且，這一點點作爲試卷費的白銀卻是最容易出問題的白銀。從最貧困考生的角度來說，交通、食宿費可以通過個人節省的辦法減少支出，保結費可以央求保人減少一

〔註40〕《清高宗實錄》，卷之四十，中華書局，1985年。
〔註41〕盧蔚猷：《（光緒）海陽縣志》卷十九，清光緒二十六年刊本。
〔註42〕蕭管：《（道光）思南府續志》卷之五，清道光二十一年刻本。
〔註43〕魏禮焯：《（嘉慶）昌樂縣志》卷十九，嘉慶十四年刻本。
〔註44〕周銘旂：《（光緒）大荔縣續志》足徵錄，卷二，清光緒十一年刻本。

些，但是試卷費則是絕不可能有分文減少的，所以浮收試卷費在所有費用中是最容易引起考生不滿的費用。

四、擔保費

清代童試為了防止槍手冒名頂替，要求考生找人作擔保才能獲得報名資格，這被稱為「保結」。只有生員（一般是廩生）以上的人有資格作擔保人。每位考生可能有兩名擔保人，一位由考生自己找，一位由政府派給。《中國的科名》提到：「縣考未考之前，先在縣學教官處報名，還得自己求一相熟之廩生作保，如果找不到作保的廩生，那就不能與考。報好名之後，由教官再派一廩生，作為副保，無此人亦不能與考。」〔註45〕在上述兩種擔保人之外，還有「互保」制度，即參加考試的考生相互作為對方的擔保人。

互保可能不需要費用，但是政府派給的擔保人和考生自己尋找的則是需要費用的。相比之下，由政府派給的保人可能費用少一些，《（光緒）善化縣志》提到：「院試報名每人派保費錢壹百文，縣禮書收存試後，廩保派分，其縣府院試前三日，首士廩保在學局發卷、發結、派保。」〔註46〕每人的費用為一百文，不過每個州縣廩生的數額非常有限，可能只有幾十個人，但是參加考試的童生可能上千人，所以每個廩生可以同時做多個考生的擔保人，這對於廩生來說是一筆不小的收入。《蟬香館使黔日記》提到，學政甚至專門對派保資格做出規定，所有廩生輪流獲得這種資格：「本學廩保三十名，以補廩等第前後為序，自己卯歲考始，輪流挨派，不得攙越，其不願當保者聽，曾經保槍有案者永不再派。」〔註47〕

由考生自己找的擔保人則費用多一些。明末清初時的話本小說《人中畫》中交代了當時徽州人的保費數額：「徽州各縣童生俱要廩生保結，方許赴考。原來徽州富家多，凡事白銀上前，廩生、府縣、道三處保結，窮煞也要幾兩。」〔註48〕從這處記載可以看到，每次保結費至少可能需要一兩以上。不過認保的費用的價格可以討價還價，在白話小說《鼓掌絕塵》提到，陳珍要參加秀

〔註45〕齊如山：《中國的科名》，遼寧教育出版社，2006年1月，第27頁。

〔註46〕吳兆熙：《（光緒）善化縣志》卷之十一，清光緒三年刻本。

〔註47〕嚴修：《蟬香館使黔日記》卷三，續修四庫全書583冊，上海古籍出版社，第520～521頁。

〔註48〕《人中畫》，引自楊東方：《明末清初秀才資格考試的物質支出——以話本小說資料為例》，《尋根》，2006年，第5期，第57～61頁。

才考試了，他對父親說：「孩兒還去館中，與先生商議，若尋得一個相熟的，還省些使用盤費。」〔註49〕這些記載不一定完全可信，但可以在一定程度上反應當時擔保人的費用。

對於考生來說，擔保費用與交通、食宿費相比，也是一筆不小的費用。保結費之所以這麼高，主要因為擔保人需要本人陪同考生一同到縣城、府城，每場考試都與考生一同到考場外，接受點名和確認。同時，因為擔保人都是以往考中的生員，自然可以傳授不少應試上的經驗。

五、雜費和陋規

上述費用是眾所周知的費用，還有一些費用，也是考生參加童試所必須支付的。比如購買專門為考試準備的用具，最重要的是考試複習資料。

光緒年間，不少考試複習資料出版商在《申報》上的刊登廣告，從中可以看到價格。比如有一份出售名為「童試揣摩」的廣告，說：「《童試揣摩》現已裝釘出售。白紙收價二角八分，竹紙二角四分，欲閱者請來購取。至諸君送文來局，應送新書，已經按地分寄，無庸催索。未選之文，遲日再行遠稿。此佈。」〔註50〕這種參考資料也就是最常見的「優秀文章選」，一本參考資料的價格大約為二角多，大約為 0.2 兩白銀。

除了這些開支之外，還有一些看起來不甚合理的費用。從今天可以見到的資料中看到有以下幾種。

第一種，桌凳費。比如康熙十六年（1677 年）江西道監察御史何鳳歧的奏摺「縣考有交卷桌凳之費。」〔註51〕直至清代中期，許多州縣並沒有修建專供童試考試的考棚或者試院。每次童試，尤其是縣試，往往因陋就簡，考生需要自帶桌凳。比如《（道光）寶慶府志》記載：「惟是邑本瘠土，一切規為，率固陋就簡。自來縣試，聽士子自負几案，列坐於縣治之堂廡、階除、肩門，終日蜷局困頓，草草畢事，士多病之。」〔註52〕再比如浙江省玉環廳的情況，「環山孤懸海外，而無考棚，而廳署湫隘。凡應童試者，几案坐具必

〔註49〕 金木散人：《鼓掌絕塵》，引自楊東方：《明末清初秀才資格考試的物質支出——以話本小說資料為例》，《尋根》，2006 年，第 5 期，第 57～61 頁。

〔註50〕 《申報》，光緒丁丑七月十四日，第 1 版。

〔註51〕 中國第一歷史檔案館編：《清代檔案史料彙編》第十輯，第 145 頁。

〔註52〕 黃宅中：《（道光）寶慶府志》卷第五十九，清道光二十七年修，民國二十三年重印本。

自備，殊苦之。」〔註53〕可見一些地方的考場內是沒有桌凳的，如果政府提供了桌凳，就要收取一定的費用。

第二種，「書斗」等胥吏的勞務費或小費。不少地區有專門爲考生傳遞信息的「書斗」（或「考斗」）。《蟬香館使黔日記》提到：「書斗工資歲考八十石，科考半之，不得再索，各費亦於試畢回州領取。」〔註54〕這些人的工資理論上由國家擔負，但因爲「書斗」並非正式的國家官員，其在考試期間的收入也多來自考生繳納的費用。可能來自考生繳納的卷費，也肯能由考生另外繳納或者單獨支付。

第三種，禮節性的費用。有些屬於「必須」交的，比如「江西童試，有連三卷銀……諸陋例，溶生悉革除之。」〔註55〕也有的屬於自願，比如考生能夠考到最後一場也沒有被淘汰，這時候考場服務人員會過來給這部分考生討要一點「消費」作爲彩頭。比如1900年婺源考生詹鳴鐸在終場飯之後，衙門中的工作人員，拿一空碗來，放在桌上，求一些喜錢，詹鳴鐸隨意給了幾個銅錢。〔註56〕

第五種，各類陋規。學政等官員不可能親自做所有事務，有些事務由胥吏來做，考生難免受到刁難。《清實錄》提到，光緒九年（1883年），「御史萬培因奏：福建建寧府屬教官，創立查驗戳記。凡廩生保結，概令童生送學加蓋戳記，需索錢文，前任學臣率行批准。」〔註57〕再比如學政葉昌熾光緒乙巳年（光緒三十一年，1905年）七月，在甘州主持院試：「臨點面詰童生，皆供禮房索重賄，不給卷試冊。」〔註58〕這種費用完全屬於地方非正式官員濫用職權而產生，但是可能每個人需要交納的數額也不多，所以有時連學政都睜一隻眼，閉一隻眼。

總的來說，通過上文分析，可以知道考生在參加童試期間需要支付的與考試直接相關的費用加在一起，少則數兩，多則十餘兩。一般情況下，交通費一般地區需要一兩左右，住宿飲食需要三兩左右，試卷費需要不到一兩，

〔註53〕　杜冠英：《（光緒）玉環廳志》卷之六，清光緒六年刻本。
〔註54〕　嚴修：《蟬香館使黔日記》卷三，續修四庫全書第583冊，上海古籍出版社，第520～521頁。
〔註55〕　曾國藩：《（光緒）江西通志》卷一百二十八，清光緒七年刻本。
〔註56〕　詹明鐸：《我之小史——新發現的徽商小說》，王振忠整理，安徽教育出版社，2008年8月，第123頁。
〔註57〕　《清德宗實錄》，卷之一百六十八，中華書局，1985年。
〔註58〕　葉昌熾：《緣督廬日記抄》卷十，民國上海蟬隱廬石印本。

擔保費可能需要幾兩，其它的雜費也需要一定數額。康熙十六年（1677 年）江西道監察御史何鳳歧的一份奏摺提到：「目前軍需繁浩，若停止府縣兩考，令每童一名納銀十兩，該縣收庫給以收票彙解布政，其童生年貌、籍貫、保稟、甘結，該縣造冊申府，府繳學道，該道將童生姓名移咨布政與縣批查對，年終報部，則有童千名，可助餉萬兩。」〔註 59〕此內容可以作為上述推測的側面證據，何鳳歧給朝廷的建議提到，考生納銀十兩白銀便可以免除縣試、府試，由此可以知道，考生在縣試、府試期間需要的白銀，絕不會超過這個在地方官員眼裏「購買」生員身份的資金數額。

所以，完整的參加一次童試可能需要接近十兩的白銀。對於普通的農村家庭來說，十兩白銀是一筆不小的開支。這可以從當時百姓的收入對比而知，在《宛署雜記》中，當時社會上地位較低的工匠們的年收入大致上是：「木匠工食銀四兩五錢，雕奎匠工食銀四兩二錢，捏塑匠工食二兩五錢，妝奎匠工食銀三兩，油漆匠銀二兩三錢……」〔註 60〕張仲禮在《中國士紳的收入》提出：「一個鄉村或城市的勞動者除雇主提洪的伙食外一年的平均收入只有 5 到 10 兩白銀。」〔註 61〕有文獻提到考生為了參加童試而去借錢的情況，比如《（同治）九江府志》提到：「洪兆虎，字茂卿，號嘯山，矯捷有智略。少應童試，詣舅借資斧，未曙，倚門假臥，舅夢虎蹲於戶，驚寤異而贈之，遂易今名。」〔註 62〕

當然，一地童試舉行過程中，需要支付上述生活費用類開支的人，可能不僅是考生本人，還應該包括考生的各類擔保人員，以及陪伴考生到縣城、府城參加考試的親人、朋友，甚至是考生的老師。

六、考中後的開支

在一個科舉與社會習俗密切相連的社會裏，在童試中考得好的考生，尤其是考中生員的考生，要比沒有考中的考生再支付更多的費用。這部分費用遠遠大於在此之前付出的交通、食宿、試卷、擔保等費用，許多新考中生員的家庭不得不為此借債。此筆費用圍繞著「酬謝」而展開。

〔註 59〕中國第一歷史檔案館編：《清代檔案史料彙編》第十輯，第 145 頁。

〔註 60〕沈榜：《宛署雜記》，宮禁，北京古籍出版社，1983 年。

〔註 61〕張仲禮：《中國士紳的收入》，費康成、壬寅通譯，上海社會科學院出版社，2001（1）：93。

〔註 62〕達春市：《（同治）九江府志》卷三十七，清同治十三年刊本。

在文獻中經常見到的一筆開支，是新考中的生員交給府縣地方學校的老師的見面禮，有時被稱為「印金」、「紅案」等。考生通過童試，獲得生員身份，只是獲得了進入府縣學學習的機會，類似於今天的「高考」。《庸庵筆記》記載：「舊例，凡院試所取者，必由本學教官擇率新生謁夫子廟，始得列於附生之籍。」〔註63〕本學的教官即為本地本地的教育官員。在清代，府設教授，州設學正，縣設教諭為本地教育官員，同時也是本地生員名義上的老師。這部分官員的收入不多，新生員的見面禮是所有收入中的重要一項。

在不少地區，本地教官向新考中的生員收取費用已經成為「慣例」。比如光緒十年（1884 年），「有人奏：閩省教官，於新進童生勒索脩金。前經御史謝謙亨條奏，奉諭飭禁。乃聞此弊並未革除，勒索比前更甚。」〔註64〕這正是上文曾提到的福寧府「郡學校官於歲科考入學諸生，索冊費甚巨，第一名必百金，以次遞減亦數十金，寒士難之。〔註65〕

張仲禮提到：「考生中榜，需向教官（他們的新上司），以及為他們考試作保的廩生納規費。家道殷實的生員每項納銀七十兩，家資不富的生員也需納約二三十兩。」〔註66〕《蟬香館使黔日記》中的《威寧學規》提到：「學師印儀上上戶二十兩，上戶十二兩，中戶六，下戶三。」〔註67〕看來，這筆「見面費」的多少一來根據考生成績，二來按照家庭背景決定，所以考生往往竭力裝得窮酸，而府縣教育官員則竭其所能探知考生的家庭背景。比如婺源考生詹明鐸考中生員之後，儘管做擔保的廩生已經盡力「作出寒酸的樣子，說的我萬般苦，萬般的沒有錢」，幫助其隱瞞家庭出身了，可是仍被本地教官打聽到，詹明鐸出身木商世家，家道殷實，需要繳納更多的費用。後來為此爭論到「舌敝唇焦」，考生與教官雙方才終於達成一致。〔註68〕

也有的地區作出了統一規定，比如《（光緒）香山縣志》提到：「縣學新

〔註63〕薛福成：《庸庵筆記》卷六，筆記小說大觀本。

〔註64〕《清德宗實錄》，卷之一百六十八，中華書局，1985 年。

〔註65〕俞樾：《春在堂雜文》三編，卷二，清光緒二十五年刻春在堂全書本。

〔註66〕張正煃：《懷仁廳志》卷三，光緒二十二年刻本，引自張仲禮：《中國紳士：關於其在 19 世紀中國社會中作用的研究》，上海社會科學院出版社，1991 年5 月，第 205～206 頁。

〔註67〕嚴修：《蟬香館使黔日記》卷三，續修四庫全書第 583 冊，上海古籍出版社，第 520～521 頁。

〔註68〕詹明鐸：《我之小史——新發現的徽商小說》，王振忠整理，安徽教育出版社，2008 年 8 月，第 162 頁。

進，謁見教官贄儀外，另取銀兩曰『印金』，以新進之貧富它其多少，富者或至數百數十兩，即極貧者亦十兩以外。同治五年（1866 年）邑紳劉元貞等定議二十兩，貧富畫一，稟官勒石以垂久。」〔註69〕

　　根據一些記載，並不是所有地方教育官員都必須向每個學生索要印金，個別情況下也是可以免除的。明末清初的小說《雲仙笑》中提到：「大凡人家子弟進學之後，就要備贄儀相見學師。那贄儀多寡，卻有規則，分為五等。那五等，卻是：超戶、上戶、中戶、下戶、貧戶。那超、上二戶，不消說要用幾十兩白銀，就是中、下兩戶，也要費幾金。只有貧戶，不惟沒有使費，還要向庫上領著幾兩白銀，名為助貧。」〔註70〕清代的《二刻拍案驚奇》卷二十六中，高愚溪說：「當初吾在沂州做學正，他是童生新進學，家裏甚貧，出那拜見錢不起。有半年多了，不能勾來盡禮。齋中兩個同僚，攛掇我出票去拿他，我只是不肯，後來訪得他果貧，去喚他來見。是我一個做主，分文不要他的。」〔註71〕這些小說中的記載也許可以反映當時實際存在的一些個別案例，確實有極個別的考生家庭過於貧困，府縣官學的老師不甚好意思再收取費用。

　　考中的考生除了要酬謝地方教育官員之外，往往還要逐一酬謝在考試過程中所有的人。

　　一是酬謝住宿旅店的老闆。考生獲得自己考中生員的信息之時，一般是在考完之後一兩日內，這時考生一般仍住在旅店。考生們得知考中的消息之後回到住地，首先見到的即是旅店老闆，考生接受的第一次道賀也來自旅店老闆，所以一般情況下，考生都會給旅店老闆一筆謝禮。當然，作為交換，旅店老闆也會向考生提供一些優惠，諸如給考生免費提供一頓好飯，向考生轉借接下來參加儀式活動所用的專用服裝等。比如婺源考生詹鳴鐸考中生員後所用的雀頂，「便係寓東所送」。〔註72〕

〔註69〕陳澧：《（光緒）香山縣志》卷七經政，清光緒刻本。

〔註70〕天花主人：《雲仙笑》，拙書生，引自楊東方：《明末清初秀才資格考試的物質支出——以話本小說資料為例》，《尋根》，2006 年，第 5 期，第 57～61 頁。

〔註71〕凌濛初：《二刻拍案驚奇》，卷二十六，引自楊東方：《明末清初秀才資格考試的物質支出——以話本小說資料為例》，《尋根》，2006 年第 5 期，第 57～61 頁。

〔註72〕詹明鐸：《我之小史——新發現的徽商小說》，王振忠整理，安徽教育出版社，2008 年 8 月，第 163 頁。

　　二是酬謝陪伴考生來考試的擔保人。比如詹明鐸在光緒三十一年（1905年）考中生員之後，在還沒回到故鄉之前，即在府城內「以紅紙包十餅金」，即十兩白銀贈送給了自己的擔保人作爲酬謝。〔註73〕《蟫香館使黔日記》中，學政專門還有專門的規定：「廩保謝儀舊例照，學師減半。」（這裡的學師，即是上述府縣教育官員。）

　　三是購買或者租借禮服，以便參加接下來的儀式活動。一些文獻中提到了「送學儀」，「凡童生入泮，紅案到日，縣正官先期出示送學，至期，諸生穿青鑲藍袍，銀雀頂，由儀門入，行庭，參禮。縣官導之謁聖廟，行三跪九叩。禮畢，至明倫堂，與學師行賓主禮，諸生執弟子儀，拜跪。縣官與學師坐定，諸生旁坐陪飲果酒。三禮畢，各退。翼日，復集明倫堂，迎新舊諸生，講書三日。」〔註74〕此儀式在各地有不同，對於考生來說，備辦禮服是需要一定費用的，據回憶：「禮服係規定式樣：內層爲『開叉袍』，正中前後開叉、圓領、馬蹄袖，謂之『箭衣』，束以腰帶；外罩『套子』，對襟、開胸。禮帽：深邊中間突起，周圍綴以紅纓正中嵌一黃銅質、棗核形的塔尖，謂之『頂子』，亦稱『雀頂』；夏季禮帽：鍛形下垂。其它裝飾與前無異。足穿長統靴。全套禮服均用綢製，有錢的咄嗟立就，寒士也不得不勉爲其難。」〔註75〕這自然也需要一筆錢。

　　三是酬謝到家中報喜的人。比如《儒林外史》中提到匡超人考中生員的過程，門斗來報喜，「又拿了十來個雞子來賀喜。一總煮了出來，留著潘老爹陪門斗吃飯。飯罷，太公拿出二百文來做報錢，門斗嫌少。太公道：『我乃赤貧之人，又遭了回祿（即火災）。小兒的事，勞二位來，這些須當甚麼，權爲一茶之敬。』潘老爹又說了一番，添了一百文，門斗去了。」〔註76〕這在當時可能是一種很普遍的風俗。付給報喜的人錢可能每次所需不多，但是報喜的人會一批接一批的來，「各縣『報差』於挑復放榜後，日夜兼程報捷，兩人提小鑼一面、報條一張，上寫『捷報貴府某大老爺官印某某蒙欽命某省提學使司提學使某考取生員一名，連中三元指日高升』等字樣。進門後，升堂鳴

〔註73〕詹明鐸：《我之小史——新發現的徽商小說》，王振忠整理，安徽教育出版社，2008年8月，第164頁。

〔註74〕李兆洛：《（嘉慶）東流縣志》卷十下，清嘉慶刻本。

〔註75〕力原：《清末科舉童子試的形形色色》，文安：《晚清述聞》中國文史出版社，2001年，第280～293頁。

〔註76〕吳敬梓：《儒林外史》，第十七回，臥閒草堂本，清嘉慶八年。

鑼喝彩,博取賞賜,至再至三乃止。」〔註77〕每一批都要給錢,這也是一筆不小的開支。

此外,還有一些人主動幫助新考中的生員做一些「力所能及」的事情,考生也要付給一定的錢。比如有人專門為考生們印刷紅案,也就是新考中的生員的名單和個人信息。考試結束之後,有人幫忙印刷成冊,所有新考中的生員以及相關人員人手一本。〔註78〕負責這些工作的人,大都是在考場上幫忙的低級胥吏,這些人利用能夠較早知道考試結果的便利,「近水樓臺先得月」,印刷紅案發給考生,以獲得一定的費用。清代科舉考試的考場上,一些普通服務人員,都是沒有薪酬的,他們的薪水只靠這類的「額外」收入。

四是回到家鄉之後,如果家庭條件較好,則一般會酬謝對自己幫助較大的塾師,宴請周圍的相鄰、親戚。酬謝塾師的費用一般不很多,有時候甚至不送白銀,只是送一點禮物略表謝意而已。考生宴請親朋也不單是支付費用,在大部分情況下也會收到不少賀禮,這甚至會成為新考中生員們的一筆重要的收入。仍以《儒林外史》為例,匡超人考中生員之後,「潘保正替他約齊了分子,擇個日子賀學,又借在庵裏擺酒。此番不同,共收了二十多弔錢,宰了兩個豬和些雞鴨之類,吃了兩三日酒,和尚也來奉承。」〔註79〕其中禮錢就二十多弔,大約二十多兩。

總得來說,考生考中生員之後,還要繼續再支出一系列的費用,這一系列的費用可能會達到一百兩甚至更多。比如光緒三十一年(1905年),婺源考生詹明鐸考中生員之後,「適吳秦晉還債來百金,恰好應用」〔註80〕,也就是至少又花了一百兩白銀。光緒三十年(1904年),湖北考生朱峙三於考中生員之後,於六月初九日在省城與「父親及五爹商定,應謝保人、房主、購買禮物等,至少需錢一百七十串文(即約170兩),下午五時,出街購買應用物,並買扇子、藥品、食物等,備回縣時送各戚友」,「準備小禮二十個,均散去」,在省城請客,「送鄧宅除酒席錢外,另送十串文為謝禮」。到最終回到家裏,請完所有的客人之後「結算,此次所收錢,城內外親友賀禮共計一百三十串

〔註77〕易力原:《清末科舉童子試的形形色色》,文安:《晚清述聞》中國文史出版社,2001年,第280~293頁。

〔註78〕王日根:《中國科舉考試與社會影響》,嶽麓書社出版社,2007年,第77頁。

〔註79〕吳敬梓:《儒林外史》,第十七回,臥閒草堂本,清嘉慶八年。

〔註80〕詹明鐸:《我之小史——新發現的徽商小說》,王振忠整理,安徽教育出版社,2008年8月,第167頁。

文二百文。但以酒席、紙張、貼費、汪道才（跑腿的人）工資、除抵消外，所得亦不超過八十串文。」〔註81〕可見，朱峙三考中生員後一共花了二百多兩白銀，收回的賀禮則有一百多兩。考中的考生需要支付較多的錢，同時卻能接到不少的賀禮來抵消這部分支出。

第三節　圍繞童試的經濟活動

在清代童試舉行的過程中，有一大批考生之外的人可以因此獲得一筆收入，這些人或者是通過自己的勞動參與了爲童試考場提供服務的工作，或者是參與了爲考生本人提供服務的事務，或者甚至沒有與童試本身發生關係，也能獲得收入。

在通過提供服務獲得收入的人中間，自然包括學政等官員。學政、知府、知州、同知、知縣等官員本人在清朝中後期之後都可以領到數額很高的養廉銀，學政的每年的養廉銀少則 3000 多兩，多則 4000 多兩。知府各地差別較大，大約從近 1000 兩至數千兩，知縣大多爲幾百兩。這些錢是官員本身就有的工資補貼，與童試並沒有直接的關係。而除了養廉銀之外，主持童試本身也能爲學政帶來收入。根據記載，學政在童試期間往往可以獲得一定的「勞務費」，這是來自地方官員半私人性質的饋贈，一般是從考中的考生繳納的「棚費」中支取。

學政畢竟只是一個人，在童試組織過程中，還有數量眾多的人直接參與了考場的修建，爲考試提供物質材料等活動，並因此獲得了收入。除了直接爲童試考場、考試組織提供物資和服務以獲取收入的人之外，圍繞著童試，還有一群間接依靠童試獲取收入的人。

在童試舉行期間，城裏一般都會比平時更加特鬧，因爲縣城、府城來了很多考生和相關的人員，有了市場，便有了一大批經商的人來從事商業活動。據回憶，「院試時，考場外照樣而送考者、售食者、觀熱鬧者。各種奇異燈籠彙集，實屬一景。」〔註82〕《閱世編》提到：「至康熙十三年（1674 年）……猶憶昔年每遇歲、科兩試，水次停泊，舳艫數里，高編畫舫多如櫛比。」〔註83〕因童試的舉行而形成或興盛的商業活動有幾類。

〔註81〕 朱峙三：《朱峙三日記》，嚴洪昌編，華中師範大學出版社，2011 年 7 月，第 148 頁，150 頁。

〔註82〕 王日根：《中國科舉考試與社會影響》，嶽麓書社出版社，2007 年，第 76 頁。

〔註83〕 葉夢珠：《閱世編》卷二，上海掌故叢書本。

　　第一類，書籍類。在各類商業中，售賣與考生相關的物品的行業最受歡迎，在這些物品中，首先是書籍。《金陵賣書記》提到：「三十年前清朝廢科舉，於是石印書一落千丈。考試的書原售一、二元的，此時一、二角也無人要。大的石印書莊，因考試書的倒楣，都關門了，只剩幾家專印古書或小說的小石印書坊了。」〔註84〕可見，當時的科舉考試支撐了一大類書籍出版業的生存。

　　據研究，「銷售量較大的有《小題珍珠船》、《小題文府》、《小題三萬選》、《小題十萬選》、《小題文藪》、《小題味新》、《小題多寶船》、《小題文苑》、《大題三萬選》、《五經文府》、《小試金丹》、《大題多寶船》、《大題文府》、《無情巧搭》、《五經五萬選》、《巧搭文府》、《巧搭網珊》等等。」〔註85〕這些書大約類似於今天的「作文寶典」、「經典範文」之類的應試用書。

　　一般來說，生活在鄉下的考生信息閉塞，平時接觸不到對考試技巧研究的很深入的書，只有在縣城、府城才能看到，而且這時候的書因為購買量大，所以比較便宜。《儒林外史》中多處提到當時的書店：「過了城隍廟，又是一個彎。又是一條小街，街上酒樓、面店都有。還有幾個簇新的書店，店裏貼著報單，上寫：『處州馬純上先生精選《三科程墨持運》於此發賣』。」〔註86〕這是書店請專業人員編寫，向考生特別推薦的複習資料。所以「即某省鄉試，某府院考時，各書賈趕去做臨時商店，做兩三個月生意，應考的人不必說了，當然多少要買點書；就是不應考的人，因為平時買書不易，也趁此時買點書。」〔註87〕

　　在清代晚期，圖書的經營者甚至在開考期間在考場附近設置「臨時分店」，光緒十一年（1885年）九月二日，上海《申報》上刊登了掃葉山房廣告：「今當大比之年，除江浙兩省屆時往設（臨時分店）外，湖北武昌亦往（設）分店。」清光緒十七年（1891年），上海同文書會的第四號《年報》在計劃中說要「在每一個考試中心設立一個代銷處，以便出售我們的出版物。」〔註88〕

〔註84〕陸費逵：《六十年來中國之出版業與印刷業》，引自張靜廬：《中國出版史料（補編）》中華書局，1957年，第275～276頁。

〔註85〕孫文傑：《清代圖書流通傳播渠道論略》，《圖書與情報》，2012年，第6期，第130～136頁。

〔註86〕吳敬梓：《儒林外史》，第十四回，臥閒草堂本，清嘉慶八年。

〔註87〕陸費逵：《六十年來中國之出版業與印刷業》，引自張靜廬：《中國出版史料（補編）》中華書局，1957年，第275～276頁。

〔註88〕《同文書會年報第四號》，引自孫文傑：《清代圖書流通傳播渠道論略》，《圖書與情報》，2012年，第6期，第130～136頁。

　　第二類，文化產品。在童試舉行期間，賣的好的物品中除了書之外，還包括筆墨紙硯等考試用具，也包括各類文化用品。據回憶，在童試考試期間，「商店，以書店、文具店最多，均繫由外埠來趕集的，估衣店、鞋帽店、廣貨店（專售婦女用品，供考生送情之用）和餐館，亦所在皆是。還有江湖賣藝的，木偶戲、西洋鏡等。」「尤其是卜卦、算命、看相的最多，九流三教無所不備。」〔註89〕

　　第三類，娛樂類產品。在為考生服務的項目中，有些地區形成了圍繞童試的、帶有賭博性質的遊戲，據記載，「有一種變相賭博，謂之『押詩韻』，亦稱『詩條子』，其法是摘錄舊詩一句（七言或五言）中空一字或兩字，以圈代之，用紙條寫好，旁注類似的字四個，原來的字寫在紙條下角，用紙夾密封，任人猜測，下注：猜韻的（一個字），中者一賠三；猜連韻的（兩個字），如一連二、二連三……等類，中者照本賠，未中者沒收賭注。每張『詩條子』勝負相抵總有盈餘。如果索閱原詩，當場取出，對照無異，負者無法抵賴，但其詩集並不常見，坊間亦無出售者。此類詩攤，多至數十，遍設試院周圍，自朝至夕不鎮，地方官亦不禁止。」〔註90〕在今天看來這也許是一種娛樂項目，只是內容相對文雅，可能主要供考生和讀書人在童試期間娛樂。

　　更刺激的項目是直接圍繞童試錄取結果的博彩業。在清代，圍繞鄉會試的博彩非常多，而與童試有關的博彩也偶有文獻提到，比如鄧承修的《請飭禁抽收賭款疏》提到：「竊廣東賭風最熾，向有『闈姓番攤』、『白鴿票花會』等名……查闈姓之賭，起自機房小民，漸而相率效尤行於省會，經前撫臣郭嵩燾罰繳款項，以資津貼，奸民因此藉端，稟案抽繳經費，巧立榜花名目。每屆鄉會科期，及歲科兩試之先，設局投票，每票限寫二十姓，以中姓多少為贏，輸其投票之資，則自一分一錢，以至盈千累萬。其投票之處，則自省會以及各府州縣窮鄉。」〔註91〕

　　這種賭博的具體方式是，在考試之前，「賭局主辦人要將考生的姓名資料搜集起來，加以公佈，然後設局賣票，參與者出銀買票，預先指定一定數目

〔註89〕易力原：《清末科舉童子試的形形色色》，文安：《晚清述聞》中國文史出版社，2001年，第280～293頁。

〔註90〕易力原：《清末科舉童子試的形形色色》，文安：《晚清述聞》中國文史出版社，2001年，第280～293頁。

〔註91〕葛士濬：《清經世文續編》卷四十七，戶政二十四，清光緒石印本。

的姓氏押注。待考試結束，以發『金榜』爲依據，以買中姓氏的多寡決定中彩與否。」〔註92〕

其方法大約類似於當代的「賭球」。據文獻記載，當時廣東的這種博彩活動一時間成爲了一種巨大的產業，甚至身居窮鄉僻壤，從不讀書、也不關心科舉的人都會購買。就像當代的「賭球」有時會出現一些作弊的行爲一樣，清代圍繞童試的賭博也會出現一些極端行爲，一些人購買了數額較大的賭注，爲了贏錢，甚至不惜出面賄賂考官，幫助尋找「槍手」，破壞考試規則。

到光緒二年（1876年），兩廣總督張樹聲和廣東巡撫裕寬聯名向中央政府上報，要求嚴禁在鄉試和院試期間設局賭博，這項提議得到批准。不過，此事被地方士紳認爲是與地方社會做對，沒過多久，張樹聲便受到地方士紳的排擠而調離廣東。接任者張之洞，雖然表面禁止，私下則默許了這種考試博彩業的存在，他向中央政府提出的理由是「海防缺餉」。當時，每年的「闈姓捐」，也就是稅收高達二百萬兩白銀。這當然包括鄉會試在內，但因爲童試廣泛存在，而對於廣東來說，鄉試只在一處舉行，所以可以判斷圍繞童試所形成的博彩產業規模是何等龐大。

這種博彩業的存在，在某種意義上擴大了關心童試的人群。一個人無論在鄉下，還是在城裏，都可以參與其中，而且一旦參與其中，便不得不關心童試的錄取結果，這讓童試的影響超出了與考生有直接聯繫的人，使童試從一種考試本變成了一種社會事件。

第四類，商業化的考試作弊。童試中存在的諸多作弊活動往往與鄉會試不甚相同。對於一些人看說，在童試中作弊是一種牟利的行爲，這些行爲看似是在作弊，實際上卻是實實在在的經濟行爲。據回憶，因爲童試報名沒有門檻限制，所以「有把試場當作商場，文學當作商品出售者，他們也樂於此道，習爲專業，其文空洞無實，不著邊際，即無考取希望，但亦不致發生重大錯誤。試題揭示後，即一揮而就數篇，每篇只將詞句及筆調略爲改換，絕不雷同。文成後，向監試人領取『出恭』竹籤，繞大號試場，緩緩而行，口中低聲叫道『正箱賣了』，每篇索價制錢100文左右。有些紈袴子弟不能成篇、無法交卷者爭相購買。」〔註93〕一篇文章才賣一百文，買者自然知道質量沒

〔註92〕王日根：《中國科舉考試與社會影響》，嶽麓書社出版社，2007年，第239頁。
〔註93〕易力原：《清末科舉童子試的形形色色》，文安：《晚清述聞》中國文史出版社，2001年，第280～293頁。

有保證，買了也不可能考中，但是出於和社會習俗對「面子」的要求，爲了把試卷填滿，照樣去會買。這種用一種「擦邊球」的方式違背考試規則、卻沒有破壞考試公正性的作弊行爲，是生活在基層社會、處處面臨物質資源短缺的人行爲模式一大特點。

多次參加過清末童試的易力原回憶：「其它各縣則向縣「禮房」（經辦考生名冊書吏）給以饋金，覓一空白名額（有姓名而無其人，係禮房預留出頂者），冒名入場，積累起來，收入多者可達三四十串文，足敷幾個月生活費用。官府明知之而不禁止，同場考生亦不聲張，甚至認爲文人末路，無關宏旨。此輩謂之『冒領』。」〔註94〕

上述這些三教九流的雜等人員並不在意四書五經的聖賢教誨，視童試爲一種遊戲，甚至將其稱爲謀生的手段。但是無論如何，所有人都十分識趣，都將著眼點放在了「考中」這一點上，希望通過童試賺取盡可能多的錢。考生們在考試期間的消費活動也不僅是因爲自己處在特別時期，而不問價格，而是經常集體行動，竭力壓低價格，《清實錄》提到：「每遇生童齊集考試之時，或赴攤鋪、短價強買什物，或與市人扭結稟官。稍不遂意，即恃眾囂喧，挾制罷考。地方有司，視以爲常，每多寬縱。」〔註95〕

由以上所述可見，童試爲府、縣城的經濟和文化注入了一股新鮮的力量。參加童試的都是一方的文化人，喜歡買書，也有多樣化的精神追求，懂得聖賢的教誨，理解社會的規則，卻往往也爲生計所迫。這些聰明的人既懂規則，也懂得如何破壞規則，更懂得如何在不嚴重破壞規則的前提下，爲自己謀得一點不大的利益。這爲多樣化的經濟需求、多樣化的社會行爲、多樣化的生活方式的提供了基礎。因此，童試帶來的考試經濟不僅是讓書店、文具店變多了，讓提供時尚生活用品的商店生意紅火了，而且也使得一方水土從此不再那麼沉悶，也形成了一種社會文化。童試以及與童試相伴的事務慢慢變成了一系列複雜的社會習俗。

〔註94〕易力原：《清末科舉童子試的形形色色》，文安：《晚清述聞》中國文史出版社，2001年，第280～293頁。
〔註95〕《清高宗實錄》，乾隆七年，卷之一百七十二，中華書局，1985年。

第五章　民間資助體系

　　科舉資助體系是一項十分值得研究的內容，一直以來，相關研究多以賓興禮爲核心，集中在鄉會試資助層面，比如毛曉陽的《清代賓興禮考述》，熊昌錕、唐淩的《清代邊疆地區的教化與穩定——以廣西賓興組織爲視閾的考察》、張小坡的《清代江南賓興組織的演變及運作》針對的是參加鄉試的考生的資助體系，楊品優的《清代政府資助會試士子旅費政策述論——賓興會興起的制度背景分析》針對的是參加會試的考生的資助體系，對於處於最基層的童試的資助制度的研究，則一直沒有引起研究者的注意。清代民間力量對童試的資助主要分爲面向考生的和面向考試組織過程的資助兩類。

第一節　面向考生的資助

一、考試複習機構

　　在清代，參加童試的考生與參加鄉試的考生所處的應試環境有明顯的區別，前者是沒有任何功名的讀書人，後者大部分已經具有了生員身份，前者往往是在附近的私塾裏複習應考，而參加鄉試的考生往往在本縣，甚至省會的書院內複習。一部分參加鄉會試的考生爲了得到更好的指導，甚至會到京城向水平更高的人求教。因爲在京城內，有不少會試的落榜者，這些人曾經參加鄉試並且擁有舉人身份，無一例外都是應試「高手」。

（一）書院與私塾

　　有個別的考生在考中生員之前就能進入書院學習，這在當時是很好的選

擇。一般來說，書院的環境安靜，而且如果能在書院裏學習，便可以獲得固定的生活補貼，因爲書院往往有學田作爲固定的資金來源。比如貴州省的《（道光）思南府續志》提到，該地區的疏遠「肄業內課生童各十名，外課生童各十名，共四十名。每月初二、十六兩課，每課內課生童，每名給膏火錢四百文；外課生童，每名給膏火錢二百文。」〔註1〕「生童」包括「生員」和「童生」，實際上絕大多數都是生員，童生很少。該地書院的補貼數額在全國範圍內不算很高，但是也已經高過國家付給廩生的補貼數額了。所以這一部分補貼對於貧寒子弟來說十分重要，有了這筆補貼，考生便能夠兼顧生活與學習，安心的複習應考了。

再比如山東的《（光緒）東平州志》提到，「生童膏火，各二十分，生超等，京錢貳千，特等壹千，童上取壹千，次取伍百，官課考定甲乙。該紳按數繳官，院課點名時面領生童飯費，每名壹百，飭該房當堂散給獎賞及監院官茶飯，生童試卷均由官備。該紳如有扣尅等弊，經生童發覺，州尊重責不貸。」〔註2〕該地書院的補貼則要高於貴州的思南府的書院。

在清代，各級書院對學生的補貼是當時的一筆巨大教育資金。據張忠禮研究，清代全國有 112500 名住宿書院的學生，每年共得到津貼 1687000 兩白銀左右，而不在書院住宿的約 9 萬名學生共得到 675000 兩左右。這些學生每年從書院獲得的津貼總數約爲 2362000 兩白銀。〔註3〕有的書院補貼考生的資金數額也隨著學田數量的上升而上升，比如乾隆末年，江西南昌友教書院住院內課諸生初每月膏火銀八錢，因「實不足以供膳粥」，所以提高到每月一兩二錢。嘉慶八年（1803 年），官府核定福建鰲峰書院住院生自炊每月飯食錢爲一兩四錢。這筆錢足夠考生生活並且參加考試的費用了。

有些書院甚至設有專門的童試資助金，比如《（光緒）昌平州志》提到該州的書院甚至專門設有參加童試的補貼，「院試給予一個月膏火。」〔註4〕

只是，一般情況下，一地的書院留給童生身份考生的名額，往往比本地童試的錄取名額還少，書院考試競爭的激烈程度更甚於童試。一個考生如果

〔註1〕蕭管：《（道光）思南府續志》卷之五，清道光二十一年刻本。
〔註2〕左宜似：《（光緒）東平州志》卷第八，清光緒七年刻本。
〔註3〕張仲禮：《中國士紳的收入》，費康成、壬寅通譯，上海社會科學院出版社，2001 年 1 月，第 107 頁。
〔註4〕吳履福：《（光緒）昌平州志》，學校志第十四，民國二十八年鉛字重印本。

能力考進書院，其水平也足以考中生員了。所以絕大部分沒有考中生員的考生，很難獲得進入書院學習的資格，較好的書院大都是鄉試應考者學習的地方。

　　所以，大部分參加童試的考生主要在私塾中學習。私塾是後世研究者對清代基層教育機構的統稱。清代的私塾在文獻中很少直接稱為「私塾」，有的稱為某「館」，比如面向不同年齡兒童的「蒙館」、「經館」等；有的稱為某「塾」，比如按照招生範圍的區別分為「家塾」、「村塾」等；有的稱為某「學」，比如按照公益性質分為「義學」、「社學」等。但是，「私塾」的「私」如果是指需要學生繳納費用的意思的話，屬於公益性質的「義學」和一些由家族力量創辦的族學大多不需要繳納費用，應該不屬於私塾，所以「私塾」的「私」用來表示「不由政府支持」，而由民間力量自行開辦更為恰當。大部分清代的私塾類似於現代教育體系中的私立學校，私立學校當然也不必然是依靠收取學費維持運轉的。

（二）文會

　　在清代，參加童試的考生除了在私塾中學習之外，還可以參加專門用來應考的文會（也有也稱為「會文」、「文課」、「會課」等不同名字的）組織。在很多地區，文會是一種公益性的組織，有的文會是純粹的文學社團，定期舉行創作交流活動；有的文會是以文學為名，卻參與處理地方事務的事務性社團。因為童試是地方社會上的大事，所以也有一部分專門供考生交流應考的考評式文會。

1. 文會的形式

　　這類文會的主要事務即是考生們聚集在一起練習寫文章，類似於今天的「模擬考試」，《潮連鄉志》提到：「科舉時代，注重時文。父兄以此勉子弟，學校以此課生徒。鄉中社學，每歲課文數次。而各姓自有文會，亦以時命題課文」〔註5〕。再比如《番禺縣志》提到：「粵中文會極盛，鄉村俱有社學、文會。即集，社學中大小俱至，勝衣掇管，必率以至，不敢規避，令最嚴，毋敢假借者。卷用紅絲欄為式，卷面編千字文號，隱其姓名，別注小冊，分書其號別藏鎬，不使閱卷者知也。主會者具贄謁，閱卷者贄輕重視卷多少，

〔註5〕盧子俊：《潮連鄉志》，引自《中國地方志集成鄉鎮志專輯》，第 32 輯，江蘇古籍出版社、上海書店、巴蜀書社聯合出版，1992 年，第 22 頁。

閱定甲乙，各署卷尾，私印發鈐。主會者受之，然後出小冊比對、注明，前列者俱有銀帛之賚，謂之謝教。」〔註6〕

由此可見，地方社會中的以應試爲目的的文會組織，與正式的教育機構是相互聯繫的。文會並不是常年的、全日制的教育機構，只是定期舉行，以文章寫作和評價爲目標，參加的人正是來自各類教育機構中，準備參加童試的考生。

文會的考試過程大都從細節上盡量模仿正規的科舉考試。比如《范族文課傳書》記載，文會考試的時間像童試的一場考試一樣是一整天：「凡月課日期當課者，即於先期預備，黎明命題，已刻蓋戳，酉刻交卷，不准燃燭，倘有燃燭，斷不取錄。莫怪父兄過嚴。蓋欲其文之敏捷，利於家課，即以利於場屋也。」「已刻蓋戳」是當時科舉考試普遍採用的防作弊的措施。在考生開始答題之後的一段時間，考試組織人員會在考生已經寫了一部分內容的試卷上蓋一次章，以此防止有人替考。

有的文會由地理上相互聯繫的地區的家族或書院聯合組織，不同地區輪流擔任主持者，比如《（光緒）廣州府志》提到：「謹案：今日祖祠及各鄉書院皆有文會。祖祠月有定期，書院則聯數鄉或十餘鄉輪流值會。八股外間及古學，廣屬文風差勝，職此之由，而南海、番禺、順德、香山尤盛。」〔註7〕

有的文會也由家族來組織，只允許本家族的考生參加。這種性質的文會地點往往便選在宗祠內。比如津江朱氏《文課碑記》記載：「臨課期，各宜肅整。衣冠自具，紙筆辰集家廟。」

一些族譜中記錄了本家族文會的詳細規則，比如雙杉王氏家族於雍正八年（1730年）制定了《雙杉王氏育才諸規》，其中對本家族的會文做了詳細的規定：

一、文會，每逢正月八日、五月初七日、八月十七日、十二月十七日。黎明。舉、貢、監、生、童各整衣冠。帶策硯、紙墨、油燭至院，照題分做二藝，當日完卷。二藝不完，新制一經一詩不完者，不給燈油。

一、會文事務俱文生辦理，照科分輪值。

一、會文先期，當值者貼字院牆通知，隨具帖敦請名儒命題。加封。本

〔註6〕 史澄：《（光緒）廣州府志》，卷十五，輿地略七，清光緒五年刊本。

〔註7〕 史澄、李光廷：《廣州府志》卷十五，輿地略七，光緒五年刊本。

日黎明至院。封門公拆。文成，次早送閱批發後，復至院公拆，照卷分給本年燈油四股之一。

一、會文日。人齊後封門。生、監以上編號坐中堂，童生編號坐東西兩廊，其卷尾字號預先編定。候領卷時填本人名字於浮栗（票）。納卷時，各人揭去浮票。候發卷時核對，照次消書簿。

一、輪值者不作文藝，仍給燈油。便查、關通、插卷、夾帶、代作等弊，察出，罰作弊者本季燈油，如不受查察，及不受罰者，鳴眾罰其本年燈油。輪值者失察，照罰本季油如故。如故意失察，罰本年燈油。左右同坐者知情不舉，一併同罰。

一、文字分別次第，以寓勸懲。有以名次在後，冒犯閱卷者，後不許入會。

一、拆題後，未進院者不得入；已進院者不得出。既人復出者，不得復入，違者罰本次輪值人本季燈油。

一、整理飯食人工器物，俱於未封門前備辦齊集。封門後不得擠自出入，違者罰本次輪值人本季燈油。

一、命題閱卷，每五卷奉筆資一錢，照敗遞加。如成數外多一本作五本算，多留本做十本算。

一、飯食悉照清明席案照名分給定，不設酒。每人計費三分，不得任意增減。

一、批首紙筆，舉人六錢，恩拔副歲貢生四踐，貢監三錢，文生二錢，武生一錢五分，文童一錢，武童六分，必須五人以上方給。

一、燈油每年給文舉人一兩六錢，武舉人一兩二錢，恩、拔、副、歲貢生一兩二錢，文生八錢，武生六錢，武童三錢，即在四次會文分給。〔註8〕

從上述的規則可以看到，考生參加本家族的文會，如果考得好，是可以獲得一定數量的資金獎勵的。這在其它的文會組織規則中也可以看到，比如廣東潮連鄉文會獎勵資金，即使考得「首名亦僅二百」，〔註9〕廣東南海螺湧村的鄉祠文會，「鄉例前列獎賞以銀，由數星至一星」〔註10〕。再比如廣東佛

〔註8〕　《雙杉王氏支譜》，引自上海圖書館編：《中國家譜資料選編（教育卷）》，上海古籍出版社，2013年。

〔註9〕　盧子俊：《潮連鄉志》，引自《中國地方志集成鄉鎮志專輯（第32輯）》，江蘇古籍出版社、上海書店、巴蜀書社聯合出版，1992年，第22頁。

〔註10〕　梁信芳：《螺湧竹窗稿》，廣東省立中山圖書館藏，桐花書屋藏版，道光己酉孟春鐫。

山田心書院在道光六年（1826 年）以前，「魁者獎制錢百餘，以次遞減」，道光六年（1826 年）以後，獎賞數額增多，「魁者洋銀一圓，餘亦每名照舊數遞增」〔註11〕。廣州文瀾書院的文會資金獎勵相對較多，「第一名銀五元、絹扇、洋巾」，低一百名，還可以領到「白紙一刀」。〔註12〕廣東東莞地區的茶山課文會，「賞格雖不甚豐，惟會課之日，早晚膳必豐其酒食」〔註13〕，即使沒有明確的獎勵，參加文會至少可以吃上好飯。

2. 文會的費用來源

文會組織一般不會向來參加考試的考生收取費用，而是通過其它渠道獲得費用。少數文會可以象徵性的得到一點政府的資助，比如道光十九年（1839年），廣東潮陽登龍書院「每月開文課三次，官另給有膏火贍士。」〔註14〕大部分文會組織的資金來源主要是捐助，一種是純粹的自願捐助，一種屬於半強制性的捐助。比如當時屬於安徽婺源縣的正誼文會，就要求「正途一行出仕，則不論在京、京外，概各照會規捐助。異途捐納貢監，從九品、八品虛銜，每名入會，折酒席本洋捌圓；七品虛銜至四品虛銜，每名照從貢監遞加壹倍，折貲入會；四品以上誥封，折捐席貲陸拾圓；二品誥封，折捐席貲壹佰圓……。出仕官員，不論正途、異途，概於到任時，捐本官廉俸壹季。升遷人員，每升任壹實級，則捐俸壹一次。總以到任繳捐，若加虛級、虛銜不捐。」〔註15〕

很多文會經過長期的積累，擁有了固定的資金來源，比如廣東佛山地區的崇正社學，「主要利用靈應祠的租銀三十六兩，來應付全年會文的課費。」〔註16〕廣東東莞地區茶山附近的「課文會」，經費主要來自屬於本家族公共所有的「魚塘一口」。〔註17〕

〔註11〕周恒、張其：《潮陽縣志》卷六，中國國家圖書館藏，光緒十年刊本。

〔註12〕梁信芳：《螺湧竹窗稿》，廣東省立中山圖書館藏，桐花書屋藏版，道光己酉孟春鐫。

〔註13〕袁湛恩：《茶山鄉志》，《中國地方志集成鄉鎮志專輯（第 32 輯）》，江蘇古籍出版社、上海書店、巴蜀書社聯合出版，1992 年，第 375 頁。

〔註14〕周恒、張其：《潮陽縣志》卷六，中國國家圖書館藏，光緒十年刊本。

〔註15〕查慶曾：《（婺源）查氏族譜》卷尾之九《正誼文會序》，清光緒十八年木活字本，安徽大學徽學研究中心藏複印本。

〔註16〕吳榮光：《佛山忠義鄉志》（卷四），道光十一年刊本。

〔註17〕袁湛恩：《茶山鄉志》，《中國地方志集成鄉鎮志專輯（第 32 輯）》，江蘇古籍出版社、上海書店、巴蜀書社聯合出版，1992 年，第 375 頁。

很多文會的資金持續增長很多年，直到科舉結束的時代一直存在。比如
津江朱氏的《文課碑記》記載，乾隆五十六年（1791年），朱氏族人「同志捐
資置產，得田若干畝，租若干碩，爲月課經費。有餘又以克州縣試卷。」之
後，《重增文課碑記》提到：「嘉慶壬戌又再捐兩番。栽培人材類，非爲其事，
而無其功，已有明徵焉。今人日益眾，用日益繁，而科歲開給，殊費躊躇。
僉議又捐。幸各踊躍樂輸，復增置田產若干畝。」這些費用一直到民國之後
還被用作開辦新式學堂的教育資金。〔註18〕

3. 文會的價值

考生們在參加童試之前，多次參加文會組織的「模擬考試」十分有必要。
第一，這種「模擬考試」可以幫助考生熟悉考試流程，減少參加考試時的緊
張感。相比之下，文會的舉行的頻次要多於童試。比如《范氏文課傳書》中
提到：「每逢正月十六，五月初六，七月十七，十二月初十，四季按期會先日
吩示，廟典打掃。宗堂內外，房屋辦齊。」津江朱氏規定：「課期每年四課。
春正月十六，夏五月初六，秋七月十六，冬十一月十六。永爲例」。〔註19〕上
文提到的一些文會更爲頻繁。

第二，與私塾相比，文會可以更有效的幫助考生提高寫作水平。童試
的應考複習與今天的考試不甚相似，童試的考試內容主要是古典寫作，考
生在複習過程中，在已經能熟練背誦四書五經的基礎上，若想再提高寫作
水平，主要以練習、修改爲主。私塾的教師能做的只是幫助考生修改文章，
師生之間往往很快就完全瞭解了對方的寫作水平，再要提高就變得很困
難。所以清代的考生們經常每過一段時間，就換一處地方追隨新的老師學
習。

而且，遍佈各地的私塾屬於全日制的教育機構，教師水平參差不齊，而
文會只是臨時性的組織，可以用有限的資金將本地，甚至附近地區水平最好
的一批老師請來，參與考生文章的評定，考生在接受點評過程中可以獲得新
的思路，考生的寫作能力可以因此而獲得質的飛躍。比如廣東佛山地區的田

〔註18〕陳必聞：《民國汝城縣志》，中國地方志集成湖南府縣志輯（第30卷），江蘇
　　　古籍出版社，2002年，第197頁。

〔註19〕朱霞：《文課碑記》，乾隆五十六年，引自張利文：《清代桂陽縣教育史事考略
　　　——兼論族學中的文課會制度》，《長沙理工大學學報（社會科學版）》，2013
　　　年第2期，第134～139頁。

心書院的文會便會將文章「彙送鄉賢，達定甲乙」〔註20〕。而廣州文瀾書院的文會則要求將文章「送正身榜名老師評閱」〔註21〕。

此外，有的文會不僅僅是寫文章，而且對文章的寫作方法進行深入的探討，「晝則大會於堂，夜則聯鋪會宿閣上，各以所見所疑，相與質問酬答，顯證默悟，頗盡交修之益，諸生渢然有所興起，可謂一時之盛矣。」〔註22〕婺源的《正誼文會序》中提到：「凡族中能文者，咸集祠內，一體會課制藝而外，無論詩歌詞賦，聽其所長，若伯叔，若弟昆，祖宗神前肄習乎？詩書之訓發揮乎？文章之選，我列祖之靈，其忻慰可知，既聯族誼於睦淵任卹之中，即明正道於切磋琢磨之際，一堂之間，矗矗翼翼，一鄉之內，濟濟彬彬，文運從此日開，風俗於茲日厚，猗歟休哉。」〔註23〕

對於地方社會來說，文會與私塾相比，是一種形式更加靈活，資金使用效率更高，更有助於提高本地學生寫作水平的應考形式，尤其適合在經濟條件不發達的地區舉行，「鄉間舉辦的文會亦稱爲『文課』正是因爲鄉村的辦學條件有限，無脩脯延請老師，用文會活動來代替正規的書院教育，便成了是經濟條件落後地區的普遍做法。」〔註24〕

二、家族對童試的支持

在清代，由於參加童試的考生數量龐大，只有個別情況下，考生能夠獲得來自政府的資助。更多的情況是，有的考生參加童試之後，可以從本家族獲得一定的資助。

在清代前期的少數地區，曾經有過政府通過向考生發放補貼，以鼓勵考生參加考生的制度，比如湖南鳳凰廳，該廳「諸童赴廳考試（府試），給銀一兩，院試給銀四兩，其有一人而兼二、三、四等項者，止准給一分，不得藉詞重領。以上所需銀兩，在於詳報屯苗各佃新墾出內提，撥收租變價支給。

〔註20〕 張維屏：《聽松廬詩話（癸集）》，引自《張南山先生全集》，華南師範大學圖書館藏，清道光咸豐間刊本。

〔註21〕 呂鑒煌：《文瀾眾紳錄》，《書院規程》，廣東省立中山圖書館藏，光緒十八年壬辰刊本。

〔註22〕 王畿：《王龍溪集》卷二《新安富田山房六邑會籍》，道光五年刊本。

〔註23〕 查慶曾：《（婺源）查氏族譜》卷尾之九《正誼文會序》，清光緒十八年木活字本，安徽大學徽學研究中心藏複印本。

〔註24〕 呂子遠：《論清代廣東文會活動的意義與影響》，《廣東第二師範學院學報》，2011年，第1期，第47～53頁。

道光元年（1821 年），清查減租節費案內奏明，歸入支銷穀款項下，以銀一兩，發穀一石。幹、承、保、麻、瀘五廳縣生童試資準。」〔註 25〕同時規定，少數民族的苗童赴縣廳府院試者，無論書院正課及小考前十名是否取列，均各給銀一兩。」〔註 26〕相對於「鄉試各給盤費銀十兩」來說，童試的資助數額並不大，但是這樣的資助是「普惠」的，所以，對於貧困考生來說可謂意義重大。

這種以政府為主要力量的資助體系只在個別地區出現過，主要是因為地方政府的資金自然不能是憑空而生的，上述鳳凰廳的資金來源是新墾的土地，但是其它許多地區不可能都存在有這種情況。因此政府的資助考生的資金來源大多只能是「攤派」，即地方官員仿照鄉試的辦法，向所屬地區百姓徵收專門賦稅。即使是鄉試，中央政府也不希望地方官員藉口「攤派擾民」，更何況是等次更低的童試，《學政全書》提到：「康熙二十一年（1862 年）議准：向來考試地方各州縣官指稱供給名色，私派甚多，或按丁徵收或逐戶科斂。每考一府，費民間數千餘金。嗣後應嚴行禁革。如有私派照舊累民者，許該督撫指參交部，從重議處。」〔註 27〕

對於沒有正式財政來說的府縣地方政府來說，如果完全不允許攤派，擔負童試過程中的基本公共開支已經是一大負擔，面對動輒數千人的考生群體，更無從籌集專門用於考生資助的資金了。

在參加科舉考試的過程中，不少考生能夠從自己所在的家族中直接獲得一定的資助。在清代，一個人在科舉考試上能夠有所斬獲，其所在的家族是重要的獲益群體，所以來自家族的對參加科舉考試的考生的資助規定，充斥在各類族譜和地方志中。只是在這些資助的規定中，只有很小一部分涉及到童試，大部分資助都要求資助對象至少是已經參加童試並且獲得了生員身份的人。直接針對參加童試的考生的資助並不多。

〔註 25〕黃應培：《（道光）鳳凰廳志》卷之九，清道光四年刻本。
〔註 26〕黃應培：《（道光）鳳凰廳志》卷之十一，清道光四年刻本。
〔註 27〕素爾訥：《學政全書》卷十，清乾隆三十九年武英殿刻本。

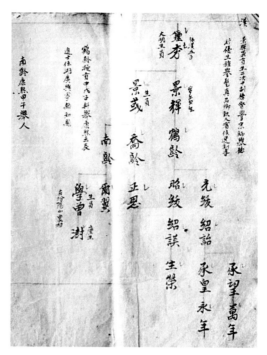

圖 6－1：崔鍾秀族譜中的生員

如福建省培田的《吳氏族譜》中規定「文武鄉試貼銀三兩五錢；府縣兩試文武案首、歲科兩試生員超等貼銀三元；恩歲貢貼銀三十元；文武會試、拔優貢廷試、文武進洋、生員補廩貼銀五十元；拔優副貢貼銀七十元；文武舉人貼銀壹百元；文武進士、欽點翰林主事中書侍衛貼銀壹百五十元；狀元榜眼探花貼銀二百元。〔註28〕在這一規定中，資助的資金數額與對象有明顯的等級差別，獲得資助的最低資格是在府縣考試中獲得縣試和府試的第一名。這等於規定必須考中生員才能獲得獎勵，因為在縣、府試中考取第一名的考生絕大部分都能考中生員。

有一少部分家族將資助的範圍，擴大到了還沒有獲得生員的考生群體，規定只要參加童試便可以獲得資助。比如安徽績溪的《梁安高氏宗譜》提到：「文童縣試貼錢四百文，復試一場貼錢二百文；府試貼錢六百文，復試一場貼錢二百文；院試貼錢六百文；生員考優拔貢貼銀四兩，生員下科貼銀四兩；舉人會試貼銀十兩；進士殿試貼銀十兩。」〔註29〕相比之下，童試處在整個

〔註28〕吳震濤：《培田吳氏族譜》卷首，光緒三十二年彙修，複印本。
〔註29〕高美佩：《（績溪）梁安高氏宗譜》卷十一，文會，清光緒三年刻本，安徽大學徽學研究中心藏複印本。

資助體系的最底端，所得到的資助數額也最少。這可能因爲越向底端，考生的數量也越大，在資金總額有限的情況下，只能做出這樣的規定。

對於參加童試的考生來說，即使獲得極少的資助也有種要的意義，一方面因爲參加童試所需總費用沒有鄉會試多，另一方面，一名考生眞正困難的時期往往是還沒有考中生員時，「雪中送炭」式的資助對於考生度過經濟上的難關具有重要意義。

也有的家族對參加童試的考生資助的資金數額並不小，比如《查氏義田酌定規條》提到：「議定縣試助費一千文，府試、院試各二千文，應歲試者助費二千文，鄉試正科舉者助闈費六千八百文……其縣試正案三十名內加獎一千文，府試正案倍之。」〔註 30〕此處記載按照考生考試過程提供資助，考生如果參加童試並逐場通過，可以獲得大約不少於五兩白銀的費用。

也有的家族形成了以入股的方式資助考生的方式，比如《出山草譜》提到：「各姓一律聽其捐助，以捐田一畝爲一股，眾擎易舉，租息有餘，即可由公項備束脩，延請良師。凡各姓子弟無論捐田多少，均准在院肄業，嗣後有入學一名，每年酌給學租，以昭激勸，至於應試卷費、川資，均視公財之多寡，隨時酌議條規。」〔註 31〕在此處記載中，「應試卷費、川資」被排在所有資助序列的最末一位。一般情況下，參加鄉會考生總是優先於參加童試的考生，因爲前者將來在地方社會上的影響力遠遠高過後者，參加童試的考生連生員身份也沒有，以資助的回報率而言，眾人必然更願意資助有前途的考生。也正因爲此，「雪中送炭」式的資助要比「錦上添花」式的資助更值得關注。

此外，這則文獻還顯示了，在所有上述資助序列中，不僅鄉會試等其它考試的資助要比童試優先，而且用於塾師「束脩」的資助，也要優先於童試的考試費。此即有研究者曾提到的「從家族資助與救助發展趨勢來看，到清中葉以後逐漸出現由資助科舉考試轉向資助讀書學習勢頭。《松鱗莊增定條例》規定的資助範圍與以前比發生了明顯的變化：『初識字，讀四子書，每節貼脩金一千文；能誦經書，每節一千五百文；開筆作文至二十四歲爲限，每節二千文。』」〔註 32〕

〔註 30〕 查元：《查氏族譜增輯》，道光八年刻本。
〔註 31〕 湯肇熙：《出山草譜》卷五，清光緒昆陽縣署刻本。
〔註 32〕 熊賢君：《科舉考試中對寒士的經濟救助》，《教育研究與實驗》，2007 年，第 05 期，第 28～31 頁。

也有的家族以其它名目資助考生，但是也要求資助對象擁有生員身份，《朱氏族譜》規定：「春秋祭，照官祭文武生監，每名三斤，舉人八斤，進士十六斤，五貢致昨六斤，廩增附貢五斤，例貢四斤，廩生五斤，增生四斤。春秋官祭，衣冠到祠執事者，由五貢而上，加送貳斤，由五貢而下者加送壹斤」。〔註33〕

在考生們看來，資助不僅是一種榮譽，而且增加了附著在童試和生員背後的物質利益，參加過童試的考生易力原在民國時期回憶清末的情況：「舊時宗法社會每戶有祖田，每房每支都有後裔，對應試者給予『考費』，以資鼓勵，數目多寡，視赴考地點的路程遠近及祖產的厚薄而定。貧寡者，親友另有餽送，除臨場用費外，尚有盈餘。考取生員的，祖產內還有賠償，謂之『花紅』，名利雙收。」〔註34〕

家族內用於資助參加童試的考生的資金來源或者是從家族共同資產中支付，或者是由家族內的成員捐助形成用於資助家族內考生的參加科舉考試的專項資助金，或者由家族內的成員按照人口分攤建立資助金，或者家族規定由以往考中生員以及更高級別的功名和在外做官的群體捐出。

三、卷田與卷費的公共資助

家族資助只面向本家族成員，在清代，除了家族內的資助之外，還存在著面向整個社會的公共資助體系。當然，這些資助體系所需的資金也是來自民間，其運行也由民間力量主導。與上述家族資助類似的是，清代民間力量對科舉考試的資助力度很大，但是針對參加童試的考生的資助則並不多。

《（光緒）道州志》提到：「比年以來，州試雖幾滿千人，及赴院試不過三四百名，非設法激勵，不能鼓舞人材。」〔註35〕從縣試到院試考生的數量本身即因為考試的逐級淘汰而減少，不過此處的記載反映了考生受制於客觀因素無法趕赴院試的情況，如果完全沒有外部的資助，一些家庭可能會無力擔負童試所需費用。

〔註33〕朱桓元：《紫陽堂朱氏宗譜》，複印本。

〔註34〕易力原：《清末科舉童子試的形形色色》。轉引自：文安：《晚清述聞》中國文史出版社，2001年，第280～293頁。

〔註35〕李鏡蓉：《（光緒）道州志》卷之三，清光緒三年刊本。

（一）卷費

清代有不少人自發爲參加童試的貧困考生捐助資金。在清代的地方志中經常出現的「卷費」，即用於資助考生參加童試的費用。比如《（光緒）盱眙縣志稿》提到：該縣的「童試燭捲款，蔡國燾捐錢一百千，朱永祥捐錢一百千，鄭詒益捐錢二百千，王志鎬捐錢一百千，以上四款，因生息未敷卷價，每考提息，作諸童燭結費。」〔註36〕再比如《（光緒）重修安徽通志》提到：「祝櫄……嘗捐數千金，修香花嶺路十餘里，又與侄燾捐州試卷費，勒石垂久，士林佩其德。」〔註37〕再比如《湖南通志》提到：「周兼構字及堂……捐田十石入考棚，爲縣試諸童卷費。」〔註38〕「龔紹漢字國……捐錢五百串生息，作童試卷費，捐錢一千串生息，作新生印卷費。」〔註39〕

當然，民間力量直接捐助的資金可以「生息」的方式維持其穩定性，而在農業社會裏，最具有穩定價值的是土地，因此民間捐助的渠道自然將捐助田產，作爲一種更值得的長久之計。田產可以通過出租的方式，實現資助的可持續化。比如浦江縣一位叫做玉文的人的侄子，「開運等謹遵祖叔遺命，拔膏田百畝呈公，擇人經理收息，以爲童生歲科兩考、院試路費，乞准行，並據闔邑紳士戴如京等公吁，申詳立案，以垂永久。」〔註40〕再比如《浦城蔡氏義田記》「以百石爲書田，分六十石爲延師之費，四十石以供應試。凡童子試於郡，人錢五百，弟子員應歲、科試者，人一千，省試者四千。入成均者不與焉。試於禮部者八千。」〔註41〕

（二）卷田資金來源

在所有童試資助途徑中，有一種「卷田」的土地制度是最具專門性、穩定性和普惠性的。在清代，與教育有關的土地多被稱爲學田，不過學田本身非爲一種，而是一個體系，不同名目的學田有不同的用途。比如《（民國）桐梓縣志》提到：「縣中舊有公田、鱟田及卷田二十五畝，賓興田三十五畝，納款田三十八畝，充公田二十八畝，廟租田三十畝，膏火田二十畝，統名學田。」

〔註36〕王錫元：《（光緒）盱眙縣志稿》卷五，清光緒十七年刻本。
〔註37〕何紹基：《（光緒）重修安徽通志》卷二百五十九，清光緒四年刻本。
〔註38〕曾國荃：《（光緒）湖南通志》卷一百八十，人物二十一，清光緒十一年刻本。
〔註39〕曾國荃：《（光緒）湖南通志》卷一百九十九，人物志四十，清光緒十一年刻本。
〔註40〕善廣：《（光緒）浦江縣志》卷四，民國五年，黃志璠再增補鉛印本。
〔註41〕蔡世遠：《二希堂文集》卷五，清文淵閣四庫全書本。

〔註42〕在此處，該縣用於教育的各項支出的土地被統一稱爲學田，而卷田是專門用於資助參加童試的考生的考試卷費用的土地，屬於學田的一部分，這是清代州縣地方教育土地的基本狀況。

也有一些地區，卷田則被單獨拿出來作爲與學田並列的一類。比如《（咸豐）興義府志》專門對學田和卷田進行了區分：「學田。列郡之卷田，而不列各屬卷田者，以郡卷田爲學師學試設，以瞻學師，餘爲卷費，故亦名學田，自宜附志於學田，互詳於試費。至各屬卷田，非爲學師設，爲書吏承辦試卷設，是試費而非學田也，自宜與科貢田同列於試費，不列於學田。」〔註43〕即學田的資助對象主要的學生讀書就學，而卷田的資金用途主要是學生的參加童試的試卷費，都與教育有關。

卷田的資金來源有多種渠道。一種是通過強制的形式，通過攤派或者責令當地士紳出資購買土地，創設本地的卷田。比如貴州省因爲有人向中央政府提議，才形成了較爲系統的卷田制度，這得益於一位叫做田秋的人，「田秋，字汝力，號西麓，以名進士官歷給事，建白最多，以疏請貴州開科置買卷田，爲最有功於黔者。」〔註44〕〔註45〕這意味著，卷田是通過向上級申請開設專項稅收的形式設立的，並非所有人都是完全自願的。對於強制性的攤派，除非有上級官員，甚至中央政府的支持，否則一般不會被允許。中央政府趨向於讓地方政府徵收到的賦稅，盡量上繳，而不是截留在地方。

更多的情況下，卷田的形成是來自民間士紳的自願捐助，比如貴州省興義縣，「道光八年（1828年），邑人鄧子秀妻黃氏，以水田一區價五百金，捐爲卷田，以歲租爲邑士試費……旋見邑青年應童子試，受厄卷資，慨然捐置府縣卷田，乃手續未履而逝世。妻黃氏踐夫遺志，納五百金購卷田，六十石租，爲全縣學子利，於是學界酬『嘉惠儒林』匾額一方，以旌其義胞。」〔註46〕

有些官員借用半強制的制度創設本地的卷田，比如「貞豐州試費，歲、科試卷田，道光二十二年（1842年）置。按，道光二十二年知府張鍈，以貞豐冊亨官紳士民捐建試院餘銀一千兩，命知州李克勳等與紳士購田，以歲租

〔註42〕李世祚：《（民國）桐梓縣志》卷二十八，民國十八年鉛印本。
〔註43〕鄔漢勳：《（咸豐）興義府志》卷十八，清咸豐四年刻本。
〔註44〕張禮綱：《（民國）德江縣志》卷之二，民國三十一年石印本。
〔註45〕蕭管：《（道光）思南府續志》卷之七，道光二十一年刻本。
〔註46〕蔣芷澤：《（民國）興義縣志》，第八章，教育，民國三十七年稿本。

爲州屬文武童生試卷費，聞於大吏，存牘於府。」〔註47〕同時，該州也有人
自願捐助，「是年舉人劉思敬拔貢桑滋等，以田少童多，又勸銅鉛肆貨，銅一
斤，捐銀二毫；貨鉛一斤，捐銀一毫，是爲毫金，助文武童生學考贄儀報名
費。每年約得百金以十分之八，爲學師贄儀，以一分爲禮房文童卷費，以一
分爲兵房武童卷費及學書門斗諸費。知府張鍈以其事聞於大吏，立碑於試院。」
〔註48〕

　　在實際的情境中，卷田的形成往往是多種途徑的結合，並且隨著時間
的退役，逐漸完善。《（咸豐）興義府志》中詳細的羅列了所有的卷田名稱、
地塊性質和大小，以及田地的來源，其中既有「買羅士俊」，「買羅士榮田」
這樣的買自似乎是同宗兄弟二人的土地，也有如「陸步雲捐」這樣來自捐
助的土地，也有「係當羅士清羅士才田」這樣其它途徑而來的土地。〔註49〕

　　在相關人員中，本地的官員是促成卷田設立的關鍵力量，這些人或是
本地現任官員，或回籍的退休官員，或者在外做官的本地人員，或者在中
央的本籍高官。在清代，官員創設卷田經常作爲善政，記錄在相關各地的
方志中。比如「蒯關保，字小崖江蘇吳縣人，大興籍監生，道光二十八年
（1848年），以府經歷來署，禮士勤民，謙以自處，置卷田、賑水災，至今
稱之。」〔註50〕

（三）卷田資金的使用

　　卷田作爲童試資助途徑，其最大特點在於資助金並不發給學生，而是直
接撥付政府有關部門，同時免除考生向政府繳納的試卷費。這樣做的好處在
於，在考生眾多、每人資助額度較少，且缺少專業人員、行政效率很低的情
況下，可以減少資金發放和管理的成本，降低在發放過程中被胥吏剋扣的可
能。

　　比如《（民國）普安縣志》記載：「道光十二年（1832年），邑紳陳三策、
顏中泰等，與邑人捐銀五百二十五兩，東播莊水田一區，爲卷田以歲租四十
五石二斗，與禮兵二房書吏，爲邑之文武童生科歲試卷費。」再比如貴州義
興府安南縣，「道光二十一年（1841年），安南生員郭正奎等勸邑人捐銀，都

〔註47〕鄒漢勳：《（咸豐）興義府志》卷二十一，清咸豐四年刻本。
〔註48〕鄒漢勳：《（咸豐）興義府志》興義府志卷二十一，咸豐四年刻本。
〔註49〕鄒漢勳：《（咸豐）興義府志》卷二十一，清咸豐四年刻本。
〔註50〕李世祚：《（民國）桐梓縣志》卷十，民國十八年鉛印本。

計得四百九十七兩，購田於府之桑六莊，歲租四十五石二斗，以與府之禮兵二房書吏，爲科歲試，文武童生卷費。〔註51〕

這些文獻所述都是佃租直接交付「禮兵二房」，這兩個部門分別負責考試的組織和安全保衛工作。而《（道光）永寧州志》更是直接說明費用「定於臨考出示後，齋長馮廩保交禮房承辦，不得先期通挪借。」〔註52〕

同時，上述兩則文獻透露了這兩個縣卷田的數額大約爲五百兩，而租金的數額大約爲四、五十石。根據《閱世編》、《歷年記》等文獻記載，康熙年間，白米的價格變動幅度大致在每石價銀五、六錢到一兩二、三錢之間，這意味著上述卷田總租金額可能還不到一百兩。當然也有數額較高的，比如桂東縣，「捐置田租三百數十石，爲邑中歲科兩試文武新進印卷資。」〔註53〕

在大部分縣，卷田的租金數額都並不大。《（光緒）舒城縣志》提到該縣的卷田，「一在四里迎水庵遶山塘田一十九畝，額收租穀十四石，此係歲科生試卷費；一在四里德林庵田四十五畝，額收租穀四十五石，此係府院童試卷費。」〔註54〕《（光緒）續修廬州府志》：「繳銀一百兩，三年共銀九百兩，以七百兩（給）歲科兩試，給禮房備辦考童試卷，以一百兩給禮房，兩考、童生、覆試卷費，餘一百兩充諸生鄉試盤費。」〔註55〕《（民國）續遵義府志》則提到，「卷田租穀原額每年收穀一百零三石，現額同；後增卷田，一毛壋大屋基田七坵；陳家灣田二坵，尖角小灣大土；曹家溝：新屋基共六處，觀音洞左邊土一半，約共入租十五石。」可見，卷田租金數額每縣每年大約爲數十兩至一百兩。

清代中央政府規定，每本試卷價格應該爲三分白銀。在沒有實行卷田的地區，假如一個縣的考生數量大約在 500 到 1000 人之間。在清代大部分時間內，童試皆爲三年舉行兩次。如此算來，似乎直接交給禮兵二房的卷田租金，還遠不夠免除考生試卷費的數額，但是如《（咸豐）興義府志》所述的內容，該地方志的作者自信的寫到：「以二百兩供學官，永免贄儀冊卷諸費，聞於大吏存牘於府。自此郡士，每逢歲科學試、府試、院試，永無費矣。」〔註56〕

〔註51〕鄒漢勳：《（咸豐）興義府志》卷二十一，清咸豐四年刻本。
〔註52〕黃培傑：《（道光）永寧州志》卷六，清道光十七年刊本。
〔註53〕劉華邦：《（同治）桂東縣志》卷之十五，清同治五年修，民國十四年重印本。
〔註54〕趙鳳詔：《（光緒）續修舒城縣志》卷十七，清光緒二十三年刊本。
〔註55〕黃云：《（光緒）續修廬州府志》卷二十八，清光緒十一年刊本。
〔註56〕鄒漢勳：《（咸豐）興義府志》卷二十一，清咸豐四年刻本。

這意味著，只要有二百兩白銀，即可以全部免除考生試卷費。由此也知道，在沒有卷田或沒有卷費資助體系的地區，考生繳納的試卷費數額要高於成本價不少。

在少數地區，用於資助考生的參加考試的卷費與書院的總費用的使用是合一的，比如《（嘉慶）東流縣志》提到：「以上公產所收租，除完課外以爲山長束脩、諸生童肄業膏火、卷費，飯食童生縣、府試正場試卷，及歲修書院諸費。」〔註 57〕這種情況比較少見，大多數地區書院的費用與卷費是分開的。

（四）卷田的管理

卷田經捐贈之後，其土地屬於本縣集體所有，土地的出租自然會按照當地的租金價格執行。在卷田的管理中，最關鍵的一項是委託管理卷田的人員。不同文獻中提到的管理土地的人員類別並不一樣，這是卷田制度存在的最大問題。這也顯示中央政府對地方上的卷田的管理並沒有干涉，沒有做出統一的規定，於是各地才根據情況作出安排。

有的地區選擇的辦法是，「州士民公同酌議將此項置產生息，公舉老成清白之齋長，輪流經管，按年給禮房。」〔註 58〕在此，參與卷田事務討論的是該州的「士民」，而實際管理者則是「老成清白之齋長」，這可能是來自當地學校中的普通管理人員。

有的地區，如貴陽選擇的辦法是直接由衙門的禮房來管理，《（道光）貴陽府志》在羅列了該地區的每塊卷田之後，提到「以上田二分皆歸禮房耕種。」〔註59〕這裡的「耕種」即是負責管理。

有的地區，如雲南省尋甸州，則是由地方教育官員學正、訓導等人來管理。《（康熙）尋甸州志》在分兩部分羅列了該地區的卷田的位置等基本情況，在其中一部分之後說明「以上皆學正管業」，另一部分之後說明「以上皆訓導管業」。〔註60〕

從上述各地卷田管理人員的差異中可以看到，卷田的管理在某種程度上並不規範，僅是委託了某個人或者某部門來管理，而缺少專門的人員。卷田

〔註57〕李兆洛：《（嘉慶）東流縣志》卷十下，清嘉慶刻本。
〔註58〕黃培傑：《（道光）永寧州志》卷六，清道光十七年刊本。
〔註59〕蕭管：《（道光）貴陽府志》卷四十三，清咸豐刻本。
〔註60〕李月枝：《（康熙）尋甸州志》卷之六，清康熙五十九年刻本。

在某種程度上類似於今天的公益基金，其管理的過程也需要不少專業的知識，絕非是只需按時收租這樣簡單。所以，在不少地區，卷田管理存在著一些漏洞，這些問題也給卷田的運營帶來了許多麻煩。比如婁縣童生試卷田，「乾隆六十年（1795 年），原任直隸保定府通判周厚基，捐婁田三十畝，收租生息，備給婁縣文童試卷。經前府許批准飭縣，嗣縣胥侵蝕，仍未辦公。」〔註61〕

在卷田管理中，常見的問題有兩種，一種是卷田被無故侵佔，一種是租金無故減少。清代的一些地方志中詳細羅列各自地區卷田的位置、大小、總金額，租金金額等各種信息，並且將相關制度「存牘於府」，甚至「立碑於試院」，根本目的正是爲了防止卷田的流失。《（咸豐）興義府志》特意提到，「府及所屬試費皆勒石存牘，似可保永久。如有侵蝕，則核碑牘而清釐，是在後之賢有司矣。」〔註62〕四川《漢州志》也提到「勸捐卷田若干畝，以佽文武外試之用，碑記可考。」〔註63〕當然，在運營過程中，也確實有卷田會遭受自然的侵蝕，比如《（同治）六安州志》提到「合邑生童試卷田六十石，後田被水傷。」〔註64〕

一些地方志中提到了卷田最後的歸屬，如《（民國）南漳縣志》提及：「（光緒）三十一年（1905 年），創設勸學所，置所長員額，專理學款，凡前學宮、書院、義學、賓興、公交車、卷費、院費印卷田租，悉改爲學款，田租據檔冊錄入不復區別。」此處文獻既交代了卷田的去向，也提及了當時舊有的縣屬教育資助體系，其中屬於童試主要是「卷費、院費印卷田租」。這一資助體系在新制度逐漸深入社會基層時，全部開始以另一種形式存在了。

也有卷田資金的使用離開教育用途而用於戰爭的記載，比如《（民國）普安縣志》提到該縣的「縣屬卷田，民國元年（1912 年）提入團防局作辦團經費。」〔註65〕更有因爲在新制度中運行不善而舊弊未除，新端又多的記載，如《（民國）桐梓縣志》提到：「縣中舊有……學田。並歸勸學所，除例支外，概作學款。入民國後，增加一佛寺天池寺等處公田，由勸學所而會計處，而

〔註61〕宋如林：《（嘉慶）松江府志》卷十六，清嘉慶松江府學刻本。

〔註62〕鄒漢勳：《（咸豐）興義府志》卷二十一，清咸豐四年刻本。

〔註63〕張超：《（同治）續漢州志》，學校，清同治八年刊本。

〔註64〕李蔚：《（同治）六安州志》卷之三十八，清同治十一年刊，光緒三十年重印本。

〔註65〕田昌雯：《（民國）普安縣志》卷之七，民國石印本。

地方經費局，地點名稱不時遷易，人員管理散漫，無章卒之，百弊叢生，收入愈短。」〔註66〕

總的看來，清代的卷田在科舉制度結束之後，處理的有些倉促。儘管卷田是一種位處舊文明末梢的，看似微不足道的制度，但是對基層社會卻意義重大。舊制度的變革者還沒有來得及仔細考慮，應該如何對卷田這種社會基層的教育資助制度進行變革，新制度便匆匆登場，然而新制度的設計者對如何做好交接，也沒有做好充分的準備。所以有一部分本來用於促進社會文明的卷田卻被用在戰爭活動中，便不難理解了。

四、資助體系評價

童試資助體系的存在對後世深入理解清代社會來說非常重要，儘管大部分面向參加童試的資助，數額都十分有限，但科舉考試或地方教育的資助體系，尚能有力量顧及到參加童試的這些位最普通的讀書人，已經是十分不容易的事了。

在物質生產能力並不高的等級社會中，在全社會物質條件十分簡陋的條件下，缺少公共資源支持的童試，也擔負著與鄉會試同樣的職責。參加童試的人必然是連生員身份都沒有的讀書人，這些位處社會基層的考生更缺少物質資源、更需要資助。而且這一群體的人數規模龐大，可能是參加鄉會試考生的幾十倍。所以，儘管考生參加童試的費用遠低於參加鄉會試的費用，但是由於這部分考生數量太多，完善的資助體系的建立也更困難。

從另外的角度來說，在清代童試的組織過程中，中央政府不希望府縣地方政府擔負童試資助的費用，府縣地方政府也無力承擔童試資助的費用，於是民間力量成為童試資助體系的關鍵力量。這顯示了民間力量對清代童試乃至清代地方社會的重要影響。在包括家族、書院等在內的幾種資助途徑中，卷田制度是最值得稱道的制度。

第一，卷田是唯一專門用於童試的資助體系。童試畢竟是位於基層的考試，在當時的教育資助體系中，童試總是最後被考慮到的對象。即使民間力量，也往往是在已經充分考慮了鄉會試，乃至教師束脩的基礎上，才考慮到童試的。《（光緒）浦江縣志》曾提到：「（童試）與試者不下千人，距府稍遠，單寒往往卻步，而邑中鄉會試，歲、科考，諸義士皆捐有路費、田產，惟童

〔註66〕李世祚：《（民國）桐梓縣志》卷二十八，民國十八年（1929年）鉛印本。

試獨缺。」〔註67〕這便是童試在整個資助體系的位置。在總費用有限的情況下，處於資助序列最末尾的童試很容易被忽視，而卷田因爲其專門用於童試卷費的屬性，讓童試不再被資助者忘卻。

第二，卷田資金具有較高的使用效率。與鄉會試相比，參加童試的考生因爲身處社會基層，所以生活更加窘迫，物質需求迫切，面對迫切的需要和有限的資金額度，卷田制度將資金使用在了最關鍵的地方。

需要看到，考生在考試期間需要擔負的各種開支具有不同的性質。從最貧困考生的角度來說，交通費可以通過節省的辦法減少支出，保結費可以央求人減少一些，但是試卷費則是絕不可能有分文減少的；從資金使用的對象來看，交通費和擔保費都是一種明顯的消費，只有試卷費是交給政府的，雖然數量不多，但是往往容易引發政府與考生之間的對立。在沒有卷田或者相關資助體系的地區，曾經多次發生考生因爲卷費上漲而與政府人員衝突的事件。所以在所有費用中，試卷費是處於最邊緣的費用，最容易引起考生不滿的費用，正因爲此，資助才主要針對這部分資金。

第三，卷田大多存在於我國的西南地區。這些卷田的存在類似於在今天的中國中西部的每個縣裏，有小大小小慈善基金，用來資助尚未考上大學的貧困學生接受教育、參加考試，這對考生本人以及整個社會的意義，要遠高過僅僅資助考得名牌大學的人。

第四，卷田以土地形式存在，以租金方式運行，直接撥付政府，具有很好的穩定性和普及性，也具有很高的使用效率。正因爲此，一些地區的卷田自產生之日起便一直存在，直到科舉考試結束的清代末年。

當然，整個童試資助體系也都具有重要的意義。因爲缺少完善的資源，所以缺少完善的制度，所以各地童試作弊成風，問題嚴重，童試資助體系的存在也能爲減少作弊起到作用。《（同治）續漢州志》提到：「設立卷局本係紳糧唐行三等，意在振興文教、培植人材起見。嗣後州屬童生與稟生不得勾引外縣之童，朦考州學，串賣空名，放槍入場，倩人作文，濫叨功名；至於禮房，既得義捐卷資，使費亦不得再行作弊、傳遞、換卷，如有以上各弊，許眾紳諸童查實稟究，務使諸弊盡絕，眞材拔萃……所議章程條規悉勒於碑碑，豎考棚儀門外。」〔註68〕

<hr>

〔註67〕善廣：《（光緒）浦江縣志》卷九，民國五年黃志璠再增補鉛印本。
〔註68〕張超：《（同治）續漢州志》，學校，清同治八年刊本。

從考生的角度來說，這種來自民間，卻以政府為名義出現的資助，讓參加童試的考生們從此知道，國家並沒有忘記他們這些尚未取得功名、尚未對社會產生影響的、微不足道的小人物。畢竟，一個人總是會記掛著自己落寞時獲得的「雪中送炭」、點滴恩惠，而很少感念飛黃騰達後獲得的「錦上添花」。清代的文獻中常出現「童試乃進身之始」的話，絕大部分的舉人、進士都曾經歷參加童試的階段，而參加童試的考生本身即是基層社會穩定的核心力量。童試資助體系的存在對維持中國基層社會的穩定，具有無可比擬的重要作用。

更重要的是，參加童試的考生不能與參加鄉會試的考生相比，這些考生身處社會基層，在經歷層層選拔之前，沒有人知道他們是否有好的前途，這些考生身上唯一的亮點僅在於有渴望讀書、追求上進的心。以卷田為代表的童試資助的存在，顯示了中國古代文明體系末梢良好的運行狀態，是構成中國古代文明的重要部分。

因為童試資助體系資助的對象是數量眾多、規模龐大的、身處社會基層的小人物，所以在生產力遠比今天落後的多，資源遠比今天少的多，經濟條件遠比今天差的多，而社會等級也比今天要明顯的清代，童試資助體系的存在具有深刻的社會意義。童試資助體系所資助的對象皆係無名之輩，因而這種資助擁有更純粹的動機、更加強烈的非功利性質，擁有扶危濟困、不圖回報的慈善本質，應該在後世人們的心中享有更高的榮譽。

第二節　官紳合作的試院修建

清代許多縣、府兩級政府駐地都建有專門供童試等考試使用的試院，這是組織童試所需的最基本的物質條件。不過一直少有學者關注到規模龐大、存在廣泛的清代試院。根據記載，試院的修建和維護所需資金數額巨大，但是中央和地方政府都很少擔負試院的修建費用。因此，清代府、縣地方形成了一整套試院修建和維護所需資金的籌措辦法。一般由地方官員與鄉紳一起發起倡議，帶頭捐助部分資金，並由鄉紳主持具體的資金籌措和試院修建，主要以民間力量為主完成試院的修建，最後交付政府負責管理，政府只在試院倡議修建之初和最後起主導作用。政府與鄉紳之間的這種分工模式是促使資金籌措順利進行的根本保證。

一、耗資巨大

在清代各類地方志所附的府縣地圖中可以看到，試院往往是府城、縣城內最重要的建築之一。「自科舉法行，州郡得試士，其試士之所，或曰試院，或曰貢院。」〔註69〕不過，絕大多數府、縣地方都自覺將本地童試考場的名字，與作爲鄉會試的考場的貢院的名字區別開來，將舉行童試的考場稱爲試院或者考棚。

修建試院，這是清代地方社會的一項重要事務。與位於各省省會的貢院的最大不同點在於，各地修建試院乃至維護試院所需的鉅額費用，主要由地方社會的民間力量籌措而得。當時的人認爲，清代地方社會的這種試院資金籌措方式，「不費正供，不勞民力」、「上不耗國，下不病民」，這是一種值得後人的注意的模式。

從試院修建經費籌集和試院建造、管理的過程中，既可以看到童試在基層社會中的地位，也能十分清晰且具體的瞭解到清代我國府、縣地方政府，府、縣鄉紳在地方社會事務管理中的複雜關係。「上不耗國，下不病民」，主要意味著既不使用國家財政，也不以專項稅收的名義向老百姓攤派，而按照自願的原則由民間力量籌集資金、建造試院的方式。清代地方社會的許多公益事業資金籌措方式都體現了這一特點，但是與其它公益事業相比，修建試院具有特殊性。

嚴格來說，修建試院甚至不是純粹意義上的公益事業，不像修橋修路這樣具有普惠性質，人人都可以受惠，也不像賑濟災民那樣，具有救濟貧弱的意義。試院只是一個考試的場所，只能供參加童試（以及其它考試）的考生在考試期間作爲考場使用，除了考試之外基本上沒有其它的社會功能，試院的主體部分是考生的號舍，這樣的建築除了偶而被地方書院借來「模擬考試」用之外，再沒有其它的價值。對於不參加童試的人或者家庭來說，試院幾乎沒有任何意義，而且這部分不參加童試的人是地方社會中的大多數。也就是嚴格來說，試院只是一個爲少數人服務的特殊的公共建築場所。

同時，試院的規模一般都不會很小，因爲一個縣的考生數量經常會有上千，乃至幾千人，所以試院一般都佔地廣闊，建築面積很大。在社會資源比

〔註69〕黃宅中：《（道光）寶慶府志》卷第九十三，清道光二十七年修，民國二十三年重印本。

上層社會更加稀缺的基層社會，這種規模龐大、但是卻只能爲少數人服務的試院占去了不小的社會資源。

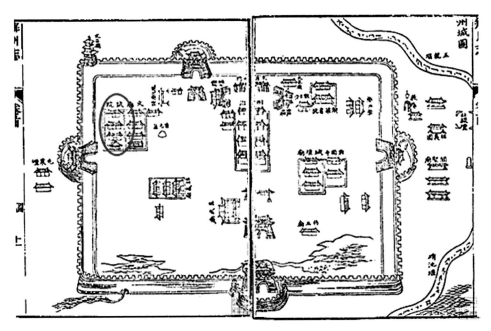

圖7-1：清代山西省解州城圖
（圖中左上角可以看到試院，出自光緒《解州志》）

從各地修建試院所需資金的數額記載來看，清代試院修建費用主要有兩種級別，一種費用數額大致爲幾千兩白銀，多集中在兩三千兩左右，另一種多在一萬兩之上。這兩種級別在東部發達地區，西南、西北邊遠地區都有分佈。

屬於第一級別的比如位於江浙地區錢塘江上游的建德縣，《（道光）建德縣志》提到，在修建試院時，「建邑紳士，以事關文教，銳意興舉，一倡百和，踴躍捐資，共費三千金。」〔註70〕三千金即三千兩白銀。

浙江中部浦江縣試院修建費用更多一些，「計屋四十八間，爲錢六千四百緡有零。」〔註71〕而位於安徽南部的旌德縣，修建試院「自鳩工以至落成，爲期六月。計費白金三千兩有奇。編坐號三百七十餘門。」〔註72〕江

〔註70〕周興嶧：《（道光）建德縣志》卷十六，清道光八年刊本。
〔註71〕善廣：《（光緒）浦江縣志》卷四，民國五年，黃志璠再增補鉛印本。
〔註72〕王椿林：《（道光）旌德縣續志》卷之九，清道光六年修，民國十四年重印本。

西東北浮梁縣的試院「費銀三千有奇」〔註73〕。這是江浙及其附近州縣的記載。

《（道光）寶慶府志》有一篇《重修新化（縣）考棚記》，其中提到「共費白金一千七百有奇」〔註74〕寶慶府即湖南省邵陽市，位於我國中部，費用是1700多兩，是相對而言較少的。福建省東南部的晉江縣，修建試院的時候，「眾競輸貲官，計費白鏹三千四百餘兩。」〔註75〕廣東肇慶地區的德慶州的試院，「費白金二千兩有奇」，〔註76〕廣西東北部平樂縣修建試院「共費白金二千兩有奇」〔註77〕陝西漢中，定遠廳修建試院，「閱二載工竣，計費錢三千一百七十餘串。」〔註78〕一串大致相當於一兩。

上述提到的地區都是州縣一級的行政區，《（光緒）保定府志》：提到「凡糜帑金三千九百有餘。」〔註79〕直隸保定府，即現在的河北省保定市，這是府一級行政區修建試院費用的記載。

根據上述記載可知，相對而言，中部和東南沿海地區的費用相對來說低一些，但是實際上東南部地區和中部地區也有不少地區的試院修建費用在一萬兩以上，比如福建省的惠安縣，「道光七年（1826年），知縣全卜年倡捐，邑人輸助至一萬一千九百餘金。」〔註80〕屬於廣西省的歸順直隸州志，「除建造考棚及明倫堂、演武所、提調監射辦考，各公所以及號舍桌櫈等項，共享工料銀一萬二千七百一十六兩零」〔註81〕再如祁門縣考棚，道光十年由知縣王讓同邑紳商洪炯「邀集四鄉勸捐購地，在學宮之左創建」，「中為水鑒堂，兩旁號舍八百餘坐，右為花廳，左為書房，後為庖廚，前為大門，門東西為鼓吹樓，共屋數十間，計費逾萬金，期年乃成。」〔註82〕

中部的江西省撫州府新修建的考棚「費萬金有奇」〔註83〕安徽省南部涇

〔註73〕喬溎：《（道光）浮梁縣志》卷六，清道光三年刻，道光十二年補刻本。

〔註74〕黃宅中：《（道光）寶慶府志》卷第九十三，清道光二十七年修，民國二十三年重印本。

〔註75〕胡之鋘：《（道光）晉江縣志》卷之十三，清鈔本。

〔註76〕楊文駿：《（光緒）德慶州志》營建志第三，清光緒二十五年刊本。

〔註77〕全文炳：《（光緒）平樂縣志》卷之十上，清光緒十年刊本。

〔註78〕余修鳳：《（光緒）定遠廳志》卷十一，清光緒五年刊本。

〔註79〕李培祜：《（光緒）保定府志》卷三十五，清光緒十二年刻本。

〔註80〕婁云：《（道光）惠安縣續志》卷二，民國二十五年鉛印本。

〔註81〕何福祥：《（道光）歸順直隸州志》卷四，清道光二十八年抄本。

〔註82〕周溶修：《（同治）祁門縣志》卷十，學校志，同治十二年刻本。

〔註83〕許應鑅：《（光緒）撫州府志》卷十八，清光緒二年刊本。

縣，境內一位鄉紳「甲午獨力建縣試考棚，凡費萬餘金。」〔註84〕位於安徽省中部、淮河中游的鳳臺縣修建試院，「統計用過工料銀一萬八千五百二十八兩六錢三分三釐。」〔註85〕

我國北方山東省惠民縣修建試院，「召邑紳利瓦伊埩等同履勘估，計需金二萬有奇，」〔註86〕陝西省關中平蒲城縣修建試院，「統費錢一萬二千二百餘緡」〔註87〕，山西省忻州在乾隆年間修建試院：「考棚堂皇號舍煥然巨觀約費一萬四千緡。」〔註88〕

可見，修建一處試院，動輒需要數千、上萬兩白銀。還需要看的是，在「輕徭薄賦」的理念之下，清代中央政府的財政總收入尚不及今天中央財政收入的一個零頭，而清代各省共有上千個縣，數百個府，中央政府一年的財政總額可能還沒有全國試院修建費用總額多，所以中央政府不可能擔負所有的府、縣修建試院的資金來源。

從各地每年收繳的總稅收額可以看到，清代中期最發達的江浙地區一個府的稅收總額可能有上百萬兩。比如《（同治）蘇州府志》提到：「伏查蘇州條折、兵餉、徭垔、人丁、匠班隨漕經費等項，歲徵銀一百六十二萬六千九百兩零。」〔註89〕蘇州附近的一個縣的年稅收可能有十萬兩左右，以太湖平原的震澤縣為例，全縣每年稅收總數為：「本色起運十一萬三千二百六十五右二斗三升六合七勺，有奇遇閏加米三十七石一斗二升一勺有奇。」〔註90〕

江浙的稅收額在全國是最高的，其它地區一般低於江浙地區。以北方的濟南府為例，「前明濟南府屬三十州縣，人丁原額壹百三萬捌千三百三拾陸，丁徵銀壹拾伍萬捌千貳百陸拾陸兩有奇。自順治初年至康，二十五年止除豁逃亡優免紳宦而人丁，僅存陸拾三萬肆千貳百貳拾捌丁，丁銀玖萬柒千三百伍拾柒兩有奇。」這是濟南府所有縣的人丁稅收額，不到十萬兩。至於濟南府下屬的某一個縣，如「歷城舊志，康熙二十五年，見在當差人丁肆萬柒千

〔註84〕阮文藻：《（道光）涇縣續志》卷四，清道光五年刊，民國三年重印本。
〔註85〕李師沆：《（光緒）鳳臺縣志》卷六，清光緒十九年刊本。
〔註86〕沈世銓：《（光緒）惠民縣志》卷二十八，清光緒二十五年柳堂校補刻本。
〔註87〕王學禮：《（光緒）蒲城縣新志》卷四，清光緒三十一年印本。
〔註88〕方茂昌：《（光緒）忻州志》卷三十七，清光緒六年刻本。
〔註89〕馮桂芬：《（同治）蘇州府志》卷十二，清光緒九年刊本。
〔註90〕陳和志：《（乾隆）震澤縣志》卷十一，賦役二，清光緒重刊本。

貳百三拾柒，丁每丁徵銀壹錢肆分，共徵銀陸千陸百壹拾三兩壹錢捌分。」〔註91〕歷城縣每年人丁稅收額，才六千多兩。

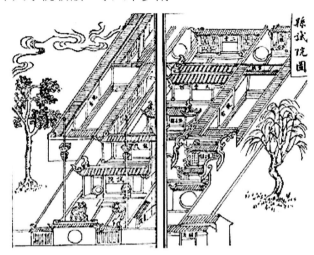

圖7－2：規模較小的試院（出自《（同治）當陽縣志》）

至於西部地區，稅收額就更少了。一個跨地很廣的府，年稅收可能只有一二十萬兩，《（乾隆）甘肅通志》提到「額內額外，連閏並朝覲，共銀二十四萬一千一百六十八兩三錢四釐五毫九絲三忽三微九纖三塵九九。」〔註92〕「臨、鞏、涼、西四府直階州屬，新歸投誠，共徵折色起運銀一千一百六十三兩五錢三釐三毫二絲二忽七微八纖四塵。」臨、鞏、涼、西四府下屬的一個縣一年人丁稅收才一千多兩，這當然是因為地理位置特殊的緣故。

總的來看，對比上述提到的試院修建費與本地稅收總額可以看到，對於一個縣來說，修建試院的錢甚至可能與本地一年人丁稅的總量相當，甚至試院修建費更多。由這兩方面的數據便可以知道，對於大多數地區來說，修建試院的花費絕對是一筆很大的開支，對於邊遠地區更是如此。

在這樣的背景下，便可以更清楚的理解，對於清代地方府縣社會來說，修建試院並不是一件容易的事情，因為即使是上述的人丁稅，也是代替中央政府徵收的「國稅」，大部分都是用來上繳中央政府的，而地方府、縣政府根本沒有正式的財政，依靠「陋規」截留下的資金，也不可能用來擔負試院修建的費用。

〔註91〕成瓘：《（道光）濟南府志》卷十四，清道光二十年刻本。
〔註92〕許容：《（乾隆）甘肅通志》卷十三，清文淵閣四庫全書本。

更重要的是，中央政府根本不希望、也不允許在童試舉行的過程中，地方政府隨意攤派雜稅。因為一旦允許這樣做，地方府縣官員隨意盤剝的現象必然難以制止。所以，對於修建試院的事務，一般地方官員都比較熱心，但是能力都有限，偶而也有地方官違規徵收專門費用的記載，比如道光二十九年（1849 年）咸寧縣的試院被大水淹塌，知縣不得已觸犯「政策」籌措資金，「同治三年甲子，知縣羅琳違例升科捐錢六百串，並獻金罰鍰，及前次剩費五百串有奇。」〔註 93〕

但是要知道，對於一個知縣來說，在一年之內，完成中央政府規定的稅收額已經十分困難，即使可以冒著受中央責罰的風險再增加一大項稅收，一來可能地方政府根本沒有能力再完成，二來控制地方基層社會的鄉紳也未必同意。於是可以知道，修建試院，這是一件中央和地方政府都很願意做，但是卻都無力顧及的事情，所以試院修建資金的籌措便只能交給本地的鄉紳來完成。

二、官員的角色

《學政全書》曾以清代中央政府的名義對童試考場的修建做出的規定，「乾隆二十三年（1759 年）議准：學臣考試童生，務將一縣合為一場，不得分場疊考，其附府之兩縣同城者，兩縣合為一場，以杜重冒之弊。如果人多棚狹，必須增添號舍者，應令該學政會同該督撫酌量辦理。」〔註 94〕這次規定是源於幾年前地方官員的奏摺，《清實錄》提到：「奏稱乾隆十九年巡撫陳宏謀題閩省重考之弊。因各屬考棚窄狹，一縣童生分場考試，是以一人先後冒考。若合為一場，則人各領卷，不能分身，其弊自絕。但其言專指閩省，請敕下各省學臣，查明有無重考縣分。如果人多棚隘，奏明增添號舍。至兩縣同城，保無熟識互換之弊，亦請合一場考試。應如所奏，嗣後學臣考試童生，一縣務並一棚，不得分場疊考。」〔註 95〕

中央政府固然做出了各縣都要修建試院規定，只是，中央並不擔負試院修建的費用。按照規定，修建試院需要各省學政與督撫「酌量」辦理，實際上即是要求地方政府自籌資金，其實地方政府也無力承擔。在此之前，截留鹽稅曾

〔註 93〕陳澍南：《（光緒）咸寧縣志》卷之五，清光緒八年刊本。
〔註 94〕素爾訥：《學政全書》卷二十二，清乾隆三十九年武英殿刻本。
〔註 95〕《清高興實錄》，卷之五百六十一，中華書局，1985 年。

是一種辦法，乾隆十年（1745 年），「江西巡撫塞楞額疏稱：省會學政考棚，近年應試童生漸多，坐號不敷，請動支鹽規銀添建。從之。」〔註96〕此處所說僅是個別的例子，因爲一省之內，試院的數量很多，不可能全部都能享受到這樣的待遇。就可見的文獻來看，江蘇省江陰縣試院修建費用中也見到了政府的影子，該地試院修建「須錢五千緡，官任其十之四」〔註97〕，五千緡大約即 5000 兩白銀，政府負擔 40%。但即使這種政府承擔一部分的記載也非常少現，大部分地區修建試院的資金都不是來自財政，而是來自私人捐助。

在籌款的過程中，政府官員只是以個人名義，發揮了一定的示範作用。試院修建是一個複雜的過程，有時候一任長官難以完成，後來者繼續。比如《（光緒）寧津縣志》提到：「（光緒）乙未二十一年（1895 年），邑令趙公察知現有地基，特未營造，而每試猶架席爲棚，非所以肅功令。始商之紳董，先倡捐銀二百兩，四鄉皆各籌捐，於是度其方位構材鳩工，事未及半，而交卸去。繼任楊公下車，即以振育人材爲務，慮其中止，復倡籌捐銀四百餘兩，而城鄉紳富以次捐輸通計，捐銀五千二百餘兩。」〔註98〕寧津縣的整個試院修建過程至少經歷三任知縣。有的地區，熱心的知縣先拿出一部分錢存起來，留待將來。〔註99〕在《（道光）續修桐城縣志》中，知縣也提到在修建試院的時候，「事蓋將有成矣，今者予乞養，待後去官，至於必具移以成其事……只需諭洲戶領種交租而已。房則官房有前官移交契字，若干紙黏爲一卷，汪張宅各有契字，若干紙共黏爲一卷，已諭考棚書院首事領執管理。如後官欲成其事，事在續捐者夫，捐有數其用亦有數。」〔註100〕

一般情況下，修建試院主要分爲幾步：第一步，有人首倡並做出修建決定，在此過程中，府縣官員相對佔據主導位置；第二步，開始準備籌措資金的具體事宜，此時府縣官員最多只起帶頭作用或者示範作用，很少直接參與資金籌措；第三步，資金的管理、使用，具體施工和監督，此過程府縣官員基本不再參與；第四步是試院的維修、使用和管理，維護資金往往來自民間捐助，而試院管理權則爲政府所有。

〔註96〕《清高興實錄》，卷之二百五十四，中華書局，1985 年。
〔註97〕盧思誠：《（光緒）江陰縣志》卷之一，清光緒四年刻本。
〔註98〕祝嘉庸：《（光緒）寧津縣志》卷四，清光緒二十六年刊本。
〔註99〕黃宅中：《（道光）寶慶府志》卷第九十二，清道光二十七年修，民國二十三年重印本。
〔註100〕廖大聞：《（道光）續修桐城縣志》卷第三，清道光七年修十四年刻本。

　　倡議修建試院，有時是地方鄉紳找到地方官員反映情況並提議修建試院，對此雙方一拍即合。比如《（道光）晉江縣志》提到的：「郡志，宋乾道四年（1168 年）太守梅溪王公創貢闈，今竟不得其址，屬邑紳士欲以分巡道舊署改建，因代請於院司，皆曰：可。於是眾競輸貲官。」〔註101〕荊州府試院的一次擴建即是「前知府劉士銘，江陵縣知縣何師軾，因士民請改作。」〔註102〕《（光緒）撫州府志》中的《知縣李三聘建金溪新建考署碑記》提到：「國初至今，邑之紳耆議營建者數矣，卒以費絀而罷。前邑侯李公治邑久，慨然任之，謀之眾，議協，乃卜地縣治之左，買民屋以擴其基，既復捐俸爲之倡。今邑侯龍公繼之。」〔註103〕

　　清代府、縣官員皆非本地人，到某地做官必然需要與鄉紳交流當地社會情況，此時，修建試院往往是眾人一同交流的看法，比如《（光緒）處州府志》：「歲丁未九月，余奉來署縣事，下車延紳耆詢利弊，有以試事之苦告者，余因而勸勉之，欲紳耆捐建考棚。」〔註104〕由此處記載可知，知府與地方紳耆實際上都有心要修，因此兩者便很容易達成一致意見，處州的情況是，本地鄉紳一方難以單獨作出決定，知府勸勉其作出決定。而《（道光）冠縣志》提到的情況是，知縣一方難以單獨做出決定，需要找本地鄉紳一起，「知縣韓光鼎，創之情殷，而創之志爲愈決，遂與冠縣司鐸儲宣甫先生，及在籍紳士陳書五廣文等，晨夕諮謀，相其地度其材，籌其方位、形勢。」〔註105〕

　　所以，有時候地方府縣官員即是修建試院的主要倡導者，比如《（道光）瑞金縣志》：「迨嘉慶二十一年（1816 年），梁柱欹側，屋瓦滲漏，知縣蔣捐廉倡率，紳士等將東西文場全行拆卸，重新建造。」〔註106〕再比如《（光緒）撫州府志》提到：「前宰劉公有建考棚之志，而慮費之繁也，歲乙亥，進邑人於庭而謀之，且首捐俸以爲倡，邑人士咸善其舉。」〔註107〕可見府縣官員的看法，也必須有本地鄉紳的支持，才可以成爲正式的決定。

〔註101〕胡之鋘：《（道光）晉江縣志》卷之十三，清鈔本。
〔註102〕倪文蔚：《（光緒）荊州府志》卷之二十一，清光緒六年刊本。
〔註103〕許應鑅：《（光緒）撫州府志》卷十八，清光緒二年刊本。
〔註104〕潘紹詒：《（光緒）處州府志》卷之五，清光緒三年刊本。
〔註105〕梁永康：《（道光）冠縣志》卷之九，清道光十年修，民國二十三年補刊本。
〔註106〕蔣方增：《（道光）瑞金縣志》卷三，清道光二年刻本。
〔註107〕許應鑅：《（光緒）撫州府志》卷十八，清光緒二年刊本。

　　總之，在倡議修建試院的過程中，修建的想法有時候由府縣官員首先提出，有時候則有鄉紳首先提出，地方官員與本地士紳的一方似乎都難以獨立做出修建試院的決定，但是相對而言，府縣官員更佔據主導地位。如果是府縣官員做出倡議，則只需要在後續的修建過程中得到鄉紳的支持，而如果是鄉紳提出倡議，則倡議本身即需要得到府縣官員的認可，儘管修建試院本身也多是府縣官員的想法。在首倡並決定做出修建試院的過程中，府縣官員主導地位來自其代表國家正式管理者的身份。試院的用途即是作為童試的考場，童試是以國家名義組織的公共考試的一部分，與整個國家人才選拔的根本制度直接相關，所以試院本質上是國家公共事務的一部分。有時候，修建試院可能還需要報請省級官員的批准，比如《創建直隸解州試院記》提到「官屬士庶，踴躍樂輸，因上其事於中丞石公方伯蔣公僉，報：可，檄飭屬邑協濟。」〔註108〕所以，修建試院倡議大多離不開地方官員，但是地方官員沒有足夠的資金籌措能力，也很難單獨形成公開的倡議，也需要本地鄉紳的支持。

　　在一些地區，鄉紳可能認為自己的影響力不夠大，所以有時請府縣地方領導親自主持資金籌措事務。比如思南府知府熊爵勳在的《重修考棚碑記》提到思南考棚的籌資過程，「余自甲午歲蒞茲土，閱之憮然捐俸於前，府憲胡爰商公並知六學都人士，羨為盛舉樂相贊助，各學皆資焉。城中紳士請余董之，誼不獲辭，鳩工庀材責成有司，舉紳士之廉明，以總出納，余罔間暑寒，時親指畫。」〔註109〕

〔註108〕馬丕瑤：《（光緒）解州志》卷之十五，清光緒七年刻本。
〔註109〕蕭管：《（道光）思南府續志》卷之十一，清道光二十一年刻本。

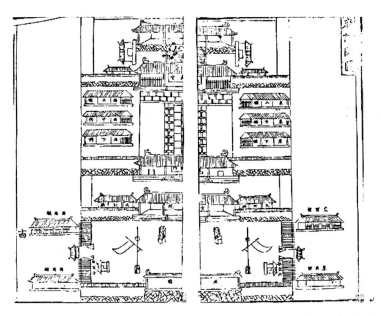

圖 7－3：規模較完備的試院（出自《（光緒）襄陽府志》）

反過來，在一些地區則可能是府縣官員的影響力不夠大，不能集合本地鄉紳使之達成一致意見，比如《（道光）浮梁縣志》「（知縣）十二月下浣到任，戊申正月，集紳耆公議立董事分鄉勸捐，其規條日久未定，意者士各有見，或官斯土席未暖，不足動人士之信，從與姑待之。」〔註110〕

不過一般情況下，地方官員不會直接參與籌資，而只是以個人名義捐助一部分資金，比如乾隆三十有五年（1770 年）山東學政韋謙撰寫的《重修濟南考棚記》「其捐金之牧令，則德州石之珂，章邱王溥，鄒平裘鵬，淄川謝洙，長山葉觀海，新城員家駟齊河范麗光，齊東熊璋，濟陽俞調元，禹城胡錦，臨邑陳洛書，長清高怡，陵縣英□，德平李鳴鶴，平原鄧希曾，備書之所以識不忘也。」〔註111〕這其中，州縣官員的捐資並非是象徵性的，而是經常能起到實質性的幫助，甚至在總捐助金額中佔有不小的比例。

一般情況下，地方官員都不會十分吝嗇，比如《（光緒）德慶州志》提到本地試院費用總計兩千餘兩，知州「先捐廉金二百爲之倡，闔邑士民莫不輸將踊躍。」〔註112〕比如浮梁縣試院，總費用預計在三千多兩白銀，知

〔註110〕喬溎：《（道光）浮梁縣志》卷六，清道光三年刻，清道光十二年補刻本。
〔註111〕王贈芳：《（道光）濟南府志》卷六十六，清道光二十年刻本。
〔註112〕楊文駿：《（光緒）德慶州志》營建志第三，清光緒二十五年刊本。

縣「欣然捐俸百金，面交紳士方鳴等收存，僚友均首先捐俸，因分立簿籍，以勸樂輸，俟捐有成數，則分別先後緩急，以董其成。」〔註113〕再比如《（光緒）鳳臺縣志》則提到本地試院，「共計工料銀一萬九千六百六十八兩六錢三分三釐。內卑職先後捐廉一千兩，各紳富捐銀一萬八千七百六十八兩，足敷應用。」〔註114〕由這些數據可見，地方官員捐助的資金可以占到其中不小的一部分。

清代晚期，地方督撫權力上升，出現督撫級官員直接參與試院資金籌措的情況。《（光緒）丹徒縣志》提到李鴻章等人直接爲丹徒縣提供幫助，「擬僅建府縣試院，適撫軍宮保李公鴻章因公過境，與在籍翰林學士李承霖語及考試，公曰：『金沙試院非十年不能復也，郡城棚地既寬，曷不籌款助建以作士氣而育人材？』學士深以爲然，而慮試院故在壇邑，壇溧之人將議其後，或徒勞而鮮功。公曰：『無慮此改建之由，吾代爲入奏可耳。』是時爵督憲曾公國藩方議善後，江寧令各郡縣協助，而暫緩本地諸善後事，學士往謁，告以宮保之論，比已開工，勢難中輟，公愕然曰：『吾不知也。』遂允撥捐戶十二，以助成之。」〔註115〕

三、鄉紳的角色

一般來說，試院的具體籌資過程皆由本地鄉紳主持，比如《（光緒）惠民縣志》提到：「郡守南豐湯公世培，惠色宰徐公鈖而與之謀，擬改作爲，以其事專屬徐公。公乃召邑紳利瓦伊塀等同履勘估。」〔註116〕

少數地方政府也竭力以各種渠道籌集資金，比如肇慶府四會縣知縣沈鴻壽在向上級彙報工作時，提到本地通過向違章建築徵收一定的費用，以籌措試院修建資金的做法，「竊照卑縣舊志詳載，城北鎮安門外濬濠塹閣三丈深九尺，歲久濠被侵塞，」這一道溝之後被淤爲平地，「日久淤塞，商民侵佔，亦歷有年，即諭飭縣城局紳舉人嚴雲藻陳達時，副貢葉以和附貢區子璘，歲貢羅家駒廩生李友棠等根尋舊址，挨戶清丈去後。茲據丈明占侵官濠鋪屋，計有四十七間，又占過貼城官地五尺各鋪戶共七十二間，占過官街鋪戶其兩間

〔註113〕喬溎：《（道光）浮梁縣志》卷六，清道光三年刻，清道光十二年補刻本。
〔註114〕李師沆：《（光緒）鳳臺縣志》卷六，清光緒十九年刊本。
〔註115〕何紹章：《（光緒）丹徒縣志》卷十九，清光緒五年刊本。
〔註116〕沈世銓：《（光緒）惠民縣志》卷二十八，清光緒二十五年柳堂校補刻本。

造冊，呈繳到縣，並據聲稱各鋪主占濠已非一日，懇請從寬免究罰，令繳出本年租銀，撥建考棚經費，明年照地議租充歸書院修夥。」〔註117〕

不過，上述的情況並不常見，對於籌措資金而言，更主要的力量來自民間。單憑地方官員畢竟勢單力薄，而一縣之內，必有富裕之家或者急公好義的人家，這才是最主要的力量。《（道光）惠安縣續志》提到本地人「國珍子大謨，字謀九，廩生，慷慨好施。」「謨志在繼繩，與在坊貢生莊世華倡捐修葺，大謨捐一千八百餘金，世華捐一千二百餘金。」〔註118〕《（道光）休寧縣志》提到「（試院）壞殆半，梴捐金五百兩，重加修葺。」〔註119〕

甚至有的人不惜售賣自己家中的田產，用以捐助試院。《（道光）永州府志》：「唐生瓊暨子載揚，經理三次矣。募捐不足，售產繼之，前後計自輸金八百餘，其弟璨亦出百金勸之，噫！此其事豈一人之所私此其功，豈一人之所計使，盡急公若此，邑中事烏有不濟者哉。」〔註120〕

大致而言，各地捐資的模式有幾種，第一種自然是每人捐出一定數量的白銀，很多人捐資組成試院修建的資金。

第二種是某一個人捐出了總費用的主要部分，其它人捐出剩下的部分。比如定遠廳試院，本地的「康安儒倡捐錢一千五百串，眾捐錢二千餘串。」〔註121〕一個人捐資占總量五分之一。再比如黃州府試院，「嘉慶八年（1803年）邑紳王宗華捐金三萬有奇，購院外四周民房擴基重建。」〔註122〕這可能甚至是一獨立承擔了試院修建費。

此外，《（道光）涇縣續志》也提到涇縣本地的某位鄉紳，「弟元麟早卒，子曰恒方周歲，元龍撫養過於所生，乾隆壬辰（乾隆三十七年，1772年）捐白金三百六十兩，創興族中文會，甲午（乾隆三十九年，1774年）獨力建縣試考棚，凡費萬餘金。」〔註123〕

很多情況下，一邑之內的那些急公好義之人，往往承擔了試院修建所需資金的重要部分。比如黔縣考棚，道光五年（1825年）建成，「正中為重門、

〔註117〕吳大猷：《（光緒）四會縣志》編二，民國十四年刊本。
〔註118〕婁云：《（道光）惠安縣續志》卷七，民國二十五年鉛印本。
〔註119〕何應松：《（道光）休寧縣志》卷之十五，清嘉慶二十年刊本。
〔註120〕隆慶：《（道光）永州府志》卷三上，清道光八年刊本。
〔註121〕余修鳳：《（光緒）定遠廳志》卷十一，清光緒五年刊本。
〔註122〕英啓：《（光緒）黃州府志》卷之九下，清光緒十年刊本。
〔註123〕阮文藻：《（道光）涇縣續志》卷四，清道光五年刊，民國三年重印本。

爲甬道、爲階、爲堂，兩廊爲童子列坐號；堂之西爲縣令退食之所；其東爲厄福、井涵，上皆有樓牆；左右環以繚垣爲巡風巷。凡措置一椽、一石總不離乎整肅者。」「合邑紳商共捐資銀三萬餘兩，其中輸銀一千兩以上的有：商人舒德輿、胡士良、汪彥濟、餘蔭甫、汪葵、王寧、胡應鴻、朱作楹等8人。」〔註124〕

第三種是由本地某人獨立擔負試卷修建費用。《（光緒）德平縣志》：「監生龐景奎獨力捐貲，文生趙文炳監修。」〔註125〕《（道光）涇縣續志》：「考棚在大安寺東，乾隆三十九年（1774年）邑貢生馬元龍建。」〔註126〕這種情況可能並不多見。

第四種是某人獨立出資，只是爲了專門試院修建某一部分建築。比如《（道光）龍岩州志》提到「時知州承炷於東轅門外添造長廊，爲應試士子憩息，道光十年（1830年）漳平貢生黃裳倡設篾棚，每逢試期於轅內搭蓋，俾士子於聽點時無風雨之患，復捐田租十籮爲遞年修蓋之費。」〔註127〕比如《（道光）惠安縣續志》提到「府城之試院，南西二樵樓，皆先紳士捐輸」〔註128〕。比如《（光緒）巴陵縣志》提到：「國朝康熙五十二年（1713年）平江吳嗣龍父子捐修至公堂，號舍改建龍門，督學錢灃重修。」〔註129〕比如《（道光）晉江縣志》「其東後廊大堂內署，及外兩門，係眾紳士公捐重修，所費若干，緣無碑記，無可考。」襄陽府的情況更爲典型，「嘉慶二十年（1815年），襄陽監生趙宏印捐修號凳，道光四年（1824年）襄陽諸生胡謙益捐資改築，十五年（1835年）謙益孫職員謹中宏印子鵬萬重修，十八年（1838年）邑人楊正倫於轅門外，東西各建防雨公舍八間，南向。棗陽黃載福各建三間，北向。南漳劉天成捐錢百緡，發典生息，以備歲修。」〔註130〕

當然，也有的是捐出自己的土地作爲修建試院的場所，《（光緒）壽州志》提到：「壽臺試院在州治東南德化坊。道光七年（1827年）八月知州朱土達捐廉銀一千兩倡建，州紳孫克依捐畦地爲基，南北長四十一丈，東西

〔註124〕《（同治）黔縣志》卷十，政事，引自李琳琦：《略論徽商對家鄉士子科舉的扶持與資助》，《歷史檔案》，2001年第2期，第79～83頁。
〔註125〕淩錫祺：《（光緒）德平縣志》卷之二，清光緒十九年刊本。
〔註126〕阮文藻：《（道光）涇縣續志》卷一，清道光五年刊，民國三年重印本。
〔註127〕彭衍堂：《（道光）龍岩州志》卷之二，清光緒十六年重刊本。
〔註128〕婁云：《（道光）惠安縣續志》卷七，民國二十五年鉛印本。
〔註129〕姚詩德：《（光緒）巴陵縣志》卷之九，清光緒十七年岳州府四縣本。
〔註130〕恩聯：《（光緒）襄陽府志》卷弟十三，清光緒十一年刊本。

廣二十四丈，原價銀一千一百四十兩，又買其旁畦地取土備用價銀四百七十兩。」〔註131〕

　　一般情況下，試院建成之後可能仍需擴建費，此時經常出現某人獨立承擔的情況，比如《（光緒）汾陽縣志》提到：「國朝乾隆六年（1741年），縣人候選知州郭建瑄捐銀三千七百五十餘兩重修，更增拓考棚。」〔註132〕

　　最值得注意的是，試院本來只能用做童試考場，只有參加考試的考生才會享有其中的好處，然而很少有文獻提到生童及所在家庭被強迫捐資的。記載中的所有人都將修建試院作爲純粹的公共事務對待，有時候會出現某地考生主動修建試院，幫助本地增加專門考點的情況，比如《（道光）貴陽府志》提到：「普安州及普安、安南二縣距安順皆三百里以外，亦以赴試爲苦，紛紛赴訴廣泗，奏請各設考棚，其資費皆生童自捐。從之。」〔註133〕

　　修建試院是一不小的工程，涉及的問題不只是籌措資金本身的問題，而且包括資金的使用和監管，以及修建過程中的諸種問題，《（光緒）德平縣志》提到，該地試院第一次籌資之後，並沒有使試院最終完工，一方面是因爲該地素來是貧困縣，另一方面，眾人的看法無法統一也是重要因素。「邑素貧瘠，難之，會邑紳龐君景奎，以事捐金三百餘兩，創立正廳，及左右廚舍。既而眾慮不齊，工貲無出，號舍竟不果置。越二載，紳董閻君汝霖請於邑侯蔣君山公，延本邑好義者共爲商捐，一時人心踴躍，腋集成裘，遂乃鳩工庀材。」〔註134〕

　　所以，《（光緒）黃州府志》提到，修建試院，「其難有三，爽士如雲，朗朗百餘開屋，非巨金莫辦其難一也；近市無曠土，形勢家言人人殊，誰耆然解者，其難二也；金多而卜吉矣，而謀夫孔多，規畫不定，事奚以濟，其難三也。是以先後宰斯土者數議舉行，而皆朱克就，予甲辰秋蒞任，每擬督修，苦無頭緒。」〔註135〕

　　按照這位知府的說法，修建試院其實有幾方面的困難，第一是資金難以籌措；第二是合適的土地不容易找到，以其地理位置的好壞與一地文教興直接相關故；第三是事情繁雜，人多嘴雜，不知道從何做起。

〔註131〕曾道唯：《（光緒）壽州志》卷九，清光緒十六年刊，民國七年重印本。
〔註132〕方家駒：《（光緒）汾陽縣志》卷之二，清光緒十年刻本。
〔註133〕蕭管：《（道光）貴陽府志》卷六十五，清咸豐刻本。
〔註134〕淩錫祺：《（光緒）德平縣志》卷之十二，清光緒十九年刊本。
〔註135〕英啓：《（光緒）黃州府志》卷之九下，清光緒十年刊本。

一般情況下，需要委任專門的人來負責此事。在不同的地區，受委託人可能有所不同，如上文所述，有的時候，府縣官員受鄉紳的委託，直接負責試院的修建，但是這種情況非常少，因為試院修建涉及的事務繁雜，府縣官員未必有時間，大部分地區都是專職人員來負責。

被委任的試院修建負責人主要有幾類：第一類是資金的籌措人，比如《（道光）寶慶府志》提到「董其事者為縣人晏廷冕、曾欽是、黃絲、劉學濂、晏廷瓚、廖學孔、蔣鳳、劉學熹、晏正文、胡光海、余文觀、孫喻倫、卿良資、聶大椿十四人」〔註136〕這十四人，可能正是資金的主要籌措人，他們也直接擔負資金的使用。第二類是本地生員，如「新寧考棚……擇邵陽廩生王遐襄，職員岳萬鎰，監生劉德昌，武岡監生鍾承思，新化職員伍瑞、歐陽鏗董其事。」〔註137〕第三類是教諭、教授等本地的教育管理者，比如《（光緒）丹徒縣志》提到「同治三年甲子（1864年），粵寇以次削平，郡守金以誠念金壇試院已毀，考試久停」「創建督學試院，甫經相度，即以道員開缺，乃委其事於縣學教諭。」〔註138〕

上述人員可能在身份上有重複，不管怎樣，政府主要官員幾乎不直接參與試院修建，出力的關鍵人員是本地的鄉紳。《（光緒）孝感縣志》提到了來自安徽宣城的李知縣召集本地鄉紳，一同分工謀劃試院修建的情景，「擇日延紳十人於庭，而顧毛君耀、劉君肇楠、魏君學禮曰：『周將遷岐，先屬耆老，匪惟尚齒，尚其德也。惟三碩彥，闔邑所尊，凡胥徒匠役，有不事事者，必申警之，俾無惰。余讀《縣》詩，首召司空，將作室家，必勤垣墉，堅其址、厚其封，歷久不陁，乃為功。』又進嚴君家彥、黃君紹中、劉君榮焯、汪君慶華、張君道傳，謂之曰：『石穿木斷須惜，一錢勾稽弗實，不佞胡安，諸君子司出納惟謹。』又進先叔雲鶴與嚴君、國楷，詔之曰：『九罭之網必提其綱，千腋之裘必挈其領，今日之事無鉅細，悉屬兩君，勿推諉，勿憚煩劇，勿聽間言，必有忍其，乃攸濟。』言訖又遍揖諸君曰：『孝感，楚北名區也，三臺八座，代不乏人，今考棚值巽隅，必有得大魁登鼎甲，蟬聯繼起者，諸君子勉之，將世世子孫食其福。』眾紳退，鳩工庀材，皆身肩其任，一一如公指。」〔註139〕

〔註136〕黃宅中：《（道光）寶慶府志》卷第九十二，清道光二十七年修，民國二十三年重印本。

〔註137〕黃宅中：《（道光）寶慶府志》卷第九十二，道光二十七年修，民國二十三年重印本。

〔註138〕何紹章：《（光緒）丹徒縣志》卷十九，清光緒五年刊本。

〔註139〕朱希白：《（光緒）孝感縣志》卷二十一下，清光緒八年刊本。

這其中有三類人員，一類負責監督具體的施工，一類負責資金出納，一類負責統籌各方力量。在其它的文獻中也有設置專門的監督人員的記載，比如光緒二年（1876年）山東肥城縣試院重修過程中，「紳士尹式穆冉昭重等監工。」〔註140〕分工的明確大大提升了試院資金使用的信譽。

在具體的試院修建過程中，政府的職責除了組織人員之外，一是審核批准修建過程的章程、規範，比如《（道光）濟寧直隸州志》提到該地試院修建的過程中，「由州詳明批准立案，並立收支章程。」〔註141〕二是對工程進行檢查驗收，對做出貢獻的人提出褒獎，比如《（道光）歸順直隸州志》：「委據署天保縣知縣袁沛霖，前往奉議州新建考棚工程，逐一查勘，俱已一律完竣，合式堅固，並無草率浮冒，出具印給。並查明各官紳士民等捐銀數目，及年籍履歷各冊，由藩司邵甲名、臬司寶清議，請奏明地方修成等項工程，紳衿士民捐銀三四百兩以上者，奏請給以八品頂戴。如有頂戴人員，聲明、聽部另行議敘。」〔註142〕

所以，政府實際上只是爲試院的修建提供了信譽擔保，保證物盡其用、人盡其才。需要說明的是，此模式的關鍵優勢在於，試院資金籌措與修建的具體過程都由當地鄉紳負責，「不假手於胥役」。清代州縣政治活動中的各種事務，都不是由主要官員直接參與，而是由胥吏代辦，這總是導致腐敗。而試院修建的整個過程，完全沒有胥吏的身影，這是整個籌資和修建過程擁有較好信譽的關鍵，也是形成比較完備、可靠的資金籌措和修建制度的主要原因，也正是因爲此，許多人才願意捐資。也正是因爲此，試院修建的過程才能成爲值得爲後世注意的模式。

四、試院的維護

試院在建成之後，一般只有在考試期間使用，其它時間可能只有看門的人在其中。每屆考試之前，試院都需要重新清理、修葺，所以試院即使已經建成之後，也需要一筆定期的維修費。這筆歲修費用主要有幾種解決途徑。

第一種途徑，一些地區規定，凡是參加歲、科試的生員，每次考試需要繳納一定的費用，作爲試院的歲修費，如寶慶府「公議每歲科與試者，各捐

〔註140〕凌紱曾：《（光緒）肥城縣志》卷之五，清光緒十七年刻。
〔註141〕徐宗幹：《（道光）濟寧直隸州志》卷五之一，清咸豐九年刻本。
〔註142〕何福祥：《（道光）歸順直隸州志》卷四，清道光二十八年抄本。

錢三文貯於官，以爲修補經久之計。議既定，徵予言，以紀於石。」〔註143〕
按理來說，這種情況應該是最常見的模式，但卻出現的很少。

第二種途徑，一些地區的試院維修費在籌措修建費的時候就已經有了。
比如《（光緒）衡山縣志》提到，該地籌措的試院修建資金時，甚至超過了所
需費用，「先是邑人因改建考棚，樂捐，以餘資建培文館，且置田租三百餘石
爲考棚歲修資，及縣、府試科場卷費。」〔註144〕

這樣的情況不止一例，《（光緒）惠民縣志》提到：「是役也，官倡而民應
之以紳士領其事，不假胥吏之手，計捐銀一萬八千五百九十六兩，支銷銀一
萬七千五百九十兩節省一千兩，存商生息以爲歲修。」〔註145〕《（道光）歸順
直隸州志》也提到該地的情況，「共享工料銀一萬二千七百一十六兩零，尙餘
銀一千七百九十二兩零，制錢一萬三千四百六十餘串，發典生息以爲辦考經
費之用。」〔註146〕

最誇張的可能要數湖北黃州府黃安縣試院，該地的試院，「道光二十八年
（1848 年）知縣許廎藻糾貲創建，後餘錢七千串文，存典起息，分作考棚歲
修，及賓興卷價諸費。咸豐四年（1854 年），將存典成數，並息錢五百三十串
文，付殷實家承領。五年（1855 年），又買李德灣莊田一所，計八石三斗五升。
每年經管收租穀息錢，爲各項費用。」之後，不斷有人爲此捐助資金，以至
於不僅「春秋闈賓興及文武童試卷資，其歲時修葺」也綽綽有餘，而且竟然
還有多餘的資金用來修建縣城城牆，「更以其溢餘計緡九百二十有奇，繕治城
垣，而其它淩雜須理料者，皆□備無缺。」〔註147〕

第三種途徑是來自本地專項捐助資金，這是最常見的形式。因爲每年需
要錢，於對於對修費來說，最好的捐助途徑是土地租金，所以有人專門爲試
院維修費捐助田地，以便通過租金獲得固定的維修費用。比如《（光緒）寧海
縣志》提到，「先年江瑤太學生鄔國華贍田三十石，計六號；後城內職員金寶
齋贍田九石，計二號，爲歲修費。」〔註148〕湖北襄陽的棗陽縣也與此類似，「棗

〔註143〕黃宅中：《（道光）寶慶府志》卷第九十三，清道光二十七年修，民國二十三
　　　　年重印本。
〔註144〕李惟丙：《（光緒）衡山縣志》卷十六，清光緒元年刻本。
〔註145〕沈世銓：《（光緒）惠民縣志》卷二十八，清光緒二十五年柳堂校補刻本。
〔註146〕何福祥：《（道光）歸順直隸州志》卷四，清道光二十八年抄本。
〔註147〕英啓：《（光緒）黃州府志》卷之九下，清光緒十年刊本。
〔註148〕王瑞成：《（光緒）寧海縣志》卷四，清光緒二十八年刊本。

陽縣試院在小東門內，咸豐二年（1852 年）知縣陳子飭建邑諸生張玉瑞自捐園地，及買民房地爲基捐，貢生李方泮妻宋氏捐烏金店耿家灣地，共一百二十畝以備歲修。」〔註 149〕

　　有些地方志上詳細開列了這些土地的信息，比如「貴定有考柵在文廟左，道光十九年（1839 年）縣人王仁溥捐貲，建有照壁轅門、頭門、儀門、龍門，兩廊考棚各七間，大堂即文昌宮之外廳爲之，而龍門即魁星閣也。縣人宋樽文、陶曙升各捐田，以爲歲修之費，其籍新添司田二分：一分在大麻窩大小二坵，一分在韓家田橫頭一坵，共載種二斗二升，價銀三百兩，係宋樽文捐；過化鄉田一分，大小六坵，載種一斗五升，價銀一百五十兩，係陶曙升捐。」〔註 150〕湖北省黃州府黃梅縣的維修費也主要來自本地人捐助的土地租金，「光緒元年（1875 年），監生商煥妻陳氏捐河南畈柯家嶺夏家灣田課四十五石一斗二升二合五勺，例貢黎兆煥捐白湖碑田課十八石六斗入升，商叔愷捐張湖鎮田課五石，張袁氏、盧汪氏、向魏氏捐杜家楓樹白湖碑金林鎮田，共課四十石六斗八升，俱永作歲修費。」〔註 151〕該府蘄水縣的情況也與此類似，府志中詳細列出了試院歲修專用田的位置、租金和捐助人。

　　對於試院的使用，一般地區都有嚴格的管理制度，《（道光）浮梁縣志》提供了試院管理和使用的基本情況，「遇試啓門，校士試畢局戶潛藏，規模宏遠可保無虞。誠恐嗣後辦公書役人等不悉，前由倚恃官勢指爲公所，或改開門戶，損壞門窗、牆垣，均未可定，合行諭知，嗣後凡辦公之時，務持本縣名帖，親向經理首事借明，眼全看驗，門壁完固。如有損壞，責令賠償。其座號並無房壁，聽首事封鎖，不得擅開借用，致損桌櫈。如有等情許首事攔阻，稟縣以憑處治。並將此諭勒石，官廳以爲將來者戒。」〔註 152〕管理權由本地主要官員負責，非考試之日，未經允許不允許私自開門。

　　也有的地區將試院門外的少部分房屋出租，比如休寧縣考棚在「海陽書院西首」，「嘉慶十二年（1807 年），邑紳商劉啓倫營造，前照牆、左右鼓吹亭，頭門內左右班房、二門內左右門房，甫道左右設東西文場直接大堂，堂後房二進各三間，東廳西廚房。牆外西偏樓房四進，賃租以爲歲修之費。」

〔註 149〕恩聯：《（光緒）襄陽府志》卷第十三，清光緒十一年刊本。

〔註 150〕蕭管：《（道光）貴陽府志》卷四十三，清咸豐刻本。

〔註 151〕英啓：《（光緒）黃州府志》卷之九下，清光緒十年刊本。

〔註 152〕喬溎：《（道光）浮梁縣志》卷之五，清道光三年刻，清道光十二年補刻本。

〔註153〕再如《（道光）浮梁縣志》提到本地試院，「左邊房屋一重，買受劉士順業，向爲守院之人居住。公議開一耳門通入院內，以便照料。今暫租與劉殿元開張買油，租銀一兩二錢，坐向與試院同；右邊房屋第一重，買受徽人義祭祠業，緊靠洞門磚牆，坐北向南，租銀七兩二錢；右邊房屋第二重，後空地一方，買受吳俞氏業，折空成坦，租銀五兩二錢，今有王汪姓浮屋在上；南隅玉堂巷口塘塝埂，買受鄧廷儉地一片，租錢三百文。」〔註154〕有的地區租金僅能擔負看護試院的人的勞務費用，比如道州試院，「先年入籍公項，置買文明坊瓦鋪一座，每年收租錢十千文，以爲守看考棚人役工食。」〔註155〕汧陽縣試院的經營也曾設想採用出租的方式，「汧地潮濕，土多硝□，難保歷久不壞。再籌歲修資本，修理鋪面租商收息，與書院一體備用。」〔註156〕

大部分地區的試院只是作爲考場，除了作爲童試的考場之外，也作爲位歲、科試的考場、本地官學的考場、書院的考場，但大都無法實現使用的日常化。只有少數地區的試院得到了很好的利用，因爲有一部分試院與書院修建在一起，比如陝西大荔縣試院，「學使者至，則其試院也；學使者去，則守郡者之書院也。而在請業諸生，朝夕考究，遊息藏修，小之含毫濡墨，激昂青雲；大之希賢希聖，光昭河嶽，咸基始於茲也。匪惟省築捨道旁之煩，而此間實爲士人之肆升堂入室，當視別建者，爲尤捷焉。」〔註157〕

從上述試院修建和維護資金的籌措模式可以看到，清代中央政府和地方政府都無力承擔像試院修建這樣各地都存在的、具有特殊性質的公益工程。政府即使再完美，其力量也必然都是有限的，永遠都存在有政府希望做到，但是卻無力做到的事情，縱使這樣的事情是純粹的公益事業。這種情況從古至今一直都存在。在這種情況下，政府與鄉紳在試院修建和維護以及類似的事務中所形成的分工，便有了值得後世借鑒的意義。在資源十分有限的地方社會，這種分工尤其具有重要的意義。正是這種分工模式，使地方鄉紳願意出面籌措數千乃至上萬兩白銀，用以修建試院，並且在修建完畢之後，將試

〔註153〕何應松：《（道光）休寧縣志》卷五，清道光道光三年年刻本。
〔註154〕喬溎：《（道光）浮梁縣志》卷之五，清道光三年刻，清道光十二年補刻本。
〔註155〕李鏡蓉：《（光緒）道州志》卷之五，清光緒三年刊本。
〔註156〕羅璧：《（道光）重修汧陽縣志》卷十，清道光二十一年刻本。
〔註157〕熊兆麟：《（道光）大荔縣志》足徵錄卷二，清道光三十年刻本。

院的管理權交與政府。在這種府縣政府與本地社會鄉紳，各自擔負不同職責的分工模式之下，府縣政府和本地鄉紳各自貢獻了各自的力量，各自獲得了各自的所需，由此才能使基層社會有限的資源發揮無限的力量，才能使地方社會事務得到更好的處理。

第六章 清代生員與地方社會

　　童試爲社會造就了一批又一批生員，也就是秀才，這是童試帶來的直接結果。童試本身對社會權力結構沒有特別的影響，其影響主要通過生員顯示出來。目前學術界尚未有人對清代生員展開專門的研究，除了文獻資料的不易查找之外，更主要的原因可能在於，尚無法確定生員能否可以成爲一個具有統一特點社會群體。從全國來看，生員群體的數量非常龐大，而且各地的情況差別也較大。不同的生員有著不同的家族背景、人生經歷、個性特點和不甚相同的人生追求，所以也必然經歷了不同的人生軌跡，對社會的貢獻也可能迥然不同。所以目前對於生員，只能在總體上做一些「簡單化」的討論。

第一節　生員的社會生活

一、生員的政治「特權」

　　生員經常出現在明清時期的文學作品中，從中可以看到生員給當時的人們留下的印象。在《儒林外史》第二十二回中，牛浦和牛玉圃兩人在某處樓上和一個戴方巾的叫做王義安的人一起吃飯，「正說得稠密，忽見樓梯上，又走上兩個戴方巾的秀才來」，這兩個秀才一看到王義安，便罵罵咧咧，甲秀才說：「這不是我們這裡豐家巷婊子家堂櫃的烏龜王義安？」乙秀才說：「怎麼不是他！他怎麼敢戴了方巾，在這裡胡鬧！」於是「不由分說，走上去一把扯掉了他的方巾，劈臉就是一個大嘴巴，打的烏龜跪在地上磕頭如搗蒜。兩

個秀才越發威風。」「落後，打的烏龜急了，在腰間摸出三兩七錢碎白銀來，送與兩位相公做好看錢，才罷了，放他下去。」〔註1〕

按當時的規定，只有生員才能戴「方巾」，但是也有不少普通百姓喜歡佩戴方巾，這是市民經濟繁榮之後，服飾風尚的一大特點。一般人希望自己能象生員那樣有知識，所以非生員群體的人佩戴「方巾」，就好比今天有的人雖然不是博士，但是也喜歡到照相館戴上博士帽，照一次相一樣。可是王義安卻因此被兩個生員暴打一頓，還被訛詐了不少錢財。三兩七錢白銀對於普通百姓來說並不是小數目，足以支持一個小家庭兩個月的生活費用。

《儒林外史》這類文學作品中所講的可能並非是眞實的故事，但至少應該有一些故事「原型」的影子在。雖然清代的大多數生員都不像上述兩位那樣蠻橫無理，但卻有很多生員是叱吒一方的風雲人物。這些人雖然不可能對國家政策的大勢形成影響，但卻是決定地方事務的關鍵力量。

在清代，生員身份意味著一些特權。《清史稿》提到，清代生員「違犯禁令，小者府、州、縣行教官責懲，大者申學政，黜革後治罪，地方官不得擅責。」〔註2〕這就是顧炎武在《生員論》所說的「無笞捶之辱」〔註3〕，生員如果與他人發生糾紛，一般不會被隨便抓來審問，尤其是不能動用刑訊，必須由地方官員報本省的學政批准，待學政革除該生員的資格之後，才能治罪。清朝政府一再申明：「生員關係取士大典，若有司視同齊民撻責，殊非恤士之意。今後如果犯事情重，地方官先報學政。俟黜革後，治以應得之罪。若辭訟小事，發學責懲罰。」〔註4〕

正因爲上述的這些優待和特權的存在，才導致《儒林外史》第二十二回裏，牛浦和牛玉圃看到無賴生員欺負王義安的事情。

生活在明末清初的顧炎武，深感貧苦百姓受到生員這樣的基層特權群體的壓榨，認爲生員是官府胥吏之外，給地方社會帶來弊病重要群體之一。他曾在《生員論》指出：「天下之病民者有三：曰鄉宦，曰生員，曰吏胥。」顧炎武認爲，「今天下之出入公門以撓官府之政者，生員也；倚勢以武斷於鄉里者，生員也；與胥史爲緣，甚有身自爲胥史者，生員也；官府一拂其意，則

〔註1〕 吳敬梓：《儒林外史》，第二十二回，臥閑草堂本，清嘉慶八年。
〔註2〕 趙爾巽等：《清史稿》卷一百六，中華書局點校本，1976 年。
〔註3〕 顧炎武：《顧亭林詩文集》，卷二，生員論，中華書局，1983 年。
〔註4〕 允祹等：《欽定大清會典則例》卷七十，清文淵閣四庫全書本。

群起而哄者，生員也；把持官府之陰事，而與之爲市者，生員也。」「一登科第，則有所謂主考官者，謂之座師；有所謂同考官者，謂之房師；同榜之士，謂之同年；同年之子，謂之年侄；座師、房師之子，謂之世兄；座師、房師之謂我，謂之門生；而門生之所取中者，謂之門孫；門孫之謂其師之師，謂之太老師。朋比膠固，牢不可解。」〔註5〕

在顧炎武看來，生員絕不是一些文學作品中描述的「窮秀才」、文弱書生，更不是窮酸潦倒、爲人所笑的迂腐之人，而是既有知識，又有話語權，且與吏胥等人沆瀣一氣，把持地方政府、控制地方社會的重要力量。顧炎武指出，生員之間很容易因爲考試而形成師生關係、同門關係、同年關係、門生關係等各種不同的關係，進而形成牢固的「朋黨」關係。在這種牢固而複雜的關係之下，生員們的「書牘交於道路，請託遍於官曹」，地方政治因此變得烏煙瘴氣。以至於，顧炎武認爲：「廢天下之生員而官府之政清，廢天下之生員而百姓之困蘇，廢天下之生員而門戶之習除，廢天下之生員而用世之材出。」〔註6〕

不過，在明清時期，中央政府雖然給了生員們一些不同於普通百姓的特權，但也一直在限制生員的權力，比如清代政府規定：「若非大事，含情忍性，毋輕至公門。」「軍民一切利弊，不許生員上書陳言，如有一言建白，以違制論，黜革治罪。生員不許糾黨多人，立盟結社，把持官府，武斷鄉曲。所作文字，不許妄行刊刻。違者，聽提調官治罪。」

這些限制生員活動的內容，來自清代初年制定的《訓士臥碑文》。碑文刻在石碑上，安放在每一所府縣學內，是具有極高權威的「祖制」，每個生員都必須熟背其全文內容。在中央政府看來，生員的本質是府縣學的學生，本分是讀書，其社會責任充其量在於通過讀書，給地方社會帶來重視文教的風氣和注重道德的風俗，進而給地方社會帶來穩定，也爲中央政府的管理帶來方便。

可見，生員身份在地方社會上是一種極特殊的身份，有一些特權，又受到限制；既不是官員，也不能成爲官員，但又與普通百姓有一些差別。《儒林外史》中不單有王義安遇到的惡霸般的生員，而且有其它類型的生員，《儒林外史》第三回，范進考中生員之後，其丈人胡屠戶生怕這位新考中的生員，

〔註5〕顧炎武：《顧亭林詩文集》，卷二，生員論，中華書局，1983年。
〔註6〕顧炎武：《顧亭林詩文集》，卷二，生員論，中華書局，1983年。

從此看不起以殺豬爲業的丈人了,於是帶著酒和肉到范進的家裏表示祝賀,並且親自對范進做了囑託:「你如今既中了相公,凡事要立起個體統來。比如我這行事裏,都是些正經有臉面的人,又是你的長親,你怎敢在我們跟前裝大?若是家門口這些做田的、扒糞的,不過是平頭百姓,你若同他拱手作揖,平起平坐,這就是壞了學校規矩,連我臉上都無光了。你是個爛忠厚沒用的人,所以,這些話我不得不教導你,免得惹人笑話。」

胡屠戶口中的相公就是生員,這段話惟妙惟肖的刻畫了生員在普通百姓眼裏的地位。生員本質上還是百姓,充其量也僅是稍有一點不同的百姓。身處社會基層的胡屠戶可能從沒眞正跟有身份的人有過密切的交往,但對於生員也許知道一二。他認爲中了生員之後身份就不一樣了,做事就要有一些「體統」了,但是對於幹殺豬這一行的,還是要保持尊重,但對於其它的那些「做田的、扒糞的」平頭百姓,就不能再與之平起平坐了。這便是胡屠戶所說的秀才的「體統」。

從經濟上來看,生員這一身份本身所表示的直接的物質利益十分有限,作爲生員群體中優秀代表的廩生,每年從國家領取的補貼數額才不到四兩白銀,加上不允許討論「軍民一切利弊」,甚至不能刊刻自己寫的書。這樣一來,中央政府賦予生員的特權,並不足以使之成爲眞正意義上的地方社會的核心人物,也難以帶來眞正的有「體統」的生活。十分有限的經濟和政治上的支持,只能保持生員們從此不再爲溫飽擔憂,不再動不動就受人欺侮,但是既不足以使生員成爲富裕的人,也不足以使生員成爲有權力的人。對於考中生員的范進來說,以殺豬爲業的「丈人」仍舊要求他保持對幹殺豬這一行的人的尊重,其地位可見一斑。

顧炎武批評生員的言論,其實僅僅是認爲生員的言行,違背了「祖制」,明朝初年就曾出現了類似於清代臥碑上的內容。在顧炎武的眼裏,舉人、進士與地方官員沆瀣一氣,「書牘交於道路,請託遍於官曹」就是可以的,但是生員如此做便不能允許。因爲舉人、進士的定位是社會管理者,而生員的定位只是學生,應該以讀書爲主要事務。但這對於生員來說往往不現實的,清代初次考中生員的人年齡大都已經不是兒童了,需要養家糊口。作爲讀書人的生員,必然要通過自己的方式參與到社會生活中來,以獲得在地方社會中應有的地位。可以說,清代生員在地方社會上所擁有的影響力,並非是中央政府直接賦予的政治和經濟權力所致,而主要來自生員群體自覺的行動。

二、生員的經濟「特權」

在物質生活上，生員儘管無法與皇親國戚、達官貴人的收入相比，但是在基層社會，大部分生員的生活水平是處在普通水平以上的。除了部分生員能夠得到一些來自國家的幫助之外，為了使生員們能專心進學讀書，清代政府還規定：「至於一切雜色差徭，則紳衿例應優免。」「嗣後舉貢生員等，著概免雜差。」「一應雜色差徭，均例應優免。」〔註7〕也就是，生員可以免除雜役、雜差和人頭稅，可以不參與政府派給的勞動，這在當時也有一定的意義。

在明代，生員的稅收優免政策往往被生員們用來牟利。許多人家將自己的田地「詭寄」在生員的名下，以逃避賦稅和各種「雜泛之差」。這就造成了顧炎武所說的結果，「一縣之地有十萬頃，而生員之地五萬，則民以五萬而當十萬之差矣；一縣之地有十萬頃，而生員之地九萬，則民以一萬而當十萬之差矣」。〔註8〕不過，這種情況在清代是不存在的，因為各地、各村，乃至各戶需要交納的稅收數額已經固定，不存在「詭寄」的問題。

古代的財政政策與當代有所不同，當代財政收入中增值稅占的比重很大，稅收大多來自商品的流通過程，而古代則主要依靠「人頭稅」，對商品流通徵收的稅較少。所以生員免稅，應該相當於一些人獲得了購買免稅產品的待遇。不過具體來說，按照人口計算，清代的稅收平均每人每年只有幾錢白銀。清代政府的總稅收額長期保持在四千萬兩白銀左右，而清代中期以後，全國過總人口已經超過三億，每人每年擔負的稅收大約為白銀一錢（0.1兩）多點，加上地方政府「浮收」的部分，每人的負擔一般也不超過一兩白銀。這是生員「免稅」的直接利益。

廩生的補貼加上「免稅」，總的算起來，一個生員身份一年直接的經濟利益只有不到五兩白銀。這足夠一個生員的小家庭每年買米的開支了，但是無以支付其它生活開支。張仲禮《中國士紳的收入》提到：「一個鄉村或城市的勞動者除雇主提洪的伙食外一年的平均收入只有5到10兩白銀。」所以，廩生的補貼與這些「下等公民」的年收入大致相仿。當然，如果一個廩生完全賦閒，只依靠補貼來過生活，必然窮酸的很，只能勉強填飽肚子。但事實上是，這部分錢相對於普通百姓而言，是「多」出來的錢，絕大多數生員都不是整年在家中休息的。

〔註7〕　允祹等：《欽定大清會典則例》卷七十，清文淵閣四庫全書本。
〔註8〕　顧炎武：《亭林文集》，卷一，生員論，上海掃葉山房1919年石印本。

絕大部分生員，總是還有一些別的收入的，比如給參加童試的人作擔保，給他人寫訴狀、寫對聯，去書院考課等等，這都會增加生員們的收入。當然，最重要的收入來自做塾師。總的來說，有生員身份的塾師很受歡迎，其收入比沒有生員身份的塾師也要高很多。張仲禮在《中國士紳的收入》中指出，在明清時期，有紳士身份（即獲得生員以上功名）的塾師人均從業年收入約為 100 兩白銀，而那些廣大的沒有紳士身份的塾師，其平均年收入則不足 50 兩白銀。〔註9〕當然，具體的情況可能比較複雜，全國各地在不同的時期也有所不同。不過這些收入，足以使生員脫離下等人的地位了。

尤其不能忽略的是，大部分生員不像舉人、進士一樣脫離鄉土社會，而是一直生活在本地。也就是，如果一位生員家中原本就有一些土地，考上生員之後，來自土地的收入並不會減少。塾師等收入也是在原來基礎上「增加」的部分，生員不會因為做了塾師就失去土地。所以，生員們擁有多樣化的途徑獲得收入，可以比一般只種地的普通百姓過得好一些。

三、生員舉例

以清朝末年河南省汲縣的一位叫做王錫彤的生員為例，可以較具體的說明，在那個年代，我國中原地區生員的生活與收入，也可以從中加清晰的看到一位出身基層、家庭貧困、天分中等，但是好學上進的學生考取生員前後謀生與做事的歷程。

根據王錫彤留下的著作《抑齋自述》記載，王錫彤出身於一個不太富裕的家庭，其父親也是生員，在獲得功名之後，曾經給鹽商的孩子做過塾師，後來即跟隨該鹽商經營鹽業，但是主要是給人打工。王錫彤自幼年起開始頻繁的更換塾師，以至於學業進步緩慢。

在王錫彤十幾歲的時候，父親病故，此時的王錫彤在父親曾經工作過的鹽商處打工。可是王錫彤讀書之心未泯，常常向當地的一位叫做范揚卿的儒者請教學問，「先生亦頻來肆中訪余作長談，或為余批點文字。然商肆之中作此酸態，同伴嫉之，肆主人亦不以為然。」〔註10〕

〔註9〕 上述本節有關張仲禮的數字引自張仲禮：《中國士紳的收入》，上海社會科學出版社，2001 年，第 40 頁。

〔註10〕 王錫彤著：《抑齋自述》，鄭永福、呂美頤點注，河南大學出版社，2001 年，第 25 頁。

　　讀書與經商的環境畢竟有些格格不入，加上王錫彤認爲經營鹽業是一種出賣良心的事情。當時賣鹽的商人要依靠往鹽中加水，以增加重量來賺錢，否則便無法盈利，但是有強烈道德感的王錫彤「顧夙夜思之，此賣良心錢也。人生良心，能有幾何？而日日賣之，尚餘何物？」所以 17 歲的王錫彤不顧家庭的貧困狀態，毅然辭職回到老家。母親聽到兒子的解釋，也表示支持。王錫彤在《抑齋自述》中寫道：「次日至家見母，礮然哭。母大驚，詳細研詰，亦哭慰之曰：『癡兒毋哭，我家世守詩書，決不忍令汝廢讀，第讀書須受若耳。』因廂躍自承：『小米粥咸萊我甘之。』自是鍵戶讀書，每夜至二更。母子共一燈，母操作，兒讀書。親友譏誚，一切不問。一日路見老輩，拱手側立，竟過不顧，余愧恥欲死。」〔註11〕

　　兩年之後，光緒十年（1884 年），19 歲的王錫彤以縣試第一、府試第二、院試第三的優異成績考中生員。次年參加鄉試，未考中。從此以後，王錫彤開始了生員身份的生活。

　　王錫彤回到故鄉，於光緒十一年（1885 年）開設私塾，招收了 5 位學生，每年可以掙到銅錢三十千（大約三十兩白銀多，清末白銀外流造成國內白銀減少，一千枚銅錢的價值往往超過一兩白銀）。次年，王錫彤所在地的衛輝知府李增甫卸任後，聘任王錫彤擔任其子孫的塾師。李增甫給王錫彤開出的薪水爲月俸白銀五兩，外加零用銅錢二千。可能正是因爲王錫彤有生員的身份，而且學問很好，所以自己教了一年私塾之後，便工資翻倍。

　　有生員身份的塾師對考生複習應考可以起到很好的作用。從前文所述可以知道，童試的考題難度不小，考取生員的過程也非常之繁瑣。在信息不發達、交通不便利的時代，對於一個出生在鄉下普通人家的孩子來說，考試過程中的種種規則講究，如果沒有老師教，實在無從知道。如果有一個參加過生員考試，最好是成功的考上了生員的老師，就可以把生員考試的每一步，什麼時候參加哪種考試，如何報名，考場注意事項，如何練習楷法，如何寫好八股文等等信息原原本本的講給考生，複習才會有效率，考中的幾率才會大大增加。這是古今相通的道理。

　　一年七十兩白銀，相比與上層社會實在不算什麼，但對於像王錫彤這樣的家庭來說，則不算不少了。面對這樣的高薪，王錫彤卻只教了一年書

〔註11〕 王錫彤著：《抑齋自述》，鄭永福、呂美頤點注，河南大學出版社，2001 年，第 27 頁。

就不幹了，因爲「自念鄉里教授非長久計，惟有舉人、進士是前途發達之方。」〔註12〕

一句話，王錫彤是個上進的人，他希望繼續參加鄉試，而這份工作會耽誤進一步的學習，於是便辭職前往位於河南省會開封府的大梁書院繼續讀書。王錫彤在河南開封書院也是有收入的，「月支膏火銀一兩五錢，足爲飲食之需。每月再得獎金，仍可寄家爲養。」〔註13〕

此時的王錫彤已經是一個孩子的父親了，而在書院一個月所得的補貼一兩五錢白銀卻還花不完，還能給母親寄錢。可見王錫彤生活十分簡樸習慣，這也與當時的社會特點有關。以農業爲主的年代並非是消費社會，可供消費的內容主要是米麵衣物等基本生活用品，對於一介書生來說，確實並沒有太多奢侈品可供消費。

據記載，王錫彤在之後的光緒十四年（1888 年）、十五年（1889 年，恩科）、十七年（1891 年）、十九年（1893 年，恩科）、二十年（1894 年）、二十三年（1897 年）都曾參加鄉試，但是一直沒有考中舉人。1889 年鄉試不中，王錫彤又幹起了老本行，「復爲童子師，館於徐氏」，可是收入比原來有了很大增加，每月可得銅錢三十餘千。

再後來，王錫彤因爲家中房屋有餘，便不再出外教學了，而是開始在自己家裏開館授徒，這種情況持續多年。不多久之後，王錫彤所教的學生中接連有考中生員的。於是，王錫彤的名聲越來越大，附近的新鄉、延津、滑縣、濬縣等地都有學生負笈遠來，這便需要爲遠來的學生提供食宿，「學生有自他縣至者。竈下婦不能支，覓一老僕佐之。當時人工賤，每月銅錢三百枚而已。」〔註14〕後來大梁書院請去讀書考課，他都謝絕了。可見在此期間，王錫彤的生活和收入都比原來有了更大提高，工作環境也比較合意了。

進入 20 世紀，因爲王錫彤所在當地的義和團運動影響了社會穩定，王錫彤受聘參加了直隸南部團防的籌辦。之後，他受到推薦擔任山西省一所新式

〔註12〕 王錫彤著：《抑齋自述》，鄭永福、呂美頤點注，河南大學出版社，2001 年，第 30 頁。

〔註13〕 王錫彤著：《抑齋自述》，鄭永福、呂美頤點注，河南大學出版社，2001 年，第 30 頁。

〔註14〕 王錫彤著：《抑齋自述》，鄭永福、呂美頤點注，河南大學出版社，2001 年，第 43 頁。

書院的山長，逐漸接觸新知識，並於 1905 年回到故鄉河南汲縣，創辦新式學堂，為中國地方教育的變革做出了貢獻。

第二節　屬於民間社會的生員

一、「留在本地」的政治理想

生員作為一個群體，在整個社會制度中的位置，寄託著中國古代思想家對中國地方社會治理的理想，是中國古代政治思想體系的一部分。這主要源自清代的生員，在本質上是屬於地方社會的、民間性質的人才，是不同於鄉會試所產生的舉人、進士類的高級人才的。

從宋元時期開始，中國的科舉制度出現了許多重要的轉變。隨著科舉制度的不斷舉行，中央政府的人才終於開始飽和，進而出現了太多的用不完的人才。於是科舉制度開始區分等級，縱向發展，自下而上分為了不同的級別。生活在社會基層的人，通過參加最低級別的童試，可以獲得生員身份，卻不能出外做官，只能獲得一點政治和經濟上特權。而在生員的角度，他們本身也不需要再出外做官了，這些生於地方社會、長於地方社會、瞭解地方社會的人，總是主動回到自己一直生活的地方，以非政府官員的身份參與地方的管理。於是，生員成了屬於地方社會的人才，這也構成了中國古代地方社會治理的最重要的部分。有了這一批人才，中國的地方社會，尤其是農村社會，才不至於因人才的不斷流失，以及隨之流失的物質資源而變得衰敗。

隋唐之前的人才制度，在某種程度上只是完成了中國地方社會治理制度的一半，即通過「鄉里」推舉和選拔，使得優秀的人才產生出來，但是這些優秀的人才不能留在自己生活的地方，而總是離開家鄉，到其它地區或者中央政府去做官。讀書人的理想也主要在於，離開本地，為國家管理作出貢獻，如此才算是實現了人生價值。宋元以後，中國地方社會治理的另一半理想在慢慢實現。隨著童試制度的行成，地方治理終於等來了真正生長於地方，瞭解地方社會的人才，這便是由最低級的科舉考試錄取的生員。由此，中國的地方治理逐漸形成了完整的體系，中國的地方社會也由此真正穩定了下來。

美國劍橋大學的漢學家韓明士（Robert Hymes）是較早注意到上述這一轉變的學者。他在《官僚與士紳：兩宋江西撫州之社會精英考》（《States men and

Gentlemen》）一書中提到，早在兩宋時期，士人的理想與心態就出現了很大的變化。北宋時期的士人大多都懷有報效朝廷、忠君報國的理想，因而都在爭取進入中央政府，並且爲此不惜脫離故土；而到了南宋，雖然並不排除仍有不少士子胸懷躋身廟堂的志向，但更多的士人則把紮根地方作爲自己的首要取向了。在南宋，地方精英們似乎不再關注國家的權力中心，也不再追求高官顯爵，而把注意力轉向鞏固他們在故鄉的基礎方面。〔註15〕

美國哈佛大學的漢學家包弼德（PeterK.Bol）在《斯文：唐宋思想的轉型》一書中也提到這種轉變，他認爲士人掌握一定的知識，只是爲其彼此之間的身份認同提供部分依據，而官位也不再是確定其士大夫身份的首要條件，但是對於他們來說，成爲地方社會的領袖，在地方社會、經濟、文化乃至政治事務中發揮著重要作用，漸漸成爲了更重要的事情。〔註16〕

這種轉變可以稱爲是一種「留在地方」的轉變，正是因爲這一轉變，才形成了中國政治治理的完整體系。雖然顧炎武激烈的批評生員群體，但他對於地方社會治理模式也並沒有提出新的制度理想，而仍舊認爲應該「用辟舉之法，而並存生儒之制」，也即是將兩漢的察舉制度與科舉制度綜合起來。其實明清時期複雜的童試制度本身，也並不是單純是考試（筆試），考生在報名時，必須獲得鄉里的認可，並要找本地生員保舉，這本身就兼有「鄉里察舉」的性質。

總之，隨著科舉制度的等級化，「留在地方」逐漸成爲宋元以後中國地方社會發展中的一股最重要的潮流，這一潮流在明清時期，在童試制度確立之後正式完成。於是，僅僅通過了童試的生員，或者說通過了地方官學入學考試的有限額的學生，開始正式登上地方社會、基層社會所形成的舞臺，並且佔據了舞臺最中央的位置，開始書寫中國地方社會治理的歷史。當然，從一些文獻來看，有很多人考中生員之後，也沒有帶來什麼影響，也有個別人可能沒有考中生員，卻也能對社會帶來影響的。但是總體來看，生員構成了地方社會士紳階層的最主要部分。

〔註15〕韓明士：《官僚和士紳：兩宋江西撫州精英》，劍橋大學出版社，1996 年。
（RobertHymes.StatesmenandGentlemen，CambridgeUniversityPress，1986.）
〔註16〕包弼德（PeterK.Bol）：《斯文：唐宋思想的轉型》，劉寧譯，江蘇人民出版社，2001 年。

二、屬於地方社會的生員

　　從童試本身來說，考中生員並不容易，需要考生本人的天資，需要勤奮的努力，也需要家庭的經濟條件作支持。一般的生員考上之後，可以有幾種選擇，一種選擇是教書，以生員身份找幾個學生做教書的工作，在大多數地方是很現實的，這也是最常見的選擇。第二種選擇是去書院讀書，各省的公私書院一般會有比政府補貼多出好幾倍的錢，以保證學生安心學習；第三種選擇自己繼續學習，參加鄉試以考取舉人。大多數情況下，為了生活，都只是做第一種選擇，比較有上進心的生員為了繼續的夢想，則同時選擇第二種或第三種，也有同時選擇第一種和第三種的。

　　對於大多數家庭來說，做父母的希望家裏能出個生員，以便能在「四里八村」有個支持門戶的人；至於參加鄉試，考舉人，大多數父母是不去想的。考完生員，大多數考生的年齡已經二十來歲，需要成家立業了。而且擁有了生員的身份，在村子內外也很吃得開了，也足以支持門戶了。如果選擇繼續參加鄉試，就需要付出更大的努力。不僅需要天資更高，而且需要更多的錢，更多的時間，更多的努力。一般人無從支付這些錢，即使有親友願意支持，考生也無心再考，所以一般選擇退出考試，在鄉下過起小鄉紳的生活。齊如山先生在《清代的科名》中回憶，考上秀才的人十有七八都不再參加鄉試了。

　　明清時期，選擇繼續參加鄉試的有幾種情況，一種是科舉世家，父親或者祖父因為沒有考中舉人而覺得一生遺憾，所以堅持要自己的孩子參加鄉試，考舉人，這類家庭其實非常少；第二種是本身就是官宦家庭，考舉人做官則是很普遍的現象，這種情況也不多，大多數生員都出身於普通人家；第三種屬於「特別上進」的考生，是生員們自己認為只有考得舉人，才能出人頭地過上幸福的生活，或者過上真生的讀書人的生活，所以堅持一定要考取舉人。

　　《儒林外史》第三回，范進在童試中本來考了第一名，考官周學政也稱他寫的文章「火候到了，即在此科一定發達。」可是當范進去向他的丈人胡屠戶借錢以繼續參加鄉試時，卻被胡屠戶罵了一個狗血噴頭，「你自己只覺得中了一個相公，就癩蝦蟆想吃起天鵝肉來！我聽見人說，就是中相公時，也不是你的文章，還是宗師看見你老，不過意，捨與你的。如今癡心就想中起老爺來！這些中老爺的，都是天上的文曲星。你不看見城裏張府上那些老爺，都是萬貫家私，一個個方面大耳。像你這尖嘴猴腮，也該撒拋尿自己照照！

不三不四，就想天鵝屁吃！趁早收了這心！明年在我們行事裏替你尋一個館，每年尋幾兩白銀，養活你那老不死的老娘和你老婆是正經。」〔註17〕胡屠戶的看法是當時「留在地方」觀念的集中反映。

三、生員的發揮的作用

生員在地方社會能夠形成實實在在的影響，這主要是由生員數量的有限性決定的。顧炎武認為，「生員猶曰官員，有定額謂之員」。「員」的意思固然是「定額」，但是「生」的意思不是「官員」，而是「學生」，所以生員的意思應該是指「有定額的學生」。

按照張仲禮提出的計算方法，一地的文生員大約為每屆童試可錄取的名額的 20 倍，武生員為 10 倍。清代的大縣學額約三十人，生員可能有數百人；小縣學額十多人，生員可能一二百人雖然全國可能有數十萬，甚至上百萬的生員，但是中國的人口眾多，清代中期以後，全國人口總數達到了幾億，一度占到全世界總人口的三分之一以上。在這樣的總人口規模之下，生員在地方社會仍舊是稀缺的。據研究，「1850 年前生員數為全國人口的 0.18%，直隸、廣西、山西、貴州、雲南這幾省生員在人口中的比例在 0.23%～0.67%，明顯高於全國平均比例，而江蘇、福建、江西、山東、浙江、河南這數省生員在人口中的比例則在 0.14%～0.17%，低於全國水平。」〔註18〕

比如有研究者提到，廣東省廣寧縣，「文生員應共有 200 人左右，武生員應有 100 人左右。」但是該縣只有 4 名舉人。〔註19〕再比如清朝直隸獲鹿縣士紳，「統計結果顯示，該縣共有士紳 223 人，其中秀才（文生員）154 人，有武生 29 人，共計 183 人。這兩者佔據了士紳總數的 78%。這些士紳分佈在該縣的 149 個村莊中。」〔註20〕可見在一個縣之內，舉人的數量很少，因為舉人在本質上不是屬於地方社會的人才，大多數舉人都要出外做官做事，很

〔註17〕吳敬梓：《儒林外史》第十九回，臥閒草堂本，清嘉慶八年。

〔註18〕張仲禮著：《中國紳士：關於其在十九世紀中國社會中作用的研究》，李榮昌譯，上海社會科學院出版社，第112頁。

〔註19〕邱捷：《知縣與地方士紳的合作與衝突——以同治年間的廣東省廣寧縣為例》，《近代史研究》，2006年第1期，第20～39＋158頁。

〔註20〕引自彭攀飛：《清末民初的士紳與地方社會——以獲鹿為例》，河北大學碩士學位論文，2008年。

少會留在自己的村裏，但是幾乎每個較大的村莊都會有一名生員，這些生員們即使在考中之後也仍舊生活在自己村裏。

當然，也因爲生員們是讀書人，掌握著思想上的話語權，其所寫下的「八股文」本來即是「代聖賢立言」的意思，所以在清代地方社會中，「有許多事情，必須要用秀才，例如結婚時親迎之伴郎，稍有錢之家，便必須請兩位秀才，而女家所請陪伴新郎之人，也必須秀才。再如喪事之贊禮（吾鄉名曰禮教），也必須用秀才。」〔註21〕除了在習俗活動中發揮作用之外，生員還大量參與本地的文化事業，比如家族的宗譜編寫、地方志的編寫等。光緒二十一年（1895）續修的福建《朱氏宗譜》的記載了參與人員，「主修：族長桓元、房長夢講；協修：附貢道行、附生衣點；主稿：廩生暉；纂修：廩生泗濱、附生鑒塘、附貢毓奇、增生陽；參纂：附生培正、廩生黻、康生鑒開、附生球。」「貢生」「廩生」「附生」都屬於生員的範疇。

在家族祭祀活動中，生員也擔當了重要角色，福建省的《培田吳氏族譜》要求家族主祭必須爲生員出身：「長房紳矜主祭，長長兼貴貴也，長無紳矜，次房紳鈐，主祭則專貴貴也。」〔註22〕有的家族甚至要求主祭必須是通過「正途」考中的功名，不允是捐納的人員，比如《莊氏族譜》記載：「主祭不許納例，宜用科甲者，主祭二人，陪祭二人。其舉貢在外，准其逐年主祭。」〔註23〕《浦城詹氏族譜》中也有《上同宗祠規》，對於主祭的要求必須要是有功名之人，且參加祭祀活動的也多半是科甲出身的族人：「主祭必先科甲，次恩拔副歲貢生，次廩增附，生員中輩行最長者，凡由捐資出身及輩行雖尊。生監職員，祭日酌派執事。歲、科試列高等者，祭日派令讀祝。」〔註24〕

除此之外，生員在本地社會發揮著溝通、協調政府與百姓之間關係的功能。有研究者提到，雍正二年（1724年），河南地方政府和專門管理河道的部門，決定繼續對黃河大堤進行加固。這需要大批民工，於是政府決定採用半強制的方式，付給一定的工價，按照各家擁有的土地量派給任務。生員當然不需要參與，但是部分生員卻被派了差。於是這一年的五月二十二日晚，本地知縣在從城外回縣城的路上，被以生員王遜爲首的數十人圍住，不允許進

〔註21〕齊如山：《中國的科名》，遼寧教育出版社，2006年，第39頁。

〔註22〕吳震濤：《培田吳氏族譜》卷首，光緒三十二年彙修，複印本。

〔註23〕蘇炳塑：《漳州氏族源流彙編》，第一輯，第47頁。

〔註24〕詹成：《浦城詹氏族譜》，嘉慶三年（1798）增修。

城，眾人高叫：「築堤不許雇覓社夫！」之後，本地的生員甚至聯合起來抵制當年的歲試。〔註25〕

四、知縣杜鳳治與本地生員

在其它的研究中，可以更清楚的看到生員在本地社會中發揮的作用。根據邱捷在《知縣與地方士紳的合作與衝突——以同治年間的廣東省廣寧縣為例》一文的敘述，曾在廣東幾處地方擔任知縣的杜鳳治曾在日記中提到：「順德甲科最多，官中外者亦多，紳士強大，與紳不睦，真能使你不敢去。」〔註26〕士紳的力量大到讓知縣不敢到本地做官。以杜鳳治曾擔任知縣的廣寧為例，該縣士紳的情況並不像杜鳳治所說的很強大，絕大多數人都是生員。從杜鳳治的日記中可以看到，稅款徵收和地方治安這兩項由知縣負責的最重要的工作，杜鳳治都需要依賴本地的士紳來完成，儘管這些士紳沒有正式的官位，甚至從沒有做過官。

杜鳳治在日記中經常為徵收稅款的事情大發牢騷，他的日記中提到，該縣「竟有數村，以垂髫之年，不知納糧為何事者，官不來則一味抗玩，官來則奔逃避匿。逼之已甚，則聚眾拒捕」，該地「周姓以不納糧為故智」。〔註27〕「廣寧讀書有功名之人，往往藉以抗糧，廩生樊樹儀自咸豐九年至今（即至同治十年已經十多年）竟未破白。」杜鳳治派出到石狗（地名，下同）收糧的下屬向他報告說：「該處糧不好收，非老爺親去不可」〔註28〕。另外一處森洞糧站也需要杜鳳治親自去。於是，同治六年（1867年）七月，杜鳳治帶著幾十個人，親自到石狗一帶督促徵收，可是四天之後，才徵收了一百一二十兩白銀。〔註29〕關鍵問題在於，如果杜鳳治處理不好與各村內外士紳的關係，那麼每到一處，凡是有能力繳納稅款的人都會逃的無影無蹤。加上各村人口居住分散，而知縣的人手十分有限，即使人口較多的家庭，一戶人家也只是

〔註25〕《封邱生童罷考事件剖析》，引自李世愉：《清代科舉制度考辨》，瀋陽出版社，2005年6月，第29～47頁。

〔註26〕《杜鳳治日記》第7本，《綏江日記》，同治七年閏四月廿一，引自邱捷：《知縣與地方士紳的合作與衝突——以同治年間的廣東省廣寧縣為例》，《近代史研究》，2006年，第1期，第20～39頁。下文的《杜鳳治日記》日記引用來源相同。

〔註27〕《杜鳳治日記》第5本，《寧陽日記》，同治六年十二月十七、十九，同上。

〔註28〕《杜鳳治日記》第3本，《綏江日記》，同治六年七月廿七。

〔註29〕《杜鳳治日記》第3本，《綏江日記》，同治六年七月廿三。

需要繳納幾兩白銀，知縣本人爲了幾兩白銀挨家挨戶跑來跑去，是不現實的。如果知縣本人對地方百姓逼迫太甚，往往導致政府與百姓之間沒有迴旋的餘地，而激化矛盾。所以，一般情況下，知縣在徵收賦稅時遇到困難，都是親自到各地會見該地的士紳，請士紳幫忙。

杜鳳治於同治六年（1867 年）十月十一日親自下鄉徵收稅款，並且「帶五十餘名差役，吏、戶、刑書吏，行杖皂班，往附城各大家親督催徵；兼帶圖差，指引各家，不論男婦，如有延抗，即行鎖拿回縣，押比追納。」〔註30〕其實杜鳳治自己出面效果也不好，甚至不如不出面。據記載，在石狗一代，杜鳳治希望該地的紳士嚴鳳山「代爲催糧，並令酌保一二公正紳耆各處幫催」。〔註31〕在附城（地名）一帶，杜鳳治先後與楊、陳、林、周、馮等姓的士紳會面，對生員楊寶珊、楊作驤說：「予今將大霧寨一村銀米均交二公身上」，廩生周宜繩等四人擔保「合族完納不遲」。〔註32〕

儘管這樣，杜鳳治還是因徵收稅款的事情受到本地士紳的排擠，杜鳳治與本地士紳雙方分別到府城、省城動員關係，最後杜鳳治被調出廣寧縣。他對人說，因這場風波，「往來轉側，辛苦莫論，緣此虧短公款萬餘，私債八千（兩白銀）有零」。〔註33〕

從上述事例可以看到，生員實際上是制度化了的、地方社會治理的模式中的核心人員。童試制度及其造就的生員身份，是中國古代文明的末梢，既是時間發展上的末梢，也是社會管理層級結構上的末梢，因此也是文明的果實、社會管理思想的結晶。雖然生員作爲一個群體，作爲一種制度也存在著諸多問題，但是總的來看，正是他們給明清數百年的地方社會帶來了的穩定，因此也帶來了中國古代社會經濟繁發展的高峰。

〔註30〕 《杜鳳治日記》第 4 本，《綏江日記》，同治六年十月十一。
〔註31〕 《杜鳳治日記》第 3 本，《綏江日記》，同治六年七月廿三。
〔註32〕 《杜鳳治日記》第 4 本，《綏江日記》，同治六年十月十一。
〔註33〕 《杜鳳治日記》第 16 本，《廣寧回任日記》，同治九年閏十月十七。

第七章　對童試民間性的討論

　　通過本研究可以知道，清代童試是存在於地方社會的考試，與地方社會中的讀書人聯繫緊密。童試最值得注意的特點在於，其制度設計的各個方面，都與基層社會和民間社會有較密切的聯繫，總體上較好的適應了基層社會、民間社會的特點。

一、三級考試制度與童試的民間性

　　童試的縣、府、院三級考試制度較好的適應了基層社會、民間社會的特點。雖然童試的三級考試制度在明代就已經基本形成了，但是其在清代發揮的作用更加明顯。自清代中期以後，中國人口總規模遠遠超過了以往任何時代。「從十七世紀末起到十八世紀末白蓮教叛亂時為止這一長時期的國內和平階段中，中國人口翻了一番多，從一億五千萬增加到了三億多。」〔註1〕管理數億人口的大國，不僅是清代之前的任何一個朝代所未曾遇到過的事情，也是當時世界上任何一個國家所未曾遇到過的事情。在崇尚小國寡民的古典西方政治思想的影響下，近代歐洲國家以小國為主，同時期的全歐洲總人口在二百多年裏從沒有超越過清代，而中國則是一個統一而龐大的國家。

　　管理規模如此龐大的國家，必然存在著小國所沒有的許多難題。由於國家的規模過於龐大，在行政區劃上不得不分為不同的等級，每一個等級都有功能類似的行政機構，不同級別功能類似的機構相疊加，大大的增加了由財

〔註1〕《劍橋中國晚清史》上卷，引自何炳棣：《中國人口的研究，1368～1953 年》，第 64、278、282 頁。

政供養的國家人員的數量，也很容易影響中央與地方社會關係的暢通。更重要的是，在這種層層疊加、等級明顯的行政管理模式之下，地方社會的資源也極容易因層層盤剝而變得十分匱乏。

為了解決因管理機構重疊造成的財政供養人員過多的問題，清代政府也遵循了儒家政治思想中「輕徭薄賦」的觀念，盡力縮小地方政府的規模，減少地方政府的事務，從而將全國總的賦稅額度保持在較低的水平上。這降低了基層百姓的負擔，但也導致了地方政府，尤其是府縣級別政府的力量被嚴重削弱的結果。

清代全國總人口的增加，也使受教育人口大量增加，希望參加童試的人口也變得更多。一省之內，每屆童試的考生數量可能達到數十萬，而在理論上，真正負責組織童試的專門人員只有學政一個人，其它人員都是兼職人員。在這種情況下，單憑學政的力量，在物質條件十分落後的時代，必然無法將幾十萬考生組織起來。所以將童試分為三個等級，實行逐級淘汰的制度，意味著將組織童試的任務分散到了地方政府和民間社會中。學政只負責對縣試和府試淘汰後的考生進行考察。由於縣、府、院三級考試逐級淘汰，在縣試第一場，一個縣的考生可能有上千人，到了院試最後一場則只剩下幾十人了。這降低了學政的工作量，提高了學政的工作效率，對學政更好發揮其應有的能力起到了幫助，也滿足了更多考生參加童試的願望，使童試擁有了最大限度的開放性，適應了基層社會廣大讀書人追逐科舉考試的特點。

在另外的角度，童試的三級考試制度也在一定程度上減少了嚴重作弊問題的發生。童試中的作弊行為十分廣泛，最普遍的作弊形式是夾帶，但真正能夠影響到錄取結果的作弊形式不多。由於童試分為縣、府、院三級考試，三級考試的組織模式，將組織童試的責任和權力，分散到了不同級別政府的不同人員手中，這有效降低了考生與考官串通，進而影響錄取結果的作弊行為。縣、府、院三級考試不在同一時間舉行，漫長而複雜的考試流程，斷絕了胸無點墨之人通過作弊來考中生員的想法。一個考生不可能為了一個小小的生員身份，在縣、府、院三級，十多場考試中每一場都找人替考。即使替考的人能夠堅持到最後一場，在一個縣只剩下幾十名考生的情況下，在相互競爭的背景下，替考的人也及容易被發現。

所以，童試的三級考試制度有效的利用了地方社會資源，提高了考試的組織效率，也減少了嚴重作弊的行為。正因為此，童試才能長時間存在於地

方，使中央政府以最低廉的經濟成本，將管理制度深入地方、深入基層社會，並影響到基層社會，使中央與地方得以順暢的交流，使龐大的國家得以順暢的運轉，使以中央——地方為基本構架的政治制度得以維持，使龐大的國家得以穩定。

二、童試的考題與民間性

童試的考題設計較好的適應了基層社會、民間社會的特點。童試的考題與當代考試內容不甚相同。

第一，從考試的社會公正性來說，童試的考題設置可以有效的降低考生在複習應考上的考試成本，進而保證考試公正性。

首先，童試的考試形式與內容都十分穩定，考試內容範圍在二百多年間裏都沒有大的變化。由於絕大多數考生都生活在農村地區，在信息傳播不便的社會條件下，這實質上減少了考生的時間成本和物質成本。對於大量生活在偏遠地區的考生來說，考題的穩定具有更加重要的意義。這部分考生本來獲取信息不便，如果所有考生都不再需要因考試內容的多變而費心，這便保證了所有考生在複習起點上的平等。

其次，以四書文和格律詩為主要形式的考題設計，大大降低了考生的考試複習的成本，也有助於實現考試的公正。絕大部分考生的考試複習過程都非常簡單。從《朱峙三日記》中可以看到，為了準備童試的四書文寫作，在背誦完四書之後，最主要的事情便是練習、練習、再練習。只背誦，而不練習寫作的考生不可能考中生員。通過寫作練習，而不是通過背誦脫穎而出，對於廣大普通而勤奮的考生而言，是一種公平。

再次，以四書文和格律詩為主要形式的考題設計，使考題內容與考生社會經驗的關係降到最低，這也意味著一種深層的公正。在童試考試過程中，所有考生面對的考題都是以兩千多年前的，在物質條件上更加「落後」的時代為背景，這減少了部分考生因家境殷實、言談舉止優雅、見識廣泛，便可以在考試中占得優勢的可能。四書文和格律詩的寫作，不會因為某個考生生活在偏遠落後地區，家境貧寒，從小生活經歷單一，便在考試中受到負面影響。一般而言，保證考生不因個人生活經歷的差異而使考試的結果受影響，這是考試公正的基本要求。通過這樣的方式，勤奮且具有天賦的考生，而不單單是具有廣闊的社會見識的考生便會被選拔出來。

第二，從考題的形式來看，以四書文和格律詩為主要形式的考題設計是一種命題成本極低的考題設計，可以做到同時擁有較大的難度和區分度。

首先，對於考生來說，由於四書文需要用「非日常化」的古典語言來寫作，且需要盡量接近「聖賢」的話語，這就使考生不得不努力尋求每一個概念的「非日常化」和「聖賢化」的用法。這種非實用的寫作，可以讓考生拋開日常庸俗概念和功利邏輯的困擾，在道德境界和社會見識上最大可能的接近「聖賢」，也就是接近理想化的狀態。通過這樣的形式，可以使考生保持內心理想的獨立性，將最高尚、富理想的一面，系統的表達出來。通過這樣的方式，充滿理想道德的考生可以被選拔出來。

其次，從考題本身來說，以四書文和格律詩為主要形式的考題設計同時保證了一定的難度和區分度。對於受教育時間不長的考生來說，四書文和格律詩的寫作難度很大，考生需要付出極大的努力才能寫好。這可能因為四書文和格律都具有較明顯的形式化特徵，而且需要用「非日用語言」來表達，不經過專門訓練的人不能隨筆就寫出文章，而只有經過訓練才能寫出。在數量龐大的競爭對手中，天賦越高，付出的努力越大，寫作能力越高。通過這樣的方式，思想活躍、勤奮努力、具有天賦的考生會被選拔出來。

再次，從考試組織者的角度來說，四書文的命題範圍明確，命題方法非常簡單，這極大的減少了考試組織者在命題上的工作量，有助於在缺少優秀人才的地方社會迅速完成命題。同時，由於四書文是一種具有相對固定格式的寫作形式。對於同一考試題目，不同考生的答題具有相對固定的格式，在同一格式之下，可以很清楚的看到不同考生的水平。這種形式方便了閱卷，提高了考試組織者的工作效率，也在某種程度上提高了童試的公正性。

總的來看，以四書文和格律詩為主要形式的考題設計，是一種有效、有用的考題設計。上述特點中的某些部分可能也是整個科舉考試的考題所擁有的特點，但是這些考題尤其適合童試所在的基層社會的特點。對於童試來說，物質條件缺乏的情況下，這樣的內容尤其意味著是一種省事、簡便，且又公正的考題設計。

三、童試資助體系的民間性

面向考生的童試資助體系，以及與童試有關的資金流動顯示，童試制度較好的適應了基層社會、民間社會的特點。由於大部分參加童試的考生經濟

條件都不很好，而基層社會總體上也處在物質資源缺乏的狀況下，所以與童試有關的資金流動方式，對於其能否適應基層社會、民間社會的特點來說尤其重要。

第一，與童試舉行過程相伴的資金流動所涉及的數額大都很小。試院修建費用的籌措和支出可能是與童試有關的最大的資金流動，不過試院修建所涉及的資金流動不是經常性的。在童試舉行過程中，民間與官方的資金流動規模都很小，這是由其基層屬性決定的。不僅如此，在童試舉行的過程中，直接或間接的參與者很多，每人平均所得，尤其是普通參與者所得的資金很少。

在童試舉行過程中主要幾種資金流出涉及不同的人員，一是組織童試的官員，比如學政、府縣主要官員，這部分人從童試組織中獲得了一定資金，但是人數很少；二是童試舉行過程中的胥吏，這部分人以各種方式獲得了一定的「灰色收入」，人數總量也是有限的；三是爲童試整個過程提供物質和服務的人員，既包括爲試院維修提供勞動力、提供原材料的人，也包括在考試期間爲考生、考試組織者提供吃穿住用各種物質和服務的人，人數總量龐大，大多爲貧苦百姓，級別最高者爲獲得擔保費的廩生。也就是說，數量龐大的基層百姓參與到了童試的服務中，大部分人所獲資金有限，一些人在童試舉行的過程中獲得了富有文化意味的收入。

第二，與童試舉行過程相伴的資金流動具有較大的民間性質。流入童試的資金主要有幾大來源，一是各地鄉紳爲試院修建和維護、考生資助等支出的費用，二是中央政府擔負的童試公共開支，三是考生在童試期間的支出。其中民間資金佔了全部資金的一大部分。一些制度顯示了明顯的民間性，比如試院的修建，從資金籌措到監督施工，都由士紳階層完成。一些制度顯示了與民間的適應性，比如以卷田形式存在的考生資助方式，並不直接向考生發放補貼，而是將資金整體交付考試組織者，同時免去考生的試卷費。這主要由於考生數量龐大，平均到每個考生身上的資助費用十分有限，而用於組織資助活動的人手也十分有限，通過這樣的方式可以有效提高資金的使用效率，減少資金發放過程中的剋扣與浪費。

第三，基層社會關於考生的資金流動，以習俗化的方式形成了「削峰塡谷」的模式。圍繞新考中生員的考生，基層社會形成了一系列的習俗，考生既需要支出的各類禮節性的費用，同時也會獲得以資金形式呈現的各類賀

禮，這補充了新中生員的一部分禮儀支出。在童試舉行的過程中，未考中生員的考生需要支出的費用較少，在考試期間也能獲得一定的資助。總體上而言，基層社會自發形成了這樣一種保證大部分人都不會因為童試的舉行而直接獲利過大、損失過大的均衡化結果。

正因為上述的原因，童試對基層社會的經濟活動產生了深刻的影響，活躍了基層文化類的經濟活動，帶動了基層社會風氣，提高了基層社會的文明程度。

四、生員的民間性

童試造就的人才，也就是生員也較好的適應了基層社會、民間社會的特點。在整個清代科舉考試體系形成的人員身份中，生員是極為特殊的一類群體。儘管生員群體數量龐大，不同的人形成的影響力也有所不同，不過總體上，生員是僅通過了童試，或者說是通過府縣地方官學的入學考試的一批人，是擁有了一種特別身份，但又不能做官的一批人。即生員屬於廣義上最低級的、非正式的功名，而不能成為正式官員的人，是一種能擁有一定的經濟和政治地位，卻又不能正式參與政治管理的人。這是童試所造就的人才與鄉會試造就的人才之間最大的不同。

所以生員身份是一種極為特殊而且模糊的身份，利用這種特殊性和模糊性，生員在基層社會擔當了政府與百姓之間溝通橋梁，在地方官員面前可以代表百姓，在百姓面前可以代表官員，從而成為解決地方矛盾，維護地方穩定的關鍵力量。

雖然大部分獲得生員身份的人在考中生員之後，仍生活在地方社會，甚至生活在參加童試之前生活的村莊裏，過著普通的生活。但是這批人與普通百姓相比，絕大部分都熟讀儒家經典，瞭解經典中的聖賢話語。在以儒家思想作為正統思想的社會裏，這意味著生員掌握著基層社會的話語權。同時，大部分生員都會或多或少從事或者參與基層社會的文化活動，為清代基層文化注入了活力，尤其為農村地區的穩定和興盛提供了人力資源保障。所以，童試所造就的人才較好的適應了基層社會、民間社會的特點，為地方社會貢獻了力量。

從童試本身來說，生員民間身份的民間性，也降低了童試中考生串通考官這種嚴重作弊行為的可能性。由於考生即使考中了生員，也仍舊需要回到

本地社會，所以生員在考試中的作弊行爲很容易被周圍的人知道，從而降低其生員身份的可靠性，甚至爲其生活帶來負面影響。百姓們有時認爲，「甫就試，即自欺欺人，文行兩失。異日安望其佳況，倘鬻皆干法紀，所爭小，而所失大。」〔註2〕對於百姓來說，違法是小事，損失了名聲則是大事。

　　總之，在清代的二百多年的時間裏，童試是府縣地方社會中人爲的、有組織的、定期舉行的最重要的集體活動，不僅與地方官員關係密切，而且成爲地方百姓的生活的一部分。而童試以其富有民間性的制度設計和運轉方式，適應了民間社會的特點，從制度上大大降低了像中國這樣的大國對基層社會的管理成本，將中央政府的意圖有效的輸入了基層社會。童試所造就的一批又一批生員，固然不都是精英，而且在社會流動上受到擠壓，卻爲本地社會文化輸入了活力，成爲基層社會穩定的關鍵力量。童試由此也成爲中國古代制度文明的重要組成部分。

〔註 2〕　龔煒：《巢林筆談續編》卷上，乾隆三十年蓼懷閣家刻本。

參考文獻

古　籍

1. 《清實錄》，中華書局，1988 年。
2. 包世臣：《藝舟雙楫》清道光安吳四種本。
3. 保忠：《（道光）重修平度州志》，清道光二十九年刻本。
4. 博潤：《（光緒）松江府續志》，清光緒九年刊本。
5. 蔡世遠：《二希堂文集》，清文淵閣四庫全書本。
6. 曹德贊：《（道光）繁昌縣志》，清道光六年增修，民國二十六年鉛字重印本。
7. 曾道唯：《（光緒）壽州志》，清光緒十六年刊民國七年重印本。
8. 曾國藩：《（光緒）江西通志》，清光緒七年刻本。
9. 曾國荃：《（光緒）湖南通志》，清光緒十一年刻本。
10. 查慶曾：《（婺源）查氏族譜》，清光緒十八年木活字本，安徽大學徽學研究中心藏複印本。
11. 陳必聞：《（民國）汝城縣志》，中國地方志集成湖南府縣志輯（第 30 卷），江蘇古籍出版社，2002 年。
12. 陳和志：《（乾隆）震澤縣志》，清光緒重刊本。
13. 陳康祺：《郎潛紀聞初筆》，掃葉山房本。
14. 陳康祺：《壬癸藏札記》，清光緒刻本。
15. 陳澧：《（光緒）香山縣志》，清光緒刻本。
16. 陳壽祺：《左海文集》，清刻本。
17. 陳淑均：《（咸豐）續修臺灣府噶瑪蘭廳志》，清咸豐二年續修刻本。

18. 陳澍南:《(光緒)咸寧縣志》,清光緒八年刊本。

19. 陳志儀:《(乾隆)保昌縣志》,清乾隆十八年刻本。

20. 成瓘:《(道光)濟南府志》,清道光二十年刻本。

21. 褚人獲:《堅瓠集》,清康熙刻本。

22. 崔靈驥原輯、成廷寀續輯、成榮仲增輯:《靜庠題名錄》,光緒三十二年石印本。

23. 達春市:《(同治)九江府志》,清同治十三年刊本。

24. 戴望:《顏氏學記》,清同治冶城山館刻本。

25. 戴肇辰:《(光緒)廣州府志》,清光緒五年刊本。

26. 黨金衡:《(道光)東陽縣志》,民國三年東陽商務石印公司石印本。

27. 鄧顯鶴:《南村草堂文鈔》,清咸豐元年刻本。

28. 丁寶楨:《四川鹽法志》,清光緒刻本。

29. 丁符九:《(光緒)寧河縣志》,清光緒六年刻本。

30. 丁福保等編:《錫金遊庠同人自述彙刊》,1931年刻本。

31. 丁治棠:《仕隱齋涉筆》,清刻本。

32. 董欽德:《(康熙)會稽縣志》,1936年鉛印本。

33. 獨逸窩退士:《笑笑錄》,《筆記小說大觀》本,清光緒五年申報館叢書本。

34. 杜冠英:《(光緒)玉環廳志》,清光緒六年刻本。

35. 恩聯:《(光緒)襄陽府志》,清光緒十一年刊本。

36. 方家駒:《(光緒)汾陽縣志》,清光緒十年刻本。

37. 方茂昌:《(光緒)忻州志》,清光緒六年刻本。

38. 馮德材:《(光緒)鬱林州志》,清光緒二十年刊本。

39. 馮桂芬:《(同治)蘇州府志》,清光緒九年刊本。

40. 高美佩:《(績溪)梁安高氏宗譜》,清光緒三年刻本

41. 葛士濬:《清經世文續編》,清光緒石印本。

42. 龔耿光:《(道光)佛岡廳志》,清咸豐元年刻本。

43. 龔煒:《巢林筆談續編》,乾隆三十年蓼懷閣家刻本。

44. 顧鴻輯、顧金楠續輯:《通庠題名錄》,1931年通州雷氏鉛印本。

45. 顧騄:《(光緒)白河縣志》,清光緒清十九年刻本。

46. 顧炎武:《顧亭林詩文集》,中華書局,1983年。

47. 關培鈞:《(同治)新化縣志》,清同治十一年刊本。

48. 國立故宮博物院:《宮中檔乾隆朝奏摺》,臺北國立故宮博物院,民國67年(1978年)版。

49. 杭世駿：《道古堂全集》，乾隆四十一年刻，光緒十四年汪曾唯修本。

50. 何福海：《（光緒）新寧縣志》，清光緒十九年刻本。

51. 何福祥：《（道光）歸順直隸州志》，清道光二十八年抄本。

52. 何紹基：《（光緒）重修安徽通志》，清光緒四年刻本。

53. 何紹章：《（光緒）丹徒縣志》，清光緒五年刊本。

54. 何應松：《（道光）休寧縣志》，清嘉慶二十年刊本。

55. 賀長齡：《清經世文編》，清光緒十二年思補樓重校本。

56. 洪亮吉：《卷施閣集》，清光緒三年洪氏授經堂刻，洪北江全集增修本。

57. 胡鳳丹：《退補齋詩文存》，清同治十二年退補齋鄂州刻本。

58. 胡之鋘：《（道光）晉江縣志》，清鈔本。

59. 黃培傑：《（道光）永寧州志》，清道光十七年刊本。

60. 黃維翰：《（宣統）呼蘭府志》，民國鉛印本。

61. 黃應培：《（道光）鳳凰廳志》，清道光四年刻本。

62. 黃雲：《（光緒）續修廬州府志》，清光緒十一年刊本。

63. 黃宅中：《（道光）寶慶府志》，清道光二十七年修，民國二十三年重印本。

64. 黃宗羲：《黃宗羲全集》，浙江古籍出版社，1993年。

65. 紀大奎：《雙桂堂稿》清嘉慶十三年，刻紀慎齋先生全集本。

66. 蔣方增：《（道光）瑞金縣志》，清道光二年刻本。

67. 蔣繼洙：《（同治）廣信府志》，清同治十二年刻本。

68. 蔣芷澤：《（民國）興義縣志》，民國三十七年稿本。

69. 解鑒：《益智錄：煙雨樓續聊齋誌異》，人民文學出版社，2006年。

70. 康有爲：《戊戌奏稿》，清宣統三年本。

71. 況周頤：《眉廬叢話眉廬叢話》，東方雜誌原本。

72. 崑岡等：《大清會典事例》，臺北中文書局，新文豐出版公司影印本。

73. 李伯元：《莊諧詩話》，大東書局《南亭四話》本。

74. 李承銜：《自怡軒楹聯剩話》，江西人民出版社，2000年。

75. 李調元：《制義科瑣記》，商務印書館，1936年。

76. 李恩繼：《（咸豐）同州府志》，清咸豐二年刻本。

77. 李鏡蓉：《（光緒）道州志》，清光緒三年刊。

78. 李銘皖：《（同治）蘇州府志》，清光緒九年刊本。

79. 李培祜：《（光緒）保定府志》，清光緒十二年刻本。

80. 李瑞鍾：《（光緒）常山縣志》，清光緒十二年刊本。

81. 李師沆：《(光緒) 鳳臺縣志》，清光緒十九年刊本。

82. 李世祚：《(民國) 桐梓縣志》，民國十八年鉛印本。

83. 李惟丙：《(光緒) 衡山縣志》，清光緒元年刻本。

84. 李蔚：《(同治) 六安州志》，清同治十一年刊，光緒三十年重印本。

85. 李星沅：《李文恭公遺集》，清同治五年李概等刻本。

86. 李月枝：《(康熙) 尋甸州志》，清康熙五十九年刻本。

87. 李兆洛：《(嘉慶) 東流縣志》，清嘉慶刻本。

88. 李中簡：《嘉樹山房集》，清嘉慶六年嘉樹山房刻本。

89. 梁信芳：《螺湧竹窗稿》，廣東省立中山圖書館藏，桐花書屋藏版，道光
己酉孟春鐫。

90. 梁永康：《(道光) 冠縣志》，清道光十年修，民國二十三年補刊本。

91. 梁章鉅：《制義叢話》，清咸豐九年刻本。

92. 廖大聞：《(道光) 續修桐城縣志》，清道光七年修，十四年刻本。

93. 林豪：《(光緒) 澎湖廳志稿》，清抄本。

94. 凌紱曾：《(光緒) 肥城縣志》，清光緒十七年刻。

95. 凌錫祺：《(光緒) 德平縣志》，清光緒十九年刊本。

96. 劉華邦：《(同治) 桂東縣志》，清同治五年修，民國十四年重印本。

97. 劉錦藻：《清續文獻通考》，民國景十通本。

98. 劉聲木：《萇楚齋隨筆》，1929 年排印本。

99. 隆慶：《(道光) 永州府志》，清道光八年刊本。

100. 婁云：《(道光) 惠安縣續志》，民國二十五年鉛印本。

101. 盧思誠：《(光緒) 江陰縣志》，清光緒四年刻本。

102. 盧蔚猷：《(光緒) 海陽縣志》，清光緒二十六年刊本。

103. 盧子俊：《潮連鄉志》，《中國地方志集成鄉鎮志專輯》，第 32 輯，江蘇古
籍出版社、上海書店、巴蜀書社聯合出版，1992 年。

104. 鹿學典：《(光緒) 浮山縣志》，清光緒六年刻本。

105. 羅璧：《(道光) 重修汧陽縣志》，清道光二十一年刻本。

106. 呂鑒煌：《文瀾眾紳錄》，廣東省立中山圖書館藏，光緒十八年壬辰刊本。

107. 呂懋先：《(同治) 奉新縣志》，清同治十年刻本。

108. 馬丕瑤：《(光緒) 解州志》，清光緒七年刻本。

109. 馬世珍：《(道光) 安邱新志》，1920 年石印安邱縣新志本。

110. 倪文蔚：《(光緒) 荊州府志》，清光緒六年刊本。

111. 歐陽昱：《見聞瑣錄》，1925 年百隋磚齋刻本。

112. 潘紹詒：《（光緒）處州府志》，清光緒三年刊本。

113. 潘守廉：《（光緒）南陽縣志》，清光緒三十年刊本。

114. 彭衍堂：《（道光）龍岩州志》，清光緒十六年重刊本。

115. 錢國祥等編：《國朝三邑諸生譜》，光緒三十年刻本。

116. 錢紹楨編：《嘉善入泮題名錄》，1918 年刻本。

117. 錢維城：《錢文敏公全集》，清乾隆四十一年眉壽堂刻本。

118. 錢泳：《履園叢話》，清道光十八年述德堂刻本。

119. 喬溎：《（道光）浮梁縣志》，清道光三年刻，清道光十二年補刻本。

120. 清李詩：《（光緒）淳安縣志》，清光緒十年刻本。

121. 全文炳：《（光緒）平樂縣志》，清光緒十年刊本。

122. 任果、檀萃：《番禺縣志》，乾隆三十九年刊本。

123. 阮文藻：《（道光）涇縣續志》，清道光五年刊，民國三年重印本。

124. 阮元：《（道光）廣東通志》，清道光二年刻本。

125. 善廣：《（光緒）浦江縣志》，1916 年黃志璠再增補鉛印本。

126. 邵子彝：《（同治）建昌府志》，清同治十一年刻本。

127. 沈初：《蘭韻堂詩文集》，清乾隆刻本。

128. 沈起勳：《（同治）德安縣志》，清同治十年刻本。

129. 沈世銓：《（光緒）惠民縣志》，清光緒二十五年柳堂校補刻本。

130. 盛慶紱：《（同治）芷江縣志》，清同治九年刻本。

131. 盛宣懷：《愚齋存稿》，民國刻本。

132. 盛元：《（同治）南康府志》，清同治十一年刻本。

133. 史澄：《（光緒）廣州府志》，清光緒五年刊本。

134. 宋如林：《（嘉慶）松江府志》，清嘉慶松江府學刻本。

135. 素爾訥：《學政全書》，清乾隆三十九年武英殿刻本。

136. 素爾訥等：《欽定學政全書校注》，武漢大學出版社，2011 年。

137. 湯肇熙：《出山草譜》，清光緒昆陽縣署刻本。

138. 田昌雯：《（民國）普安縣志》，民國石印本。

139. 王椿林：《（道光）旌德縣續志》，清道光六年修，民國十四年重印本。

140. 王畿：《王龍溪集》，道光五年刊本。

141. 王瑞成：《（光緒）寧海縣志》，清光緒二十八年刊本。

142. 王文燾：《（道光）重修蓬萊縣志》，清道光十九年刻本。

143. 王錫彤著：《抑齋自述》，鄭永福、呂美頤點注，河南大學出版社，2001 年。

144. 王錫元：《（光緒）盱眙縣志稿》，清光緒十七年刻本。

145. 王先謙：《東華續錄（乾隆朝）》，清光緒十年長沙王氏刻本。

146. 王學禮：《（光緒）蒲城縣新志》，清光緒三十一年印本。

147. 王贈芳：《（道光）濟南府志》，清道光二十年刻本。

148. 魏禮焯：《（嘉慶）昌樂縣志》，嘉慶十四年刻本。

149. 吳大猷：《（光緒）四會縣志》，民國十四年刊本。

150. 吳敬梓：《儒林外史》，臥閑草堂本。

151. 吳履福：《（光緒）昌平州志》，民國二十八年鉛字重印本。

152. 吳榮光：《佛山忠義鄉志》，道光十一年刊本。

153. 吳省欽：《白華前稿》，清乾隆刻本。

154. 吳兆熙：《（光緒）善化縣志》，清光緒三年刻本。

155. 吳震濤：《培田吳氏族譜》，光緒三十二年彙修，複印本。

156. 項珂：《（同治）萬年縣志》，清同治十年刊本。

157. 蕭管：《（道光）貴陽府志》，清咸豐刻本。

158. 蕭管：《（道光）思南府續志》，道光二十一年刻本。

159. 熊兆麟：《（道光）大荔縣志》，清道光三十年刻本。

160. 徐浩：《（光緒）續猗氏縣志》，清光緒六年刻本。

161. 徐珂：《清稗類鈔》，傳世藏書整理本。

162. 徐心田：《（嘉慶）南陵縣志》，清嘉慶十三年刻本。

163. 徐宗幹：《（道光）濟寧直隸州志》，清咸豐九年刻本。

164. 徐作梅：《（光緒）北流縣志》，清光緒六年刊本。

165. 許容：《（乾隆）甘肅通志》，清文淵閣四庫全書本。

166. 許紹宗：《（嘉慶）武岡州志》，清嘉慶二十二年刻本。

167. 許應鑅：《（光緒）撫州府志》，清光緒二年刊本。

168. 許應鑅：《（同治）南昌府志》，清同治十二年刻本。

169. 薛福成：《庸庵筆記》，筆記小說大觀本。

170. 嚴修：《蟫香館使黔日記》，續修四庫全書第 583 冊、584 冊，上海古籍出版社。

171. 羊復禮：《（光緒）鎮安府志》，清光緒十八年刊本。

172. 楊霽：《（光緒）高州府志》，清光緒十一年刊本。

173. 楊文駿：《（光緒）德慶州志》，清光緒二十五年刊本。

174. 楊鍾義：《雪橋詩話》，民國求恕齋叢書本。

175. 姚詩德：《（光緒）巴陵縣志》，清光緒十七年岳州府四縣本。

176. 葉昌熾：《緣督廬日記》，江蘇古籍出版社出版，2002 年。

177. 葉夢珠：《閱世編》，上海掌故叢書本。

178. 英啓：《（光緒）黃州府志》，清光緒十年刊本。

179. 余修鳳：《（光緒）定遠廳志》，清光緒五年刊本。

180. 俞渭：《（光緒）黎平府志》，清光緒八年黎平府志局刻本。

181. 袁湛恩：《茶山鄉志》，《中國地方志集成鄉鎮志專輯（第 32 輯)》，江蘇古籍出版社、上海書店、巴蜀書社聯合出版，1992 年。

182. 允祹等：《欽定大清會典則例》，清文淵閣四庫全書本。

183. 詹賢：《詹鐵牛詩文集》，清活字本。

184. 張超：《（同治）續漢州志》，清同治八年刊本。

185. 張春帆：《九尾龜》，點石齋刊本。

186. 張海：《（乾隆）霍邱縣志》，清乾隆三十九年刊本。

187. 張禮綱：《（民國）德江縣志》，民國三十一年石印本。

188. 張廷玉：《清朝文獻通考》，清文淵閣四庫全書本。

189. 張維屏：《張南山先生全集》，華南師範大學圖書館藏，清道光咸豐間刊本。

190. 張偉仁：《明清檔案》，臺北中央研究院歷史語言研究所，民國 75 年（1986 年）一民國 84 年（1995 年）。

191. 張之洞：《張之洞全集》，范書義、孫華峰、李秉新主編，河北人民出版社，1998 年。

192. 章學誠：《（嘉慶）湖北通志檢存稿》，民國劉氏嘉業堂刻章氏遺書本。

193. 長順：《（光緒）吉林通志》，清光緒十七年刻本。

194. 趙爾巽等：《清史稿》，中華書局點校本，1976 年。

195. 趙鳳詔：《（光緒）續修舒城縣志》，清光緒二十三年刊本。

196. 中國第一歷史檔案館：《雍正朝內閣六科》，廣西師範大學出版社，2002 年。

197. 中國第一歷史檔案館：《清代檔案史料叢編（第十輯)》，中華書局，1984 年。

198. 周恒、張其：《潮陽縣志》，中國國家圖書館藏，光緒十年刊本。

199. 周銘旗：《（光緒）大荔縣續志》，清光緒十一年刻本。

200. 周文元：《（乾隆）重修臺灣府志》，清乾隆二十九年刊本。

201. 周興嶧：《（道光）建德縣志》，清道光八年刊本。

202. 朱壽朋：《東華續錄（光緒朝)》，上海集成圖書公司，清宣統元年本。

203. 朱希白：《（光緒）孝感縣志》，清光緒八年刊本。

204. 朱峙三：《朱峙三日記》，嚴洪昌編，華中師範大學出版社，2011 年。

205. 祝嘉庸：《（光緒）寧津縣志》卷四，清光緒二十六年刊本。

206. 鄒漢勳：《（咸豐）安順府志》，清咸豐元年刻本。

207. 左宜似：《（光緒）東平州志》，清光緒七年刻本。

著 作

1. 艾爾曼：《中國科舉文化史》，加州大學出版社，2000 年。（Benjamin A.Elman, ACultural History of Civil Examinations in Late Im-perial China, University of California Press.）

2. 包弼德（PeterK.Bol）：《斯文：唐宋思想的轉型》，劉寧譯，江蘇人民出版社，2001 年。

3. 彼得生：《劍橋中國清代前中期史》，劍橋大學出版社，2002 年。（WILLARD J. PETERSON.THE CAMBRIDGE HISTORY OF CHINA Volume 9 Part One: The Ch』ing Empire to 1800, Princeton University, Cambridge University Press 2002.）

4. 陳寶良：《明代儒學生員與地方社會》，中國社會科學出版社，2005 年。

5. 陳獨秀：《陳獨秀文章選編》，三聯書店，1984 年。

6. 韓明士：《官僚和士紳：兩宋江西撫州精英》，劍橋大學出版社，1996 年。（Robert Hymes .Statesmen and Gentlemen, Cambridge University Press, 1986.）

7. 來新夏：《清代科舉人物家傳資料彙編》，學苑出版社，2006 年。

8. 李世愉：《清代科舉制度考辨（續）》，萬卷出版公司，2012 年。

9. 李世愉：《清代科舉制度考辨》，瀋陽出版社，2005 年。

10. 劉海峰：《科舉學導論》，華中師大出版社，2005 年。

11. 馬克思·韋伯：《中國的宗教》，康樂、簡惠美譯，廣西師範大學出版社，2004 年。

12. 米歇爾·福柯：《規訓與懲罰》，劉北成，楊遠嬰譯，三聯書店出版社，2007 年。

13. 齊如山：《齊如山回憶錄》，中國戲劇出版社，1998 年。

14. 齊如山：《中國的科名》，遼寧教育出版社，2006 年。

15. 商衍鎏：《清代科舉考試述錄及有關著作》，百花文藝出版社，2004 年。

16. 王炳照、李國鈞：《中國教育通史（第十卷）》，北京師範大學出版社，2013 年。

17. 王日根：《中國科舉考試與社會影響》，嶽麓書社出版社，2007 年。

18. 文安：《晚清述聞》，中國文史出版社，2001 年。

19. 尹德新主編：《歷代教育筆記資料（清代部分）》，中國勞動出版社，1993 年

20. 詹明鐸：《我之小史：新發現的徽商小說》，王振忠整理，安徽教育出版社，2008 年。

21. 張仲禮：《中國士紳的收入》，費康成、壬寅通譯，上海社會科學院出版社，2001 年。

22. 張傑：《清代科舉家族》，社會科學文獻出版社，2003 年。

23. 張仲禮：《中國士紳——關於其在 19 世紀中國社會中作用的研究》，李榮昌譯，上海科學院出版社，1991 年。

24. 中國人民大學清史研究所：《清史編年》，中國人民大學出版社，2004 年。

25. 鍾毓龍：《科場回憶錄》，浙江古籍出版社，1987 年。

期　刊

1. 安東強：《「剔除學政十弊」期，第清初學政積弊與考核制度》，《清史研究》，2010 年第 1 期，第 73～78 頁。

2. 蔡禹龍：《清末杭州考市簡論——以〈申報〉的記載為中心》，《歷史教學（下半月刊）》，2011 年第 8 期，第 9～14 頁。

3. 常建華：《士習文風：第清代的科舉考試與移風易俗——以〈乾隆中晚期科舉考試史料〉為中心》，《史林》，2008 年第 2 期，第 58～70＋189～190 頁。

4. 陳寶良：《「富不教書」：第明清塾師之生存狀態及其形象》，《福建論壇（人文社會科學版）》，2010 年第 4 期，第 64～70 頁。

5. 陳寶良：《明代地方學校生員考試制度考述》，《北京行政學院學報》，2003 年第 3 期，第 87～90 頁。

6. 陳寶良：《明代地方學校生員錄取制度初探》，《天津社會科學》，2002 年第 6 期，第 133～137 頁。

7. 陳寶良：《明代生員層的經濟特權及其貧困化》，《中國社會經濟史研究》，2002 年第 2 期，第 57～64 頁。

8. 陳寶良：《明代生員層的仕進之途》，《安徽史學》，2002 年第 4 期，第 2～10 頁。

9. 陳寶良：《明代生員層社會生活之真面相》，《浙江學刊》，2001 年第 3 期，第 160～164＋192 頁。

10. 陳寶良：《明代生員及其相關概念辨析》，《浙江學刊》，2003 年第 1 期，第 172～177 頁。

11. 陳寶良：《明代生員新論》，《史學集刊》，2001 年第 3 期，第 38～43 頁。

12. 陳寶良：《明代學校生員的別稱與種類》，《中州學刊》，2003 年第 2 期，第 92～96 頁。

13. 陳寶良：《晚明生員的棄巾之風及其山人化》，《史學集刊》，2000 年第 2 期，第 34～39 頁。

14. 陳金陵：《從嘉慶朝學政密奏看清代學政》，《清史研究集》第 7 輯，1990 年 10 月，第 245～255 頁。

15. 陳瑞：《制度設計與多維互動：第清道光年間徽州振興科考的一次嘗試——以〈績溪捐助賓興盤費規條〉爲中心的考察》，《安徽史學》，2005 年第 5 期，第 88～98 頁。

16. 陳垣：《記徐松遣戍事》，《國學季刊》，1935 年第 5 卷第 3 期，第 141～150 頁。

17. 陳志揚：《論清代試帖詩》，《學術研究》，2008 年第 4 期，第 131～135 頁。

18. 黨偉龍：《略論古代科舉考試與考生健康問題》，《南京中醫藥大學學報（社會科學版）》，2009 年第 01 期，第 23～26 頁。

19. 董建中：《清代學政的養廉》，《北京檔案史料》2000 年第 3 期，第 202～215 頁。

20. 段江麗：《通俗小說中的童生試、歲考與科考——以《醒世姻緣傳》等爲中心》，《明清小說研究》，2011 年第 3 期，第 40～53 頁。

21. 兒崎爲槌：《清國學生思想界の一般（承前）》，《教育研究》，明治 38 年（1905 年）4 月 1 日。

22. 馮爾康：《清代宗族的興學助學及其歷史意義》，《清史研究》，2009 年第 2 期，第 1～13 頁。

23. 龔延明、高明揚：《清代科舉八股文的衡文標準》，《中國社會科學》，2005 年第 4 期，第 176～191＋208 頁。

24. 關曉紅：《科舉停廢與近代鄉村士子：第以劉大鵬、朱峙三日記爲視角的考察》，《歷史研究》2005 年第 5 期。

25. 郭培貴：《關於明代科舉研究中幾個流行觀點的商榷》，《清華大學學報（哲學社會科學版）》，2009 年第 6 期，第 140～144＋160 頁。

26. 郭培貴：《明代科舉各級考試的規模及其錄取率》，《史學月刊》，2006 年第 12 期，第 24～31 頁。

27. 何建木：《宗族村落視野下的明清科舉文教事業實證研究——以婺源濟溪游氏爲中心的考察》，《地方文化研究》，2013 年第 5 期，第 59～71 頁。

28. 黃春木：《清代學政研究》，《教育研究集刊》第 48 輯，2002 年 9 月第 3 期，第 121～150 頁。

29. 霍紅偉：《化民與從俗——國家與社會中的清代生員》，《河北師範大學學報（哲學社會科學版）》，2013 年第 3 期，第 108～113 頁。

30. 霍紅偉：《晚清教育轉型中學政的角色轉變與裁改》，《學術研究》，2012 年第 3 期，第 110～113＋160 頁。

31. 霍有明：《清代科舉文獻與科舉制度的文化觀照——以〈欽定學政全書〉爲中心》，《武漢大學學報（人文科學版）》，2010 年第 4 期，第 464～470 頁。

32. 霍有明：《由〈欽定學政全書〉看清前期科舉的人才選拔制度》，《西北大學學報（哲學社會科學版）》，2010 年第 4 期，第 48～52 頁。

33. 貫建飛：《淺析清代新疆的文化教育與科舉政策（1759～1864）》，《廣東社會科學》，2012 年第 1 期，第 155～162 頁。

34. 李伯重：《19 世紀初期華婁地區的教育產業》，《清史研究》，2006 年第 2 期，第 60～74 頁。

35. 李國榮：《清宮檔案中雍正帝批覆的一樁賄賣秀才案》，《文物》，1999 年第 11 期，第 92～95 頁。

36. 李琳琦：《略論徽商對家鄉士子科舉的扶持與資助》，《歷史檔案》，2001 年第 2 期，第 79～83＋96 頁。

37. 李自華：《試論雍正對學政制度的發展》，《史學集刊》，2006 年第 5 期，第 22～28 頁。

38. 李祖基：《冒籍：第清代臺灣的科舉移民》，《廈門大學學報（哲學社會科學版）》，2011 年第 1 期，第 62～69 頁。

39. 梁志平、張偉然：《清代府州縣學學額及專設學額的運作期，第基於長三角地區的研究》，《中國歷史地理論叢》，2011 年第 1 期，第 102～111 頁。

40. 梁志平：《也談 19 世紀初期華婁地區的教育產業——與李伯重教授商榷》，《中國社會經濟史研究》，2009 年第 2 期，第 89～92 頁。

41. 林金樹：《明代私人捐田助學風氣的興起及其作用》，《社會科學戰線，1990 年第 3 期，第 167～174＋182 頁。

42. 劉伯山：《清代徽州塾師的束脩——以《徽州文書》第二輯資料爲中心》，《安徽大學學報（哲學社會科學版）》，2008 年第 1 期，第 86～94 頁。

43. 劉德美：《清季的學政與學風、學制的演變》，《國立臺灣師範大學歷史學報》，1989 年 6 月第 17 期，第 301～340 頁。

44. 劉海峰：《終結盲目批判科舉的時代》，《東南學術》，2005 年第 04 期。

45. 劉海峰、樊本富：《論西部地區的「高考移民」問題——兼論科舉時代的「冒籍」現象》，《教育研究》，2004 年第 10 期，第 76～80 頁。

46. 劉虹、張森：《明清河北科舉與經濟關係芻議》,《河北師範大學學報（教育科學版）》,2009 年第 7 期,第 5～11 頁。

47. 劉建臻：《李世愉〈清代科舉制度考辨〉讀後》,《中國史研究動態》,2007 年第 8 期,第 30～32 頁。

48. 劉姝芳：《閩籍士紳對清代臺灣社會的影響》,《教育評論》,2008 年第 6 期,第 115～118 頁。

49. 劉希偉、劉海峰：《清代科舉考試中的冒籍問題及其現代啓示》,《教育研究》,2012 年第 1 期,第 141～147 頁。

50. 劉希偉：《清代科舉考試中的「賤民」冒考問題》,《廈門大學學報（哲學社會科學版）》,2011 年第 3 期,第 72～79 頁。

51. 劉希偉：《清代科舉考試中的「商籍」考論——一種制度史的視野》,《清史研究》,2010 年第 3 期,第 83～89 頁。

52. 劉希偉：《清代人口流動背景下的教育機會衝突問題——關於土客學額之爭的考察》,《社會科學戰線》,2013 年第 3 期,第 238～242 頁。

53. 盧捷：《落魄文人出路的理想探索——略論「三言」「二拍」中的秀才形象》,《明清小說研究》,2009 年第 2 期,第 167～176 頁。

54. 魯竹：《各人都有各自的舉業——讀《清代科舉考試述錄及有關著作》》,《中國圖書評論》,2006 年第 6 期,第 25～30 頁。

55. 呂小鮮：《嘉慶朝江西萬載縣土棚學額紛爭案》,《歷史檔案》,1994 年第 1 期,第 12～26＋42 頁。

56. 呂子遠：《論清代廣東文會活動的意義與影響》,《廣東第二師範學院學報》,2011 年第 1 期,第 47～53 頁。

57. 馬俊亞：《被妖魔化的群體——清中期江南基層社會中的「刁生劣監」》,《清華大學學報（哲學社會科學版）》,2013 年第 6 期,第 52～61＋155～156 頁。

58. 馬鏞：《清代三種科舉名錄辨析》,《圖書館雜誌》,2007 年第 9 期,第 71～74 頁。

59. 毛曉陽：《賓興研究與科舉學》,《廈門大學學報（哲學社會科學版）》,2007 年第 5 期,第 80～86 頁。

60. 毛曉陽：《清代賓興禮補論》,《清史研究》,2011 年第 4 期,第 49～59 頁。

61. 毛曉陽：《清代臺灣賓興的特色及其影響》,《臺灣研究》,2010 年第 5 期,第 58～63 頁。

62. 毛曉陽：《清代臺灣賓興考述》,《臺灣研究》,2006 年第 1 期,第 55～60 頁。

63. 毛曉陽金甦：《論清代社會公益組織的基層社會監督機制——以科舉賓興
爲中心》，《東南學術》，2014 年第 3 期，第 214～220 頁。

64. 繆心毫：《清代義學生存困境分析》，《歷史檔案》，2006 年第 2 期，第 55
～60 頁。

65. 潘文年：《清代中前期的民間刻書及其文化貢獻》，《安徽大學學報（哲學
社會科學版）》，2008 年第 2 期，第 142～148 頁。

66. 齊春林：《試論清代學政之弊端》，《內蒙古農業大學學報（社會科學版）》，
2007 年，第 4 期，第 372～374 頁。

67. 錢蓉：《清代學田來源試析》，《清史研究》，1998 年第 4 期，第 64～72
頁。

68. 秦川：《〈野叟曝言〉與清代才學小說》，《明清小說研究》，2011 年第 1
期，第 190～198 頁。

69. 邱捷：《同治、光緒年間廣州的官、紳、民——從知縣杜鳳治的日記所見》，
《學術研究》，2010 年第 1 期，第 97～106 頁。

70. 申國昌：《明清塾師的日常生活與教學活動》，《教育研究》，2012 年第 6
期，第 123～128 頁。

71. 沈俊平：《清代坊刻四書應舉用書探析》，《武漢大學學報（人文科學版）》，
2012 年第 5 期，第 84～88 頁。

72. 宋永忠：《清代廣西「賓興」分佈及流變的歷史地理學分析》，《廣西民族
研究》，2011 年第 1 期，第 127～135 頁。

73. 王昌宜：《清代科場隱瞞年齡風習——以王仁堪爲例》，《中國典籍與文
化》，2009 年第 1 期，第 94～96 頁。

74. 王繼訓：《清代學田個案研究：廣東學田》，《齊魯學刊》，2004 年第 2 期，
第 59～63 頁。

75. 王金龍：《〈清代科舉考試述錄〉勘誤四則》，《歷史檔案》，2011 年第 3
期，第 125～126 頁。

76. 王慶成：《清代學政官制之變化》，《清史研究》，2008 年第 1 期，第 73
～80 頁。

77. 王日根、蘇惠蘋：《清代閩南海洋環境與家族發展——龍溪壺山黃氏家族
的個案分析》，《安徽史學》，2011 年第 1 期，第 100～107 頁。

78. 王日根、王亞民：《從〈令梅治狀〉看清初知縣對鄉村社會的治理》，《華
中師範大學學報（人文社會科學版）》，2008 年第 1 期，第 80～85 頁。

79. 王日根、王亞民：《從〈鹿洲公案〉看清初知縣對鄉村社會的控制》，《華
中師範大學學報（人文社會科學版）》，2006 年第 4 期，第 112～118 頁。

80. 王日根、張學立：《清代科場冒籍與土客衝突》，《西北師大學報（社會科
學版）》，2005 年第 1 期，第 69～73 頁。

81. 王夏剛、黃婧:《清代學政與科舉制度研究論綱》,《大連大學學報》,2008年第2期,第27～31頁。

82. 王小婷:《朱熹〈四書集注〉通行清代之原因及評價》,《教育理論與實踐》,2008年34期,第15～18頁。

83. 王亞民:《從〈惠安政書〉看知縣對鄉村社會的管理》,《福建論壇(人文社會科學版)》,2010年第8期,第89～95頁。

84. 王亞民:《從〈宰惠紀略〉看晚清知縣的鄉村治理》,《東方論壇》,2010年第2期,第78～82頁。

85. 王亞民:《從乾隆朝巴縣檔案看知縣對鄉村的管理》,《歷史檔案》,2014年第2期,第71～76頁。

86. 王亞民:《清初知縣鄉村治理特點研究》,《東嶽論叢》,2010年第6期,第70～74頁。

87. 王躍生:《清代科舉人口研究》,《人口研究》,1989年第3期,第42～47頁。

88. 魏娟莉:《試談〈儒林外史〉中「科舉功名」邊緣的女性形象》,《中州學刊》,2008年第6期,第236～240頁。

89. 魏秀梅:《從量的觀察探討清季學政的人事嬗變》,《中央研究院近代史研究所集刊》,1976年第5期,第93～119頁。

90. 吳琛瑜:《清代前中期江南無功名下層士人社會生活探研》,蘇州大學碩士論文,2005年。

91. 熊賢君:《科舉考試中對寒士的經濟救助》,《教育研究與實驗》,2007年第05期,第28～31頁。

92. 徐春平:《清代廣東學政翁心存舊事》,《收藏》,2011年第1期,第74～75頁。

93. 徐梓:《明清時期塾師的收入》,《中國社會經濟史研究》,2006年第2期,第30～37頁。

94. 閻娜軻:《清代山東府縣人口考論》,曲阜師範大學碩士論文,2010年。

95. 陽達、丁佐湘:《清代民間考評式結社述論》,《江西社會科學》,2011年第4期,第152～155頁。

96. 楊東方:《明末清初秀才資格考試的物質支出——以話本小說資料為例》,《尋根》,2006年第5期,第57～61頁。

97. 楊歌:《學額紛爭、移民族群和法律實踐:以嘉慶朝廣東新安縣和江西萬載縣為例》,《杭州師範大學學報(社會科學版)》,2013年第2期,第72～78頁。

98. 楊品優:《清代江西賓興組織的興起述論》,《青海師範大學學報(哲學社會科學版)》,2010年第3期,第78～82頁。

99. 楊品優：《清代政府資助會試士子旅費政策述論——賓興會興起的制度背景分析》，《中國社會經濟史研究》，2011 年第 3 期，第 53～61 頁。

100. 姚蓉：《論清代文士的塾師生活與底層寫作——以蒲松齡爲例》，《上海大學學報（社會科學版）》，2012 年第 2 期，第 110～120 頁。

101. 姚上怡：《清代學政、教官司法職能探析》，《雲南社會科學》，2012 年第 4 期，第 141～144 頁。

102. 葉楚炎：《明代科舉與通俗小説中的冒籍》，《學術研究》，2011 年第 12 期，第 142～146 頁。

103. 尹選波：《明代學校生員政治活動述論》，《求是學刊》，1999 年第 4 期，第 96～100 頁。

104. 余英時：《試說科舉在中國史上的功能與意義》，《二十一世紀》（香港），第 43 期，2005 年 10 月。

105. 袁韻：《從〈鏡花緣〉看李汝珍的科舉觀》，《暨南學報（哲學社會科學版）》，2012 年第 7 期，第 96～102＋163 頁。

106. 張建民：《饑荒與斯文：第清代荒政中的生員賑濟》，《武漢大學學報（人文科學版）》，2006 年第 1 期，第 47～55 頁。

107. 張傑：《清代科舉世家與地方教育——以北方地區爲例》，《中國文化研究》，2002 年第 3 期，第 136～146 頁。

108. 張利文：《清代桂陽縣教育史事考略——兼論族學中的文課會制度》，《長沙理工大學學報（社會科學版）》，2013 年第 2 期，第 134～139 頁。

109. 張蕊青：《論清代學術文化對〈儒林外史〉的影響》，《明清小説研究》，2010 年第 3 期，第 13～23 頁。

110. 張小坡：《清代江南賓興組織的演變及運作》，《安徽大學學報（哲學社會科學版）》，2010 年第 5 期，第 147～156 頁。

111. 張小坡：《清代江南官學學田經營實態述論》，《中國農史》，2008 年第 2 期，第 95～102 頁。

112. 張學立：《從「槍手」看清代科場槍替活動的市場化傾向》，《史學月刊》，2004 年第 3 期，第 43～47 頁。

113. 趙乾明：《清科舉考試錄取率的考察及啓示》（内蒙古農業大學學報（社會科學版），2012 年第 4 期，第 307～312 頁。

114. 趙旭峰：《文化認同視閾下的國家統一觀念構建——以清代前中期雲南地區爲例》，《雲南民族大學學報（哲學社會科學版）》，2012 年第 2 期，第 15～20 頁。

115. 趙子富：《明代府州縣儒學的教育經費（上）》，《首都師範大學學報（社會科學版）》，1995 年第 2 期，第 15～21 頁。

116. 趙子富:《明代府州縣儒學的教育經費（下）》,《首都師範大學學報（社會科學版)》,1995 年第 3 期,第 86～90 頁。

117. 中國第一歷史檔案館:《乾嘉時期科舉冒籍史料》,《歷史檔案》,2000 年第 4 期,第 13～33 頁。

118. 中國第一歷史檔案館:《乾隆朝整飭科場史料》,《歷史檔案》,1997 年第 03 期,第 8～26 頁。

119. 中國第一歷史檔案館:《乾隆中晚期科舉考試史料上》,《歷史檔案》,2002 年第 03 期,第 32～50 頁。

120. 中國第一歷史檔案館:《乾隆中晚期科舉考試史料下》,《歷史檔案》,2003 年第 01 期,第 48～61 頁。

121. 中國第一歷史檔案館:《乾隆中晚期科舉考試史料中》,《歷史檔案》,2002 年第 04 期,第 12～21 頁。

122. 周興濤:《也論清代賓興》,《中國地方志》,2008 年第 6 期,第 56～62 頁。

123. 左松濤:《清代生員的進學年齡》,《史學月刊》,2010 年第 1 期,第 42～50 頁。